日本公法译丛

基本权利保护的法理

[日] 小山刚 著

吴东镐 崔东日 译

中国政法大学出版社

2021·北京

基本権保護の法理

小山　剛 著

Copyright © 1998 G. Koyama

本书日文原版由株式会社成文堂出版
中文版经小山刚授权中国政法大学出版社翻译出版

版权登记号：图字 01-2020-6957 号

前　言

　　本书收录了笔者有关基本权利保护义务的一系列论文，这些论文发表于 1990 年以后。

　　名城大学法学会在选书时要求笔者不能只是抄录旧稿，而是要对旧稿进行补充、修改和体系上的重构。按照这个要求，笔者在编写本书时，除了统一表达方式之外，在结构上也做出了大幅度的修改。但就核心观点而言，除了根据后来的讨论情况明确部分内容之外，本书并没有变更旧稿的观点。

　　在德国，基本权利保护义务（人权保护义务）论已得以确立。在日本，该理论不仅受到宪法学者的关注，而且引起了其他法学领域的热议。笔者在指出该法理意义的同时，反复阐述了它所带来的负面影响。从这个意义上来看，本书并不是对基本权利保护义务论的单纯"辩护"（Plädoyer），也并不否定和排除不同于本书的观点。本书所追求的是关于基本权利保护义务的批评性讨论。笔者期待学界给予各种批评。笔者将会虚心接受这些批评，并继续深入开展相关研究。

　　本书是笔者的第一本专著。在旧稿的执笔过程中，笔者受到了指导老师田口精一教授（庆应义塾大学名誉教授、清和大学教授）和庆应义塾大学诸位教授的直接或间接激励和指导。

另外，旧稿的大部分内容来源于笔者留学德国时的构想，因此由衷感谢给予我留学机会的德国学术交流会。特别感谢科隆（Köln）大学的施特恩（Stern）教授和弗莱堡（Freiburg）大学的伯肯弗尔德（Böckenförde）教授。施特恩教授是我留学于德国时的指导老师，他给了我很多学术上的指导。经他引荐，我还结识了西尔曼（Siekmann）博士［现波鸿（Bochum）大学教授］、迈恩（Mayen）博士等科隆大学公法与行政学研究所出色的、乐于帮助外国学者的工作人员。1996 年在卡尔斯鲁厄（Karlsruhe）与伯肯弗尔德教授见面之前，我并没有受到伯肯弗尔德教授的直接指导，但他是我撰写硕士论文以来一直深深影响我的学者之一。见面之后，我曾多次获得与他在日本和德国直接面对面讨论的宝贵机会。

六年前，我得到纲中政机教授的引荐被调入了名城大学。对于名城大学法学会挑选本书作为该法学会资助的学术专著，我深表谢意。另外，在本书的编辑过程中我得到了成文堂的阿部耕一社长、土子三男总编的特别关照；在资料整理、校对过程中又得到了名城大学大学院法学研究科的上村都君与久野幸作君的帮助，在此一并表达谢意。

1998 年 8 月

于猿投山麓

小山刚

目　录

无论是作为日常用语，还是作为法律用语，"保护"一词都具有多种含义。因此，在"保护"之前加上"基本权利"而合成的"基本权利保护"也具有多层意思。[1]

本书考察的所谓"国家的基本权利保护义务"（Grundrechtliche Schutzpflicht des Staates）是指如下法理："基本权利命令国家采取积极措施保障每个人的基本权利法益不受第三人的侵害。"[2]基本权利保护义务是国家在宪法上的作为义务，其根据在于基本权利。其基本内容在于，"保障私人的基本权利法益[3]不受作为基本权利主体的其他私人的侵害。从形式上而言，这种侵害是行使基本权利引起的。"

----

〔1〕 "保护"这一语言的多义性产生于——"只有谁、向谁、什么、因什么寻求保护等因素被特定，保护内容才变得具体化"上。在这个意义上，"基本权利保护"或"国家的基本权利保护义务"这一用语在特定性上也不充分。

〔2〕 例如，参照 R. Alexy, Theorie der Greundrechte, 2. Aufl. 1994, S. 410; K. Stern, Das Staatsrecht der Bundesrepublik Deutschland, Bd. Ⅲ/1, 1988, S. 931; E. Klein, Grundrechtliche Schutzpflicht des Staates, NJW 1989, S. 1633。

〔3〕 虽然这个定义中的基本权利"法益"这一用语，在日本并不具有普遍性，但在这里用于如下趣旨：本书把"基本权利"——根据传统理解——视为针对国家的权利。因此，私人间能够被侵害的，虽然与基本权利具有极其密切的关系，但并不是作为针对国家之权利的基本权利本身的"某物"。本书把这一"某物"称为"基本权利法益"。本书的课题之一是如何把对基本权利法益的侵害问题重构为基本权利问题。关于基本权利与基本权利法益的区别，请参照 D. Murswiek, Die Staatliche Verantwortung für die Risiken der Technik, 1985, S. 95。

1. 不受他人侵害的自由

宪法保障权利、自由的核心——"每个人的自律"并不是因"不受国家侵犯的自由"而立即得到实现。尽管不受国家侵犯的自由是保障基本权利的主要内涵，今后也应当如此，但这一消极保障是实现现实自由的一个条件而已，而不是充分条件。[4]为了使自我决定变成现实的自我决定，也为了使生命、健康、人格利益等不受实际侵犯，在个人同第三者的关系上，也有必要尊重和保全这类自由及状态。基希霍夫（Kirchhof）[5]曾指出："不能因国家是不侵犯自由、尊重自由的国家，就直接意味着自由；而应当是国家为了自由而积极活动，亦即通过秩序与保护使人相互间的自由变得容易，才使自由成为可能。"正如此言，国家的不作为、不介入并不直接保证现实的自由。

保护基本权利既是古典的课题，同时又是现代的课题。刑法用刑罚的威慑力来禁止侵害他人的生命、自由和财产。防御危险法一方面当然允许防御危险意义上的国家介入，但同时又对其套上了比例原则的界限。私法设定基本权利主体相互间自律性共存（这种共存是通过对等当事人之间的利益调整而形成）的规则。只要"不受他人侵害"这一保障作为一种自明的规则被编入法秩序中，且其功能得以有效发展，就没有必要将"不受他人侵害的自由"专门作为宪法问题而有意识地提起。在这个意义上，宪法只要一方面从实体、程序、形式上对刑罚权的

---

〔4〕 关于自律、自动调整意义上的社会经济模式的内容与破绽，参照 E. Grabitz, Freiheit und Verfassungsrecht, 1976, S. 184f. 樋口阳一编：《入门宪法》第160页以下（石川健治执笔，1993）。关于与此相关联的、宪法学上从近代人类像向现代人类像的变迁，参照手岛孝：《公法上的人》，佐藤幸治：《法律之上的新的人类像》，《基本法学Ⅰ——人》第79页以下、第281页以下（1983）。

〔5〕 P. Kirchhof, Sicherungsauftrag und Handlungsvollmacht der Polizei, DÖV 1976, S. 499.

发动或防御危险的行政介入加以限制，而另一方面最大限度地尊重私法秩序的独立性、自律性就足够了。甚至可以说，这是宪法本身的最好的定位。

不过，在（国家）尚未制定出"规制他人的侵害"的法律，或者法律赋予的规制权限得不到适当运行的情形下，"不受他人侵害的自由"这一设问重获意义与价值。而且，当我们考虑到现代社会的人权问题，例如，科技的发展，尤其是基因工程、核能技术、网络、多媒体的发展给环境、人的生存及尊严、人格带来新的危险时，我们又不得不承认上述设问是一种现实的课题。此类危险并非仅仅是通过尊重一方当事人的学术自由、营业自由、通信秘密、表达自由就能够合理地处置的。"有疑问处即为自由利益"（in dubiopro libertate）〔6〕这一单纯的定式已失去了普遍适用效力。为了解决这一问题，应当在"不受国家侵犯的自由"这一传统基本权利理论中枢之外，构筑另一个基本权利理论中枢，让它能适当调整相互冲突的基本权利法益，在必要时能请求国家予以调整。

2. 基本权利保护义务——德国联邦宪法法院的解答

不过，即便是对于"'不受他人侵害的自由'为现实自由的一个条件"这一点不存在异议，在基本权利理论上如何看待自由的存在条件也是另外一个问题。因为，我们不仅可以提出将上述存在条件（即不受他人侵害的自由）排除在宪法保障的对象之外的观点，而且，即便是将此（即不受他人侵害的自由）视为宪法问题，也可以提出"能够通过防御权、社会权等已知

---

〔6〕 P. Schneider, Prinzipien der Verfassungsinterpretation, VVDStRL 20（1963）, S. 1（31 f.）. 对这一解释原理的批判，有 K. Stern, Das Staatsrecht der Bundesrepublik Deutschland, Bd. 1, 2. Aufl. 1984, S. 133 f.；Chr. Hillgruber, Der Schutz des Menschen vor sich selbst, 1992, S. 115 FN 32.

的法理予以解释"的观点。

关于基本权利自由,《日本国宪法》玥文规定了如下两个存在条件:①国家尊重基本权利,而禁止过度限制;②基于社会国家理念,国家依据生存权直接保障每个人的生存,或者依据受教育权、劳动基本权、法定劳动条件,间接保障每个人的生存。与此相对应,学术界所关注的是所谓自由权和社会权,而对于不受他人侵害的自由,没有将其作为一个独立的课题来展开研究。此外,德国联邦宪法法院在 1975 年 2 月 25 日的第一次堕胎判决[7]中将"不受他人侵害的自由"确立为一个独立的主题,并提出了所谓"国家的基本权利保护义务"法理。

众所周知,对于自由权意义上的基本权利,联邦宪法法院赋予其双重属性,即针对国家侵犯的防御权(Abwehrrecht)这一具体功能与具有更加抽象而可塑的"客观法"或"价值决定"的属性。[8]就"虽然不属于基于防御权予以救济的情形,但如果考虑到《基本法》上的基本权利的重要性,又无法拒绝其救济的情形"[9],该法院以这一客观法、价值决定意义上的属性为媒介,推导出了超越防御权的各种法的功能,[10]而国家的基

[7] BVerfGE 39, 1. 另外,关于本案的介绍,可以参考如下文献,宫泽浩一:《关于西德联邦宪法法院的堕胎罪规定违宪判决》,《法学家》第 587 号第 83 页以下(1975);德国宪法判例研究会编:《德国的宪法判例》第 49 页(嶋崎健太郎执笔,1996)。

[8] BVerfGE 6, 55(71, 72);7, 178(204 f.).以后所确立的判例。

[9] H. D. Jarass, Grundrechte als Wertentscheidungen bzw. Objektiv – rechtliche Prinzipien in der Rechtsprechung des Bundesverfassungsgerichls, AÖR Bd. 110(1985), S. 363 ff.(365).

[10] 关于每个法作用,参照 H. D. Jarass(前注 9),S. 374 ff.;A. Bleckmann, Staatsrecht Ⅱ, 4. Aufl. 1997, S. 243 ff. 关于日文,参照克劳斯·施特恩:《基本权利体系的理念与要素(一~二·完)》,田口精一译,《庆应大学法学研究》第 60 卷第 4 号第 19 页、第 5 号第 26 页(1987)。

本权利保护义务是其中的核心功能。[11]如同伯肯弗尔德所言，国家的基本权利保护义务无非就是"体系意义上的基本概念"[12]。

联邦宪法法院将保障宪法所保障的权利自由不受其他私人的侵害作为基本权利的内涵，并对此采取了基本权利保护义务的构成，它既非防御权，又非社会权。学说也基本支持这种结构。目前，在德国，基本权利保护义务已被确立为判例和通说。

3. 基本权利保护义务论的意义

基本权利保护义务论的实践意义在于，当某人要求国家防止、消除其他私人的侵害行为时，该保护请求人的基本权利就会压缩国家，尤其是立法机关和行政机关的判断余地，并课予国家适时、适当实施规制权限的义务。另外，一般认为，此项理论还有助于我们从"基本权利保护"这一宪法视角出发，有机整理国家在法的各个领域、各个阶段为防御危险所做的种种介入。[13]

因此，保护义务论的意义并不限于让宪法法院判定立法不作为为违宪，并对立法机关作出具体指示或课予义务。尽管此类判决的确属于保护义务论最让人印象深刻的场景，但就联邦宪法法院的实务而言也只是属于例外。即便在德国，基本权利保护义务也并非仅仅作为支撑两次堕胎判决的理论而受到关注及支持的。可以说，基本权利保护义务具有并不依赖于特定判决、特定宪法裁判制度的固有的意义。

笔者认为，就日本而言，基本权利保护义务理论具有如下

〔11〕 R. Alexy（前注 2）S. 476；Chr. Enders, Die Privatisierung des Öffentlichen durch die grundrechtliche Schutzpflicht und seine Rekonstruktion aus der Lehre von den Staatszwecken, Der Staat Bd. 35（1996）, S. 351（352）.

〔12〕 恩斯特-沃尔夫冈·伯肯弗尔德：《围绕基本权利规范性内容的诸问题》，小山刚译，（近刊）。

〔13〕 J. Isensee, Das Grundrecht auf Sicherheit, 1983, S. 44.

意义：

（1）近年来日本也强调国家的规制权限的适当行使，尤其是在行政法领域中强调这一点。一系列的公害、药害、食品事故显示，国家并非一直适当行使着其规制权限。而实际上，针对行政不作为引起的各种事故，出现了不少国家赔偿诉讼。[14]与此相关联，行政法学中有人主张行政的"危险管理责任"[15]或"危险防止责任"[16]，并提倡从双方关系转向行政、被规制者、受益者三方关系来理解行政关系。[17]受其影响，不少学者从保护个人权利的视角提出了行政介入义务理论，[18]并就救济手段，积极讨论了从事后救济方式转向事前救济方式（比如，作为法定外诉讼的确认义务诉讼或课予义务诉讼）的可能性。[19]

在基本权利解释论的层面上，基本权利保护义务为行政的危险管理责任（或危险防止责任）、行政法的三方关系理解赋予

[14] 关于判例，参照阿部泰隆：《国家补偿法》第178页以下（1988）；田村悦一：《裁量收缩至零论——判例的发展与课题》，《立命馆法学》第201、202号第206页以下（1989）。

[15] 远藤博也：《行政法Ⅱ（各论）》第147页（1977）。

[16] 阿部泰隆：《行政的危险防止责任（上）（下）》，《判例时报》第883号第127页、第886号第125页（1978）。

[17] 原田尚彦：《行政责任与国民的权利》第162页（1979）；阿部泰隆：《行政的危险管理责任的后果（一）》，《阪大法学》第139号第120、121页（1981）；阿部泰隆（前注14）第180页。进而，参照下山瑛二：《健康权与国家的法律责任》（1979）。

[18] 关于行政警察介入义务的文献不胜枚举。参照高桥明男：《西德的警察意义上的个人保护（一）》，《阪大法学》第139号第120、121页（1987）所记载的各种文献。

[19] 关于支持课予义务诉讼的学者，参照原日尚彦（前注17）；阿部泰隆：《课予义务诉讼论》，《公法理论 下Ⅱ》（田中二郎古稀论文集）第2105页以下（1977）；阿部泰隆：《课予义务诉讼再考》，《公法课题》（田中二郎追悼论文集）第1页以下（1985）[均收录于阿部泰隆：《行政诉讼改革论》（1993）]。

宪法基础。基本权利保护义务不仅通过对关联法令的合乎基本
权利的解释及适用，支持上述的行政法解释，而且作为立法指
针，为形成保护第三人意义上的行政法秩序提供动因。

（2）就立法不作为的司法控制，日本学界主要围绕着可否
司法审查以及应采取何种判决形式展开了讨论。其有影响的观
点是：法院仅可作出违宪确认判决。[20]如果就立法不作为可以
提起违宪确认诉讼，那么，基本权利保护义务在与立法机关的
裁量空间的关系方面也将具有实践意义。

（3）社会生活中的基本权利保护并不仅仅是刑法或行政法
等特定的法领域的课题。从这个意义上值得关注的是：民法学
者在民法中，特别是在人格权论与公序良俗论中正在积极开展
宪法视角的考察。[21]如果说为了保护胎儿的生命，在刑法之外
还有必要制定有关减轻怀孕妇女的负担的社会立法，[22]那么，
基本权利保护又是社会法的一项课题。另外，基本权利保护是
横跨法的解释、适用及立法的课题，但它首先是立法机关所承
担的责任。

〔20〕 关于讨论的整体，参照野中俊彦：《立法义务与违宪审查权》，《宪法诉讼
与人权理论》（芦部信喜还历论文集）第 183 页（1985）；户波江二：《立法不作为
的违宪确认》，芦部信喜编：《讲座宪法诉讼 1》第 355 页（1987）。

〔21〕 关于其概观，参照《法学教室》171 号（1994）的特刊《民法与宪法——
从民法出发》。关于基本权利保护义务领域，除了星野英一教授的概述（第 6 页以
下）之外，收录了山本敬三：《宪法与民法的关系》（第 44 页）〔进而，山本敬三：
《现代社会的自由主义与私立自治（一）（二）》，《京都大学法学论丛》第 133 卷第
4 号第 1 页、第 5 号第 1 页（1993）〕；五十岚清：《人格权》（第 25 页）；中田裕
康：《契约自由原则》（第 29 页）；大塚直：《环境权》（第 33 页）等论文。

〔22〕 德国的《孕妇及家庭扶助法》与联邦宪法法院第二次堕胎判决（BVerf-
GE82，203）强调社会立法保护胎儿生命。关于该判决，参照小山刚：《修改刑法堕
胎罪规定的孕妇及家庭扶助法的合宪性（第二次堕胎判决）》，《自治研究》第 70
卷第 4 号第 127 页（1994）；嶋崎健太郎：《堕胎与德国联邦宪法法院》，《津田塾大
学国际关系学研究》第 20 号第 119 页（1994）。

　　基本权利保护义务论将为各个国家机关在不同法领域中所实施的各种防御危险活动提供一个共同的宪法基础、构成和指针，从而使分散在不同法领域、不同层面上的各种问题获得整合的理解与相互的有机关联。

　　（4）限于宪法这一层面而言，基本权利保护义务这一视角也有助于整理混乱的概念、恢复过去被孤立的各种问题之间的内在关联。例如，如同"自由权的社会权侧面"这一表述所示，在日本的宪法学中，有时仅仅以属于积极权利为由，就把法的结构、背景均不相同的各种基本权利要求称之为具有"社会权意义"。虽然防止私企业的经营活动侵害周边居民的生命、健康和财产属于国家的作为义务，但可否因此而断定其具有"社会权意义"呢？实际上这一点是否更接近于用刑法、危险防御法来保护个人法益这一传统意义上的功能（即保护基本权利）呢？

　　另外，日本的宪法教科书通常把基本权利的私人间效力看作是基本人权的有效范围问题，并把它并列于公务员的人权。然而，私人间效力与公务员人权之间的共性并没有超出理论史意义上的共性，即人权保障已扩充至传统宪法理论不予保障的领域。相反，正是因为这种处理，私人间效力本应具有的、同相邻问题之间的内在、理论关联被人为地切断，其被视为一种孤立的问题。不过，从基本权利法益的私人侵害及其保护这一视角而言，基本权利的私人间效力属于基本权利保护的一个领域，应当被看作十分接近于对行政法规范作第三人保护意义上的、合乎基本权利的解释。[23]

---

　　[23]　加尔瓦斯（Gallwas）的教科书把基本权利的私人间效力置于"基本权利中的第三人"这一标题之下。参照 H. –U. Gallwas, Grundrechte, 2. Aufl. 1995, S. 66 ff., 73 ff. 可以说，因这种表述方式，基本权利的私人间效力才得以恢复到与相邻问题的原有的有机关联。

（5）无论是从德国的历史而言，还是从日本行政法学与宪法学的比较而言，我们可以把基本权利保护义务理论看作行政法理论向宪法理论的升级。如同福斯特霍夫（Forsthoff）曾提醒人们关注给付国家、比例原则，我们的确要慎重对待这种行政法理论向宪法理论的转换。尤其是因为基本权利保护义务论有可能导致国家的过度介入，我们更应当慎重对待此类理论转换。

不过，要有效保障基本权利，国家介入就不可或缺；而且，这种介入实际上已变得日常化。如果考虑到这些情况，也为了有效保障基本权利的第一内涵——"不受国家侵犯的自由"，我们有必要在宪法论上对基本权利保护义务进行讨论和评价。应该说保护基本权利本身是正当的要求，但不能滥用，不能用于过度限制基本权利、偏离形式要件限制基本权利。而且，只有在讨论国家的基本权利保护（义务）时一并讨论不受国家侵犯的自由（防御权），才可避免此类滥用。可以说，基本权利保护义务论不仅是保护基本权利的理论，同时又是保障防御权的理论。

4. 日本学术界的评价与本书的结构

虽然基本权利保护义务论是个有关国家传统功能的理论，但其本身是一个新的概念。在这 20 年间，很多判例援引了这一法理。反过来，人们是通过归纳个别事例中法的判断逐步明确了该法理的具体内容。本书旨在以德国的判例与学说作为线索，从总论上考察这一法理。

一般认为，除了德国之外，在法国[24]、欧洲人权公约[25]、美国[26]也能够确认保护义务式思考方式，但本书无法对这些进

---

[24] F. Luchaire, La protection constitutionnelle des droits et des libertes, 1987, S. 341 f. , 367 ff.

[25] A. Bleckmann（前注 10）S. 347 ff.

[26] 小林伸一：《有关美国宪法上"要求政府保护的权利"与"政府的保护义务"的序论性考察》，《清和法学研究》第 3 卷第 1 号第 107 页（1996）。

行探讨。另外，具体考察基本权利保护义务在法的各种领域、法秩序的各种阶段所引发的要求，也只能留给今后的课题。因为，考虑到这一法理的崭新特性与下面所指出的日本学术界的讨论情况，笔者认为，现阶段重要的是展现这一法理的基本内容。

在日本，也有学者积极评价基本权利保护义务论，并提出了警察介入请求权[27]、环境保护[28]、重构基本权利的私人间效力论的观点[29]，或者讨论了基本权利保护义务在《日本国宪法》上的根据。[30]另外，限于特定基本权利或法益，国家的保护义务有时也会得到肯定。[31]不过，对于保护义务论，日本宪法学界总体上持否定的态度。即便有时会肯定部分内容，但同时也会指出很多课题及问题。其中，比较重要的问题，可以概括如下：

（1）基本权利保护义务是否具有"导致对人权的过度限制"的危险性？[32]

（2）基本权利保护义务，尤其是作为"刑罚的要求"的基

---

〔27〕 参照高桥明男（前注18）论文。

〔28〕 桑原勇进：《国家的环境保全义务（三）（四）》，《自治研究》第71卷第7号第87页、第8号第100页（1995）；青柳幸一：《环境权与司法救济》，《公法研究》第58号第103页（1996）。

〔29〕 山本敬三（前注21）；户波江二：《国家的基本权利保护义务与自我决定的缝隙》，《法律时报》第68卷第126页（1996）。

〔30〕 桑原勇进（前注28）《自治研究》第71卷第7号第87页、第95页以下；铃木隆：《德国保护义务的基础——援引国家目的论的见解》，《早稻田大学大学院法研论集》第76号第85页（1996）。

〔31〕 仅对《日本国宪法》第13条保护法益中的生命、健康，承认国家的保护义务的见解有，栋居快行：《论幸福追求权》，《法学家》1089号第179页（第181页以下、第184页脚注15）（1996）。另外，芦部信喜教授尽管认为"对于一定类型的权利、自由，国家的保护义务得以承认"，但对其一般化提出了强烈告诫。芦部信喜：《宪法（新版）》第111页（1997）。

〔32〕 芦部信喜（前注31）第111页。

本权利这一理解，是否使基本权利的功能发生逆转？〔33〕

（3）给国家履行保护义务划定出上限与下限，并予以控制，这一点实际上是不是不可能做到？〔34〕

（4）作为更为根本性的问题，基本权利保护义务论是否会与自我决定权陷入紧张关系？〔35〕或者说，基本权利保护义务论是不是家长主义（paternalism）理论？〔36〕

（5）基本权利保护义务论是否将"国家目的"这一不同性质的要素带入基本权利论中？〔37〕

尤其需要关注的是，芦部信喜教授在公法学会的纪念演讲中指出，基本权利保护义务论存在以下问题：〔38〕"即便是对于自由权，就特定类型的权利，也能够在一定程度上承认国家的保护义务"，但"如果不把作为防御权的人权论定格为基本原则，在日本传统与战后的宪法状况之下，很可能会导致国家权力对人权的不当干预"。不过，在德国的判例和通说中，"作为价值秩序、客观原理的基本权利优越于作为个人权利的基本权利，甚至已成为基本权利的核心。"基本权利保护义务论的前提也是

〔33〕 根森健在《宪法上的人格权》[《公法研究》第 58 号第 76 页以下（1996）]中批评称"德国的国家保护义务论是德国特有的、与'战斗的民主制（宪法忠诚）'具有共同点……以'受管理（被规制、被置于秩序之中）的自由'论作为前提才能够采用的理论"。对于基本权利保护义务的批评，参照嶋崎健太郎（前注 7）《德国的宪法判例》第 52 页。更为一般化的批评，参照浦部法穗：《违宪审查的基准》第 161 页（1985）。

〔34〕 根森健（前注 33）《公法研究》第 58 号第 77 页。

〔35〕 户波江二（前注 29）。

〔36〕 根森健教授指出了这一点。参照（前注 33）《公法研究》第 58 号第 126 页的发言。另外，更为一般的观点，参照浦部法穗（前注 33）第 161 页。

〔37〕 栗城寿夫：《论最近德国的基本权利论》，《人权理论的新展开》（宪法理论研究会编）第 93 页、第 98 页以下（1994）。

〔38〕 芦部信喜：《回顾人权论 50 年》，《公法研究》第 59 号第 1 页、第 12 页以下（1997）。

在于"将其权利作为客观原理的观点，它不问国家的具体实体"。芦部信喜教授虽然承认以国家为依据的自由，但认为应当"通过解释将国家的介入尽可能限定在合理的范围内"。[39]但他同时又指出，"问题是保护义务的范围与程度，包括作为保护义务前提的客观原理，原本就极难限定"，因此，"尤其是与日本的宪法政治、审判实务的关联上而言，让人产生疑问"。[40]

基于上述观点，本书首先描绘出基本权利保护义务的全貌，并以此作为讨论的起点。也就是说，在第一章中概述基本权利保护义务论在联邦宪法法院判例中的生成与确立，向议会、学说的渗透。在第二章中描绘其大致的法的结构。同时，在该章中还讨论基本权利保护义务是否把基本权利本身看成侵害名义（Eingriffstitel），从而使限制基本权利的实体、形式要件相对化。在第三章中与"违反防御权的控制"进行对比，讨论联邦宪法法院对基本权利保护义务的控制架构。

在第四章中，通过比较基本权利保护义务与传统法理（防御权及社会权），进一步明确基本权利保护义务理论，并对基本权利总论做出体系性整理。在此基础上，在第五章中讨论基本权利保护义务的宪法根据，一并考察基本权利保护义务论与国家目的论的关联性。

1980年代中期以后，基本权利保护义务开始被应用于基本权利的私人间效力问题。为此，在第六章中将从基本权利保护义务的视角重构过去一直被当作基本权利的私人间效力予以讨论的问题。

在第七章中将讨论基本权利保护与"自我决定"。尽管两者的紧张关系，特别是从保护义务论重构基本权利的私人间效力

---

[39] 芦部信喜（前注38）《公法研究》第59号第16页。
[40] 芦部信喜（前注38）《公法研究》第59号第14页。

论受到人们关注，但更为根本的问题在于：在基本权利保护义务中，甚或作为基本权利保护义务的母体的基本权利的双重性质论（或者作为客观法、客观原则规范的基本权利）中是否包含着使自我决定相对化的倾向？另外，尽管讨论的范围有限，本章还讨论将基本权利作为价值秩序、客观原理的基本权利来理解的内容。

本书的结论之一，同时贯穿本书的是，关于基本权利保护义务的如下理解：

如同芦部信喜教授所指出，基本权利保护义务是"触及人权论根基的问题"。[41]另外，如本书所述，我们无法否认：在德国的基本权利理论中——尤其是德国联邦宪法法院早期判例中的价值秩序论以及黑贝勒（Häberle）的制度性基本权利论中——的确包含着使不受国家侵犯的自由或者自我决定意义上的自由相对化的倾向。同时，对于基本权利保护义务论，也的确存在不加任何批判地援引国家目的论的观点［比如伊森泽（Isensee）的观点］。但如同伯肯弗尔德所指出，从价值体系、价值秩序论到作为客观法、客观原理的基本权利，这一对基本权利的理解的修正似乎存在着超越单纯用语变化的内容的本质性转变。[42]尽管基本权利保护义务是"触及人权论根基"的法理，但这并不意味着该法理否定防御权的重要性，或者允许并要求国家贯彻超越每个人的自我决定的客观理念。基本权利保护义务并不是"迫使人权论做出动摇人权或自由的本质的重新界定"的理论。

从这种理解出发讨论基本权利保护义务，不仅能够回答日本学说上对基本权利保护义务的各种批评，同时也能够使该法理的意义及问题得到进一步的明确。

10

---

〔41〕 芦部信喜（前注38）《公法研究》第59号第12页。
〔42〕 关于伯肯弗尔德的指出，详细见第七章第284页以下。

第一章
基本权利保护义务的生成与展开

本章将讨论基本权利保护义务这一法的功能得以生成，并在德国的基本权利解释论中扎根的经过。

基本权利保护义务先是在德国联邦宪法法院的判例中得以确立，而并非学说。下面，首先概观基本权利保护义务的线索及联邦宪法法院主要的保护义务判例，然后确认立法过程中保护义务的处理方式及学界对于基本权利保护义务的基本态度。

一、保护义务论的线索

如前所述，基本权利保护义务的典型判例是联邦宪法法院的第一次堕胎判决。不过，"国家必须保护个人的基本权利法益免受第三人侵害"这一要求并非始于上述判决。尽管是限于特定法益或特定问题，但第一次堕胎判决以前的判例也能够确认与保护义务相通的观念。因此，在正式讨论一般意义上的保护义务论之前，先回顾成为保护义务论土壤的若干个线索。[1]

---

〔1〕 以下将讨论对象限定在现行《基本法》。但如果追溯到近代宪法思想史，早在近代国家理论成立之初，人们就把国家的安全保障义务作为国家权力的正当化事由予以承认 [托马斯·霍布斯（Thomas Hobbes）]。此后人们仍承认该项义务为国家的第一目的（时而是唯一的目的），国家目的论中的自明理论。另外，在与基本

（一）外交保护

外国人在国外停留期间其权利受到侵犯时，该外国人所属国可以行使外交保护权。这是国际习惯法所确认的准则。这一点原本就是国家享有的国际法上的权利，并不意味着与在外国的本国国民的关系上国家负有保护义务。此外，一般认为，国际法并不禁止国内法课予国家此类保护义务。[2]因此，有无外交意义上的保护"义务"是专属于国内法上的问题。就德国而言，早在《保罗教会宪法》（Paulskirchenverfassung）第189条就已明确规定"所有在外德国国民受德国帝国的保护。"同样，1871年的《国家（Reich）宪法》第3条第6款、1919年的《魏玛宪法》（Weimarer Verfassung）第112条第2款规定："在与外国的关系上，所有德国国民都具有受国家保护的请求权。"[3]

现行德国《基本法》中并不存在与此相对应的规定。不过，基于上述"宪法传统"，[4]学术界早在1950年代展开了关于"德国政府的外交保护义务"的讨论，并依据《基本法》第16条第1款、《基本法》第1条第1款（有关国籍的规定）肯定了

权利的关系上，Rotteck（v. Rotteck, in: Rotteck/Welcker, Staats-Lexikon, 2. Aufl. 1847, Bd. V, S. 186）也强调了依法律保护自由的必要性。关于国家学、国家目的论上的国家的对内、对外安全保障义务，参照 J. Isensee, Das Grundrecht auf Sicherheit, 1983, S. 3 ff.; G. Hermes, Das Grundrecht auf Schutz von Leben und Gesundheit, 1987, S. 145 ff.; G. Robbers, Sicherheit als Menschenrecht, 1987, S. 27 ff.; Chr. Starck, Grundrechtliche Schutzpflichten, in: ders., Praxis der Verfassungsauslegung, 1994, S. 46 (47 ff.).

〔2〕 A. Randelzhofer, in: Maunz/Dürig/Herzog, GG - Kommentar（Stand 1997）, Art. 16 Abs. 1, Rdnr. 36 f. m. w. N.

〔3〕 关于德国的各种宪法条文，参照高田敏、初宿正典编译：《德国宪法集》（1994）。

〔4〕 A. Randelzhofer（前注2）Art. 16 Abs. 1, Rdnr. 61.

上述义务。[5]

（二）人的尊严的保护

（1）《基本法》在第 1 条第 1 款的第一句中歌颂人的尊严的不可侵犯性，接着在第 2 句中课予所有国家权力"尊重和保护人的尊严"的义务。早在 1951 年的判决[6]中，联邦宪法法院就《基本法》第 1 条第 1 款的趣旨作出了如下的解释：

"通过规定人的尊严不可侵犯，《基本法》第 1 条第 1 款消极防卫人的尊严免受攻击。该款的第 2 句……虽然课予国家'保护'人的尊严的积极作为义务，但它所包含的意思并不是免受物质上的困境的保护，而是针对他人的尊严攻击（如侮辱、迫害、排斥等）的保护。"

这一解释中重要的是，在肯定人的尊严免受他人攻击的"保护"义务的同时，区分了保护义务与社会国家给付义务。[7]本案是因战争而成为寡妇的某一妇人，根据《基本法》第 1 条第 1 款、第 2 条第 2 款，要求政府提高其养老金的案件。在本案中，基于上述解释，法院驳回了原告的养老金增额请求，即人的尊严保护指的是"免受他人侵害的保护"，而非社会国家意义上的保护。

（2）就学说的情况来看，迪里希（Dürig）从《基本法》第 1 条第 1 款中推导出：并列于禁止国家侵犯人的尊严、请求国家

---

〔5〕　A. Randelzhofer（前注 2）Art. 16 Abs. 1, Rdnr. 61. 另外，初期的文献，参照 W. K. Geck, Der Anspruch des Staatsbürgers auf Schutz gegenüber dem Ausland nach deutschem Recht, ZaöRV, 1956/57, S. 510 ff. ; E. Klein, Diplomatischer Schutz und grundrechtliche Schutzpflicht, DÖV 1977, 704 ff. 最近的文献，参照 J. Kokott, in: Sachs, Grundgesetz, 1996, Art. 16 Rdnr. 9; G. Lübbe-Wolff, in: H. Dreier（Hrsg.）, Grundgesetz-Kommentar, Bd. 1, 1997, Art. 16 Rdnr. 55 f. 另外，吕贝-沃尔夫只是承认"无瑕疵的裁量行使请求权"这一点。

〔6〕　BVerfGE 1, 97（104）.

〔7〕　关于基本权利保护义务与社会国家给付义务之间的区别，将在第四章"基本权利体系中的保护义务"第 126 页以下予以讨论。

尊重人的尊严的权利的另一种权利——"人的尊严遭受国家以外的第三人（不管是私人还是社会集团、外国）的侵犯时，要求国家做出积极防卫措施的权利"。[8]在《基本法》第 2 条第 2 款的解释中，就堕胎罪，迪里希进一步阐述这一请求权，指出："……国家应当保护胎儿的生命免受私人的侵害（保护义务）。如果《刑法》第218条不存在，那么，此时（从宪法的视角而言）国家应当制定此类规则。"[9]

（3）德国《基本法》第 1 条第 1 款是在解释《日本国宪法》第 13 条时经常参照的条文。人的尊严的保护义务也不例外。田口精一教授把禁止侵害人的尊严解释为绝对禁止，并称"我们必须承认，如果人的尊严因他人的行为而受到侵害，作为法律制度，可以请求国家排除侵害并维护其生活秩序。""从每个人的相互关系上而言，人的尊严保障伴随着对国家的保护请求权（Recht auf Schutz）。"[10]田口精一教授进一步主张：人的尊严"不仅对国家权力具有法律约束力，而且在一般生活关系中对每个人的行为也具有法律约束力。在此类情形下，国家不应当放任侵害他人尊严的行为。为了从一般意义上保护所有人的尊严，国家负有排除此类侵害行为的义务。"[11]从而用人的尊严的保护义务建构了警察权的法律根据、界限及作为义务的基础。

（三）警察介入请求权

就与保护义务的关系而言，警察法、秩序法是较早受到关注的法领域之一（可以同刑法并列）。在第一次堕胎判决之前，

18

---

〔8〕　G. Dürig, in：Maunz/Dürig, GG‐Komm.（1958），Art. 1 Abs. Ⅰ Rdnr. 2；ders.，Der Grundrechtssatz von der Menschenwürde, in：AöR Bd. 81（1956），S. 123 f.

〔9〕　G. Dürig, in Maunz/Dürig（前注8），Art. 2 Abs. 2 Rdnr. 22（原作者强调）。

〔10〕　田口精一：《论德国基本法中的人的尊严》，《基本权利理论》（田口精一）第39页（1997、初版1960）。

〔11〕　田口精一（前注10）《基本权利理论》，第42页。

迪里希提出的依刑法的胎儿生命保护义务只是理论上的关注点，很少与实际问题联系起来。[12]相比之下，警察法（所谓危险防御法）与基本权利保护义务之间的关联性的探讨，则是基于建构警察介入请求权的基础，而这一类是实践所必要和关注的。

警察法上比例原则的展开表明，从传统观念而言，对于警察法，基本权利的功能在于专门划清警察限制基本权利的界限。也就是说，实施警察权时所考虑的是因此而受规制的当事人的基本权利。而改变这种视角上的片面性，添加要求保护者的法律地位这一视角的一个重要契机是——以联邦行政法院的"带锯判决"作为典型案例的警察介入请求权理论。[13]关于这个判决[14]与理论[15]，日本学界也作了较为详细的介绍。

总之，对于为保护个人的法益课予警察具体作为义务这一尝试而言，成为理论上的障碍的是警察公共的原则、警察便利主义等原则。为缓解并修正这些原则，并建构警察介入义务、警察介入请求权的理论根据，人们援引了基本权利保护义务。[16]

---

〔12〕 G. Hermes（前注 1）S. 60.

〔13〕 A. Bleckmann, Staatsrecht Ⅱ -Die Grundrechte, 4. Aufl. 1997, S. 342 f.

〔14〕 BVerfGE 11, 95. 关于该判例的介绍，参照保木本一郎：《德国的营业警察的展开（一）》，《社会科学研究》第 20 卷第 2 号第 122 页（1968）、原田尚彦：《行政责任与国民的权利》第 64 页（1979）。

〔15〕 高桥明男在《西德的警察意义上的个人保护（一）》［《阪大法学》第 139 号（1996）］一文中详细考察了德国的警察介入请求权。关于日本的文献，也可参照该论文。

〔16〕 从宪法学的视角出发，在"事态保全性的基本权利前提条件的保护"观念之下，克洛普弗（Kloepfer）指出了警察介入请求权与基本权利保护之间的联系（M. Kloepfer, Grundrechte als Entstehungssicherung und Bestandsschutz, 1970, S. 6 ff., 19 f.）。另外，初期的文献，参照 W. Henke, Das subjective öffentliche Recht auf Eingreifen der Polizei, DVB1. 1964, 649（652 ff.）；G. Buschlinger, Der Anspruch auf polizeiliches Einschreiten aus verfassungsrechtlicher Sicht, DÖV 1965, S. 374（376 f.）. 最近的文献，参照 J. Dietlein, Der Anspruch auf polizei-oder ordnungsbehördliches Einschreiten, DVB1. 1991, 658（688 f.）.

二、判例上的保护义务论的确立与展开

尽管存在上述线索，但确立一般意义上的、概括性的基本权利保护义务论的是联邦宪法法院的一系列判例，尤其是第一次堕胎判决。

（一）第一次堕胎判决　　　　　　　　　　　　　　　　　　19

1. 保护胎儿生命的义务

在争论"《缓和刑法》第218条的堕胎罪规定，原则上不处罚怀孕12周以内的堕胎"的合宪性的客观性规范统制中，联邦宪法法院判定：该刑法修改案违反《基本法》第2条第2款（生命、身体不受侵犯的权利）及《基本法》第1条第1款。联邦宪法法院在肯定"胎儿是受宪法保护的独立法益"之后，就国家的保护义务作出如下论述。[17]

"因此[18]，可以从《基本法》第2条第2款第一句中直接推导出：应当保护所有人之生命的国家义务。而且可以从《基本法》第1条第1款第2句的明文规定中引申出此项义务。其理由在于：成长中的生命也受《基本法》第1条第1款（人的尊严）的保护。……因此，我们可以直接从基本权利规范的客观法内容中明确：国家是否负有宪法上的保护生命义务，在什么范围内负有这种义务。"

"国家的保护义务是概括性的。它不仅禁止国家直接侵害成长中的生命（这一点是不言而喻的），而且命令国家保护并促进

―――――――――

〔17〕　BVerfGE 39, 1.（41 f.）.

〔18〕　这里的"因此"到底承接哪一句？这一点并不明确。但不管怎样，在引用部分之前并不存在指出保护义务根据的叙述。这一点参照 J. Schwabe, Probleme der Grundrechtsdogmatik, 1977, S. 231, FN 48.

该生命。这一点尤其意味着国家应保护胎儿生命不受他人的违法侵犯。法秩序的各个领域应根据自身的固有任务致力于实现该项要求。所争论的法益越是在《基本法》的价值秩序中处于上位，国家越应当诚恳接受该项保护义务。"

2. 作为刑罚要求的基本权利

在本案中，要求国家实施保护性介入的保护义务请求表现为"刑事处罚"这一极端形式。在日本，对于"从基本权利中推导出刑事处罚要求"的观点，也存在强烈的反对意见。[19]即使在德国，1975 年当时，"作为刑罚要求的基本权利"也并不是理所当然的。对此，西蒙（Simon）法官和布吕内克（Brünneck）法官提出了反对意见。

20　　　一方面，法庭认为依据刑法的保护请求并不是绝对的请求而是相对的请求。

也就是说，法庭认为保护义务并不总是要求刑事处罚（S. 46）。实现保护义务的手段，首先由立法者予以决定。而对于保护胎儿生命也应适用"预防为主、约束为补"的原则（S. 44. f）。那么，宪法在何种限度内要求依据刑法的保护呢？这一点只有通过"全面考察"如下几点才得以明确：①被害法益的价值及侵害程度；②生命领域中的传统法律规制与现代社会中的刑法功能；③刑罚威慑的实效性、其他法律制裁手段的可替代性等（S. 46）。

原则上应当由立法者判断是否应当适用刑法。不过重要的是，保护胎儿生命的措施应当（从整体上）与保护法益的重要性相匹配。因此，只有在用其他方法难以达到宪法上保护的例外情形下，才可要求国家运用刑法手段。也就是说，刑罚属于最后的手段（ultima ratio），只有当仅仅依靠其他手段无法达到

---

〔19〕　内野正幸：《宪法解释的逻辑与体系》第 308 页以下（1991）。

充分保护时，才命令适用刑法（S. 47）。

另一方面，虽然西蒙法官与布吕内克法官也承认从怀孕初期起胎儿生命就已属于独立的基本权利法益，对此国家负有保护义务，但对于作为刑罚要求的保护义务持否定态度。

他们认为，刑罚要求这一理解意味着：确保自由这一基本权利功能的逆转，使基本权利从保障自由的根据转变为限制自由的根据。因此，我们应坚持的理解是：基本权利的意义"并不在于适用刑法的要求，而在于对刑法的限定"（S. 73）。

不过，这一反对意见也没有在学说中得到贯彻。[20]的确，从基本权利中推导出对自由的严酷的限制——刑罚似乎不合道理。但这一反对意见在肯定保护胎儿生命的国家义务的同时只是拒绝刑法这一特定的保护手段而已。一般而言，既然刑法是保护生命的有效手段，那么，如果说刑罚要求不合理，就应该消极解释基本权利保护义务本身（这种解释更容易让人理解）。相反，如果承认基本权利保护义务，那么，应根据保护法益的重要性、其他手段的实效性等综合判断是否产生刑罚的要求，而不应当从刑法这一法规范的性质出发通过演绎得出结论。这才是更具有条理的解释。

3. 第一次堕胎判决的定位

关于第一次堕胎判决在联邦宪法法院的一系列基本权利判例中的定位问题，学术上存在着不同的观点。一方面，伊森泽以《基本法》的基本权利规定旨在确保个人的自由不受国家的

[20] 批评两个法官的意见的有：M. Krele, Anm., JZ 1975, 222；K Stern（前注1），S. 942. 另外，奥地利宪法法院以"如同成立之初所明确的那样，1867 年的人权目录所建构的是专门防御国家侵害的基础"为由，否定了生命保护义务（VfSlg. 7400/1974＝EuGRZ 1975, 74）。关于比较法意义上的考察，参照石村修：《宪法中的胎儿的人权》，《专修法学论集》第 28 号第 135 页以下（1978）。

侵犯为由，将本判决视为"冲击性"的判决。[21]另一方面，施特恩称，本判决仍属于该法院历届基本权利判决的延伸。[22]

当然，第一次堕胎判决也并非无任何理论与实践背景而唐突出现的。实际上，其背后存在着一系列运用基本权利的客观法层面调解基本权利之间冲突的宪法判例。例如，以保护人格权（社会恢复利益）为理由禁止放映纪录片的莱巴希（Lebach）判决[23]而言，尽管判决中没有使用保护义务这一概念，但从问题的结构来看，该案实际是一个有关保护义务的事例。另外，还有人从基本权利私人间效力的典型判例——吕特（Lüth）判决[24]中解读出了基本权利保护义务。[25]

尽管如此，第一次堕胎判决"首次从根本意义上论述了有关保护义务的各种问题。对于保护义务理论而言，具有极其重要的意义"[26]。这一点不存在任何异议。从这个意义上来看，人们把第一次堕胎判决称之为保护义务的典型判例。

（二）判例中的展开

22

基本权利保护义务还被运用于免受诱骗行为的保护；生命、健康免受具有潜在危险的设施、噪音等环境侵害的保护；不受外国攻击的保护。随着侵害法律利益的原因多样化，除了生命与身体被纳入不受侵害的权利之外，保护法益也扩张至职业自

---

〔21〕 J. Isensee（前注 1）S. 27 f.

〔22〕 参照 K. Stern（前注 1）S. 938-942.

〔23〕 BVerfGE 35, 202. 关于解说，参照德国宪法判例研究会编：《德国的宪法判例》第 141 页（小山刚执笔，1996）。

〔24〕 BVerfGE 7, 198. 关于解说，参照（前注 23）《德国的宪法判例》第 126 页（木村俊夫执笔）。

〔25〕 仅列举 D. Grimm, Die Meinungsfreiheit in der Rechtsprechung des Bundesverfassungsgerichts, NJW 1995, 1697（1704）. 另外，对于基本权利保护义务与基本权利的私人间效力之间的关系，将在第六章"私法关系上的基本权利保护"中予以考察。

〔26〕 M. Krele（前注 1）Das Staatsrecht Ⅲ/1, S. 939.

由、财产权。而关于保护义务的承担者，除了立法机关之外，政府、行政法院、专门法院也加入了其行列。而且，关于保护手段，除了实体法上的保护之外，组织、程序上的保护也得到确认。

下面将通过 1970 年代、1980 年代的判例考察基本权利保护义务理论的确立过程。

1. 施莱尔（Schleyer）案

关于施莱尔诱拐、行刑预告案，联邦宪法法院在两个决定中提到了保护义务，即 1977 年 10 月 16 日的施莱尔决定〔27〕与 1978 年 8 月 1 日的切断联系决定〔28〕。

前者为施莱尔请求联邦宪法法院作出临时命令的案件。该临时命令的内容为：命令联邦政府与相关州政府满足绑架犯的要求（释放 11 名在押犯人）。在判决中，联邦宪法法院几乎原封不动地援引第一次堕胎判决，确认了国家负有保护本案当事人生命的义务，但驳回了当事人的请求。其理由在于：①国家不仅对本案当事人负有保护义务，而且对全体市民也同样负有保护义务；②如果法院命令国家采取某种特定的保护措施，那么，恐怖分子就能够预测到将来国家的应对措施，〔29〕其结果是国家将无法有效保护市民。

后者为在押犯人主张切断犯人之间、犯人与外界之间联系的措施侵犯其基本权利的案件。该措施的根据在于——上述绑架事件后立即被修改的法院组织法实施细则。在本案中，法院援引保护生命义务对切断联系的措施的正当化，并驳回当事人

---

〔27〕　BVerfGE 46, 160（164 f.）.

〔28〕　BVerfGE 49, 24（53）.

〔29〕　关于这一点，Krele 指出了"先例的拘束力"。M. Krele, ESJ Grundrechte, 1985, S. 371.

的违宪主张。

23　　2. 核电站与保护义务

　　第二个争论违反保护义务的案件是关于核电站安全的 1978 年 8 月 8 日的卡尔卡（Kalkar）决定[30]与 1979 年 12 月 20 日的米尔海姆–卡利希（Mülheim–Kärlich）决定[31]。在前一个案件中，法院审查的是：关于高速增殖炉型核电站的建设许可，《核能的和平利用与防止其危险的法律》（以下称之为《核能法》）第 7 条规定的（核电站的）许可标准是否满足了保护义务。[32]在后一个案件中，法院基于"除了核电站许可中的实体要件之外，其程序要件也属于保护义务的具体化"这一理解，审查了本案中的许可是否违反《核能法》规定的事前程序，其违反程度是否达到侵犯宪法上的保护义务。

　　也就是说，卡尔卡决定中的争论焦点在于，在《核能法》上的实体许可要件上，立法机关是否违反保护义务；而米尔海姆–卡利希决定中的争论焦点则在于，在程序要件的解释、适用上，行政权与行政裁判权是否违反保护义务。

　　联邦宪法法院的大多数保护义务判例争论的是实体法的缺陷或实体性判断的错误。不过，在 1993 年的第二次堕胎判决[33]中成为焦点的是作为保护手段的组织、程序[34]。如同在防御权中

---

　　[30]　BVerfGE 49，89.

　　[31]　BVerfGE 53，30.

　　[32]　在本案中，作为保护义务的先行问题成为重要的争论点的是法律保留的意义及其界限。对此，参照大桥洋一：《法律保留的现代课题——以本质性理论（Wesentlichkeitstheorie）为中心》，《国家学会杂志》第 98 卷第 3・4 号第 76 页（1985）。

　　[33]　BVerfGE 88，203. 关于本案的解说，参照小山刚：《修改刑法堕胎罪规定的孕妇及家庭扶助法的合宪性（第二次堕胎判决）》，《自治研究》第 70 卷第 4 号第 127 页（1994）。

　　[34]　关于程序上的基本权利保护，参照笹田荣司：《实效性基本权利保障论》第 207 页以下、第 251 页脚注 30（1993）。

组织、程序上的保护越来越受到重视那样，组织、程序上的保护将越来越重要。

另外，在有关核电站的上述两个决定中，联邦宪法法院把保护义务的宪法根据从《基本法》第 1 条第 1 款移至该法第 2 条第 2 款第 1 项的客观法层面。在卡尔卡决定中法院只是把《基本法》第 1 条第 1 款作为明确规定保护义务的条款列举而已，而在米尔海姆-卡利希决定中法院压根就没有提及《基本法》第 1 条第 1 款。法院在此后一系列的判决中也是专门从基本权利的客观法层面推导出了保护义务。因此，施特恩评论称："《基本法》第 1 条第 1 款失去了作为保护义务一般根据的性质。"〔35〕（另外，法院在第二次堕胎判决中重新强调了《基本法》第 1 条第 1 款——保护人的尊严条款。〔36〕）

在卡尔卡决定中法院就保护义务的根据与范围作了如下的阐述：〔37〕

"依照本法院确立的判例，基本权利的保障并不仅仅停留在赋予每个人对抗公权力的防御权，同时又是由适用于所有法秩序领域的宪法的客观法价值决定，它应成为立法、行政、司法的指针。这一点直接体现在《基本法》第 1 条第 1 款第 2 项，而该条款课予所有国家权力保护人的尊严义务。从该条款中生成的宪法上的保护义务命令国家权力构筑相应的法律秩序，从而有效防止发生侵害基本权利的危险。那么，宪法究竟何时发出该命令？宪法命令的是一种什么样的立法内容？这一点将取决于可能发生的危险的性质、紧迫性、程度、宪法上的保护法益的性质及重要性，以及现已存在的法律规制等因素。…… 如果考虑到

〔35〕 K. Stern（前注 1）S. 943.
〔36〕 包括其背景等，具体参照后述的第 161 页。
〔37〕 BVerfGE 49, 89（141 f.）；53, 30（57）.

'和平利用核能可能产生'的后果性质及其重大性，那么，即使发生危险的概率很低，也会对立法者产生具体的保护义务。"

3. 环境、健康问题与保护义务

1981 年 1 月 14 日的航空噪音决定[38]是有关争论机场周边居民的健康损害问题的案件。虽然联邦宪法法院解释称《基本法》第 2 条第 2 款第 1 项所保障的身体不受侵害的权利不仅包括身体上的疾病，也包括精神上的疾病，但同时判定：没有修改相关法规的州立法机关的不作为并不明显违反保护义务。在保护义务的具体化方面，法院所采取的是最大程度上尊重民主意义上的立法者判断的"明显违反"审查基准。该基准在此后的判例中也得到沿用。[39]

另外，就环境问题而言，可以举出事前审查委员会（Vorprüfungsausschuß）于 1983 年 9 月 14 日作出的决定。[40]这是有关大气污染立法不作为的案件。在本案中，法院指出，除了从《基本法》第 2 条第 2 款第 1 项之外，从第 2 条第 2 款（人格自由发展权）、第 14 条第 1 款第 1 项（所有权）中也可以推导出保护义务。

关于健康保护，除了上述判例之外，还包括主张立法机关采取的防止臭氧、雾霾的立法措施不充分的宪法异议案[41]（没有被法院受理）；法院驳回当事人的临时命令请求（当事人请求法院命令立法机关指定艾滋病为性病法上的法定性病，而法院

---

〔38〕 BVerfGE 56, 54 (73 ff.).

〔39〕 本决定采用明显违反基准是基于"并非具有最高级别重要性的法益暴露在危险之中"〔BVerfGE 56, 54 (81)〕。另外，关于联邦宪法法院的统制密度，将在第三章"禁止保护不足的统制"第 107 页以下予以讨论。

〔40〕 BVerfGE (Vorprüfungsausschuß) Beschl. =NJW 1983, 2931 ff.

〔41〕 Beschl. Der 1. Kammer des Ersten Senats vom 29. Nov. 1995, EuGRZ 1996, 120 f.

驳回该临时命令请求的案件）的决定。[42]

4. 外国的侵害与保护义务

基本权利保护义务在不受外国侵害的保护领域中也得到援引。首先可以举出的外交保护案是为了实现 R. 赫斯（Hess）尽早释放，课予国家外交交涉义务的案件。[43]

另外，有关外交、国防政策领域的案件还包括：1983 年 12 月 16 日有关在国内配备装载核弹头的导弹的决定、[44] 1987 年 10 月 29 日有关化学武器储藏的决定。[45] 前者为基于核导弹的配备可能会提高苏联对西德攻击的概率这一担忧，主张联邦政府违反保护义务的案件。

在后者化学武器储藏决定中，当事人基于美军在德国国内的化学武器的储藏、转移、将来的使用会对周边居民的生命带来威胁这一认识，以联邦政府却对此作出许可，并一直予以容忍，也没有作出撤销的准备，而且也没有采取防止危险的充分措施为理由，提出了联邦政府违反《基本法》第 2 条第 2 款第 1 项的主张。尽管联邦宪法法院用比较长的篇幅审查了联邦政府的不作为是否违反保护义务，但还是承认国家具有广泛的裁量权，[46] 从而驳回了当事人的违宪主张。

另外，本决定中附有马伦霍尔茨（Marenholtz）法官的反对意见。[47] 其主旨是：①联邦政府显然有义务向关联州政府提供

---

〔42〕　EuGRZ 1987, 353 f.

〔43〕　BVerfGE 55, 349 (362 f. , 364).

〔44〕　BVerfGE 66, 39 (61).

〔45〕　BVerfGE 77, 170.

〔46〕　BVerfGE 77, 170 (214 f.). 依据此判决，当国家未采取任何安全措施时，或者限于"国家的安全措施完全不适合于保护目的的实现，或明显不充分时"，就可断定国家违反保护义务。

〔47〕　BVerfGE 77, 170 (234 ff.).

有关德美共同实施灾难（Katastrophe）防止计划的信息，但联邦政府却没有履行该义务，故违反了《基本法》第2条第2款上的保护义务 。②虽然法庭意见是承认政府具有极其广泛的裁量权，但如果考虑到生命这一保护法益的重要性、危险的性质及影响范围等因素，存在着根据严格的基准实施审查的余地。[48] ③联邦政府的保护义务不会因在紧急状态下委任美军实施对居民的保护而得到消灭或减轻。

5. 基本权利的私人间效力

在判例中引用基本权利保护义务的最新领域是基本权利的私人间效力。[49]在1990年2月7日的代理商决定（该案争论的是代理商合同中的竞业禁止义务的效力）中，联邦宪法法院从职业自由（《基本法》第12条第1款）中推导出"保护委托"，并据此介入和修正了私人间的合同。[50]

（三）小结——作为"已确立判例"的保护义务

综上所述，基本权利保护义务为在联邦宪法法院的基本权利判例中得以确立的法理。在1987年的化学武器储藏决定中，联邦宪法法院明确指出："《基本法》第2条第2款第1项不仅赋予人们防御权，同时它也属于一种客观法意义上的价值决定。它不仅适用于法秩序的所有领域，而且为宪法上的保护义务提供依据。这是本法院的两个裁判部所确立的判例。"[51]

进入1990年代以后，除了上述的代理商决定、第二次堕胎判决、臭氧决定之外，基本权利保护义务在很多判例中继续得

---

[48] 不过，如同上文①所指出，即便是使用明显基准，联邦政府的不作为仍违反保护义务，因此，马伦霍尔茨把本案应当适用的审查的严格性看作未解决的问题。

[49] 具体在第六章"私法关系上的基本权利保护"中予以考察。

[50] BVerfGE 81, 242. 关于判决要旨，参照后述的215页。

[51] BVerfGE 77, 170（214）.

到引用——有的是明确引用，而有的是在趣旨上引用。[52]因此，判例的概括性介绍显得已无必要（其中的一些重要判例，作者将在相应的章节中予以介绍）。判例的展开能够获得的重要结论如下：

（1）基本权利保护义务始于对生命这一法益的刑法保护（第一次堕胎判决）。此后的判例呈现出保护法益的多样化、保护义务对象的多样化、关联的法领域的多样化、保护手段的多样化等特征。

（2）能够确认一种倾向——基本权利保护义务的宪法根据从人的尊严向基本权利的客观法层面推移。通过基本权利的客观法层面的引用，法院能够把基本权利保护义务作为基本权利的一般法理加以展开，而不需讨论个案中的第三人的侵害行为是否牵涉人的尊严的内涵。

另外，这一倾向在第二次堕胎判决中出现了转折，即至少关于生命，人的尊严条款再次成了宪法根据。

（3）除了第一次、第二次堕胎判决之外，在这期间的判例均赋予立法者广泛的裁量权，并不存在联邦宪法法院判定立法不作为为违宪的案件。

三、议会中的保护义务的渗透

虽然最终要接受联邦宪法法院的统制，但基本权利保护义务的首要承担者为立法机关，基本权利保护义务首先要通过立法得以实现。鉴于立法机关在手段选择、具体化方面具有广泛的裁量空间，

---

〔52〕 BVerfGE 79, 174（201 f.）；81, 242（255）；81, 315（339）；85, 191（212）；87, 363（386）；89, 1（5）；89, 276（276, 286）；91, 335（339）；92, 26（46）；93, 1（16）.

保护义务的实现实际取决于立法机关对基本权利保护义务的认识。

因此，下面将目光转向《孕妇及家庭扶助法》[53]的制定过程，分析立法机关的保护义务意识。

（一）德国的统一与法的修改

《孕妇及家庭扶助法》是基于《统一条约》第32条第4款，[54]为了统一旧西德与旧东德有关堕胎方面的刑法规定而制定的法律。在该法的制定过程中，胎儿生命保护义务成为讨论的当然前提。

承担制定新法使命的统一德国联邦议会中出现了七种方案僵持的局面。其中包括严格化西德法的适应模式方案，也包括

---

　　〔53〕 Gesetz zum Schutz des vorgeburtlichen/werdenden Lebens, zur Förderung einer kinderfreundlichen Gesellschaft und zur Regelung des Schwangerschaftsabbruchs, ir.: BGB1. I, S. 1398. 关于规定的日文译文，参照上田健二、浅田和茂译：《 "德国堕胎" 刑法规定的对照表（抄译）》，《同志社法学》第4卷第3号第74页（1992）。关于制定经过、刑法学、法社会学视角上规制孕妇堕胎的诸问题，参照以下文献，佐久间修：《论德国的法之统一——孕妇堕胎规定的适用及修改问题》，《产大法学》第26卷第2号第78页（1992）；上田健二：《孕妇堕胎问题与法秩序的补充性原理（一）》，《同志社法学》第43卷第5·6号第1页以下（1992）；木村国子：《统一德国的人工流产法律问题——新立法之前的考察》，《现代法社会学的诸问题（上）》（黑木三郎古稀论文集）第231页（1992）；奥尔滨·艾赛尔：《实验台上的新孕妇堕胎刑法》，上田健二、浅田和茂译，《同志社法学》第44卷第3号第120页（1992）。

　　〔54〕 "全体德国立法者的职责在于，至少在1992年12月31日之前，保护出生前的生命，尤其是通过法律保障女性的请求权（特别是接受指导、社会扶助的权利），保障孕妇合宪地克服纠葛状态，其程度应超出现在的德国的两个部分所实施的程度。为了达到此项目的，依靠联邦的财政援助，就条约第3条列举的领域，立即构筑涵盖所有领域的、由各种主体实施的劝告设施网络。有必要从人员上、财政上组成有关指导设施，使其能够胜任 '指导孕妇，（在孩子出生以后仍持续）给予必要的援助' 这一任务。……" 根据《统一条约》的理由书（作为《统一条约》的备忘录，记载于 BT-Drucks. 11/7760, S. 355 ff.），第31条第4款课予立法者改善东西德国的胎儿生命保护的义务，尤其是课予立法者建构和完善指导（设施）、创设法律请求权的义务。另外，统一条约的日文译文收录于山口和人等译：《外国立法》第30卷第4号第139页以下（1991）。

取消堕胎罪并将堕胎自我决定权写入《基本法》的方案。这些方案大致上可以分类为：堕胎自由化方案、适应模式方案、期限模式方案等三种。

在这些法案当中只有堕胎自由化方案从正面挑战了第一次堕胎判决。90 年联合/绿党[55]的法案中第 1 条就明确规定"任何女性都有权堕胎"，而 PDS/左派名册[56]则进一步要求在《基本法》第 2 条中新设第 3 款写入是否继续怀孕的自我决定权。不过，90 年联合/绿党并没有要求修改《基本法》。因为该党认为"根据《基本法》第 1 条第 1 款及第 2 条第 1 款的规定，此项权利在宪法层面上已经得到了保障。"[57]

不过，上述两种方案显然属于少数意见，实质性的争论出现在采用适应模式的 CDU/CSU 方案[58]与采用期限模式的小组提案[59]之间。这些方案均以达到胎儿生命的实效性保护为其目标。

（二）立法机关的保护义务论

在 1992 年 6 月 25 日召开的联邦议会本会议中（该会议于次日凌晨结束）获得通过的是主张期限模式的小组提案。关于立法机关的保护义务意识，我们可以从当天的会议录[60]中明确如下：

（1）支持小组提案的议员指出，该法案的立法目的在于保

29

---

〔55〕　BT–Drucks. 12/696.

〔56〕　BT–Drucks. 12/898.

〔57〕　BT–Drucks. 12/696, S. 10.

〔58〕　BT–Drucks. 12/1178（neu）. 另外，所谓适应模式是指原则上禁止堕胎，只有当出现一定的适应事由（例如医学上的适应、伦理上的适应等）时才允许堕胎的立法例。

〔59〕　BT–Drucks. 12/2605（neu）. 另外，所谓期限模式是指不处罚一定期限内（多数情形下是怀孕 12 周以内）的堕胎的立法例。

〔60〕　Verhandlungen des Deutschen Bundestages, Sten. Ber. Bd. 162.

护胎儿的生命。尽管不处罚怀孕初期的堕胎行为，但在本会议中反复出现如下发言："小组提案并没有低估成长过程中的生命的价值"[61]；"我们的目的是保护生命"；"我们诚心认为未出生的生命为独立的法益，具有优越的价值"[62]。

对于保护胎儿生命与女性的自我决定权之间的关系，支持小组提案的议员也明确指出："成长过程中的生命与女性的自我决定权之间的冲突是不容置疑的。依照我们的宪法，生命的保护显然优越于自由的保障。"[63]胎儿的生命具有"优越性价值"，[64]"同保护生命相比较，女性的自我决定权处于劣势"。[65]

（2）关于保护的方法，小组提案提出质疑：我们可否对抗孕妇而达到保护的目的？[66]并答道："我们无法对抗女性的意志而保护未出生生命。……我们试图通过唯一可能的方法达到保护生命的目的。那就是同女性合作，而非同女性对抗。"[67]从这一回答中生成如下的主张：

第一，应当由谁来认定允许堕胎的纠葛状态？是女性自己，

---

〔61〕 Inge Wettig-Danielmeier（SPD），Sten. Ber. Bd. 162，S. 8228（A）.

〔62〕 Uta Würfel（F. D. P.），Sten. Ber. Bd. 162，S. 8232（C），（D）.

〔63〕 Gerhart Rudolf Baum（F. D. P.），Sten. Ber. Bd. 162，S. 8249（A）.

〔64〕 U. Würfel（F. D. P.），Sten. Ber. Bd. 162，S. 8232（D）.

〔65〕 G. R. Baum（F. D. P.），Sten. Ber. Bd. 162，S. 8249（A）.

〔66〕 参照 Horst Eylmann（CDU/CSU），Sten. Ber. Bd. 162，S. 8259（D）的如下发言："尽管女性胎内成长的生命共生于母亲，但仍然是一种新的存在。它已不单纯是母亲身体的组成部分。这种存在值得国家的保护。这一点无需参照宪法。不过，问题在于，我能否对抗母亲的意志而保护这一存在呢？这就是我们现在所直面的、无法圆满而彻底解决的矛盾。"

〔67〕 G. R. Baum（F. D. P.），Sten. Ber. Bd. 162，S. 8249（A）.另外，Eylmann 议员聚焦于要求可能性这一法律问题，而非事实上的保护可能性，指出："对于女性，拥有孩子这一决定关涉'深入侵入自己的生活、甚至会波及生存基础的侵害'的决定。只有女性自己接受这一点时，我们才可要求该女性承担这种负担。未出生孩子的生命不应以对抗女性而得到保障。"［Sten. Ber. Bd. 162，S. 8259（C）.］

还是第三人？对于这一具体问题，[68]小组提案指出：第三人可以提供建议与帮助，但决定只能由女性自己作出，必须由女性自己依照自己的良心作出决定。也就是说，认为"女性具有这样一种能力——接受概括性的建议，仔细考虑个人的生活状况，并经过深思熟虑后，在妊娠带来的矛盾状态中以自己的责任作出决定。"[69]

相反，对于适应模式的 CDU/CSU 案要求的[70]第三人的认定（孕妇向第三人说明堕胎正当性的必要性、事后接受审查的可能性）批评称：所有适应模式都具有两个不容忽视的缺陷——刑事审判的再审查与让女性服从第三人的不确定决定。[71]

第二，小组提案旨在通过向孕妇提供义务性、倾向性的建议达到保护胎儿的目的。鲍姆（Baum）议员指出："我们的法案中最重要的规定之一就是《刑法》第 219 条。关于此规定，我们所用的讨论时间最长。我们在该条文的开头便写进'在承认出生之前的生命的至高价值与女性的自我责任的基础上，通过

30

---

　　[68]　U. Würfel（F. D. P.），Sten. Ber. Bd. 162，S. 8233（B）. 两个提案的"真正的区别在于：对于 12 周以内的堕胎，寻求何种前提条件。我们认为，作为成年人的女性具备在可怕的纠葛、紧急状态中基于自我责任做出行动的能力，而你们却否定这一点。"另外，Wettig‒Danielmeier 议员也指出"问题在于谁解决纠葛状态"。Sten. Ber. Bd. 162，S. 8230（D）.

　　[69]　U. Würfel（F. D. P.），Sten. Ber. Bd. 162，S. 8232（B）.

　　[70]　比如，支持该案的 Theodor Waigel（CDU/CSU），Sten. Ber. Bd. 162，S. 8271（D）主张：尽管当存在重大的困境状态时，任何人都不能禁止堕胎，但只要把生命保护解读为宪法的最高法益，那么，困境状态不仅应当是主观的，还应当是客观的，对其完全可以进行事后审查。

　　[71]　Hans de With（SPD），Sten. Ber. Bd. 162，S. 8241（A）. 另外，小组提案中的"问题所在"指出："《刑法》第 218 条以下的适应模式会使医生、指导所、女性陷入法律上的不稳定里。不仅是该女性，而且其他人也会把审判追诉看成是一种屈辱。可见，'医生认定个别的紧急状态，尤其是社会的紧急状态，法院进行事后审查'是不可能的事情。"［BT‒Drucks. 12/2605（neu）S. 3.］

向孕妇提供建议与帮助，为保护生命做出贡献'这一重要叙述。……建议会使女性在作出决定过程中始终意识到成长中的生命权。……《刑法》第 219 条中的建议并非不中立的。该建议服务于保护生命。"[72]

第三，小组提案自称本法案为"女性在具有资质的、多元的、精通于问题的咨询设施中接受合理建议后，在自我责任之下作出最终决定的"[73]尊重女性自我决定的提案，并把它定性为"程序保障"[74]案。

为了使依咨询程序的保障得以有效实现，有必要在提供咨询者与接受咨询者之间构筑信赖关系。为此，作为其条件，小组提案支持者们主张："应禁止对女性施以正当化强制、文书强制，应当由女性作出最终决定，而不是由第三人作出。"[75]咨询"不应成为对女性良心的审查、正当化强制、说明强制。"[76]

（3）不过，既然小组提案所采用的是期限模式，而非第一次堕胎判决所采用的适应模式，就有必要说明期限模式与第一次堕胎判决的整合性。期限模式案的支持者们把这一点寻求于如下两点：[77]

---

〔72〕 G. R. Baum（F. D. P.），Sten. Ber. Bd. 162, S. 8249（C），（D）；H. Eylmann（CDU/CSU），Sten. Ber. Bd. 162, S. 8261（A）.

〔73〕 B. Menzel（F. D. P），Bd. 162, S. 8242（D）.

〔74〕 参照 BT-Drucks. 12/2605, S. 18；BT-Drucks. 2605（neu），S. 19.

〔75〕 B. Menzel（F. D. P），Sten. Ber. Bd. 162, S. 8242（D），8243（A）.

〔76〕 G. R. Baum（F. D. P），Sten. Ber. Bd. 162, S. 8249（D）. 这种指导是否沦为取得堕胎所需的证明书而进行的仪式呢？对此，该议员回答称："即便是在女性不愿说出个人的生活情况之下，……指导远胜于单纯提供医学、社会和法律信息。……指导向孕妇提供实施意识到责任的自我决定所需的衡量与决心的基础。……对于指导的过程及内容，将不做记录。给予女性的只是接受指导的证明而已。毫无疑问，重要的是指导，而不是证明。"

〔77〕 期限模式曾被写入当初的 SPD 案、FDP 案和后来的超党派案，并被写入所谓的"小组提案"。最终"小组提案"作为《孕妇及家庭扶助法》获得通过。

第一，以联邦宪法法院先例约束力的相对性与 1975 年以后的新见解作为理由的判例变更的期待。这里所说的新见解包括：基于联邦宪法法院的倡议而（于 1976 年）导入的适应模式的失败；荷兰采用伴随义务性咨询的期限模式并取得实效。[78]

第二，小组提案与 1974 年的第五次刑法修正案（在第一次堕胎判决中该刑法修正案被判定为违宪）的区别化。在联邦议会全体会议的发言中，J. 迈尔（Meyer）议员以两个法案的差异为中心阐述了小组提案合宪的理由（其核心内容为小组提案与第五次刑法修正案之间的区别）。[79]

小组提案将咨询任务定格为对处于紧急、纠结状态的孕妇的本质性帮助，而 1974 年法（即 1974 年第五次刑法修正案）只不过是暗示了该任务而已。不同于小组提案，1974 年法不仅允许由同一个医生进行咨询和堕胎，而且在咨询与堕胎之间也没有设置等候要件。1974 年法没有重视咨询，因为根据该法的规定，即便没有接受咨询，只要堕胎是在孕后一两周内实施的，那么，该孕妇也将不受处罚。就社会立法而言，1974 年法也远不如小组提案。小组提案认真接受了第一次堕胎判决所提出的命题——"立法者也可以通过刑罚威慑以外的方法表达对堕胎行为的法律上的不同意"。进而，小组提案把反对堕胎明确表明于刑法中。最终，小组提案认真考虑了联邦宪法法院要求的国家保护胎儿生命的义务。就是否（ob）保护胎儿生命这一点，根本不存在异议。就其方法（wie）而言，如同联邦宪法法院指出的那样，我们把预防（而非抑制）放到了优先位置。我们的

31

〔78〕　关于各种法案的提出理由，包括本文后述的差别化问题，参照 BT-Drucks. 12/551, S. 14（F. D. P.）；12/841, S. 16（SPD）；12/2605, S. 17 f.（小组提案）

〔79〕　Jürgen Meyer, Verhandlungen des Dt. Bundestages, Sten. Ber. Bd. 162, S. 8262.

方法是否正确呢？是否能带来显著减少堕胎行为的结果呢？这一点只有实践才能够印证。我们可以依赖于拥有类似法制的其他欧洲国家的好经验。联邦宪法法院的审查应当限于明确性统制。[80]

（三）小结——作为"方法论"问题的保护义务

实际上，在第二次堕胎判决中法院把《孕妇及家庭扶助法》的所有核心规定均判定为违宪。[81]不过联邦宪法法院之所以判定该法为违宪，既不是因为该法的立法目的，也不是因为立法者为实现立法目的而选择的新的保护构想——从刑罚到咨询这一基本构想的变化。联邦宪法法院以如下理由把依咨询的保护这一新构想积极评价为"主张可能"（vertretbar）的构想：刑法意义上的解决问题的失败；只有孕妇知道新生命的存在、胎儿完全依赖于孕妇；不期待的怀孕为关涉女性生存的重大事情；怀孕初期的孕妇的精神状态等为理由。

总之，通过以上的论述我们可以确认：不管是小组提案还是 CDU/CSU 案在保护胎儿生命这一目的上是一致的。它们之间的主要争论点在于保护基本构想的选择，即如何把保护目的予以具体化。在这里，保护义务并不是"目的论"问题，而是"方法论"问题。

四、学说中的保护义务的渗透

（一）学说上的承认

我们仅仅通过概观联邦宪法法院的判例也能够发现基本权

---

[80] H. de With（SPD），Sten. Ber. Bd. 162, S. 8241.

[81] BVerfGE 88, 203. 作为其解说，参照小山刚（前注34）《自治研究》第70卷第4号第127页。关于违宪判决后的经过，参照奥尔滨·艾赛尔：《比较法视角上的德国堕胎刑法的改革》，上田健二、浅田和茂译，《同志社法学》第248号第1页（1996）。

利保护义务所关涉的问题是非常广泛的。国家的基本权利保护义务不仅包括免受传统伤害的保护，还包括免受环境污染、核能的和平利用、配备特定武器所带来的危险的保护。同时，保护义务的承担者囊括了国家的三权（立法权、行政权、司法权）。尽管保护义务对于规定生命、身体不受伤害的权利的《基本法》第 2 条第 2 款具有重要的实践意义，但它并非仅限于特定的基本权利。

虽然基本权利保护义务所要求的国家的作为义务同危险防御、安全保障等传统的国家任务相互重叠，但相比较而言，基于基本权利的国家的保护义务是一个新概念。联邦宪法法院首次从正面提到保护义务是 1975 年（第一次堕胎判决），而学说出现的时间更晚。伊森泽写的最初的专题论文到 1983 年才得到出版。[82]

不过，此后基本权利保护义务迅速渗透到学术领域里。除了 1985 年的穆斯维克（Murswiek）的专题论文、1987 年的赫尔梅斯（Hermes）与罗贝斯（Robbers）的专题论文相继得到出版外，[83] 施特恩、伊森泽、基希霍夫等人的体系书中也出现了较大篇幅的相关内容。[84] 保护义务出现在判例中的同时，在学术上也得到了广泛引用，其涉及的领域包括刑法、警察法—秩序法、环境法、核能法、药品食品安全管理、消费者—劳动者保

---

〔82〕 J. Isensee（前注 1）Das Grundrecht auf Sicherheit, 1983.

〔83〕 D. Murswiek, Die Staatliche Verantwortung für die Risiken der Technik, 1985; G. Hermes（前注 1）Das Grundrecht auf Schutz von Leben und Gesundheit, 1987; G. Robbers（前注 1）Sicherheit als Menschenrecht, 1987. 另外，最近发行的学位论文有：J. Dietlein, Die Lehre von den grundrechtlichen Schutzpflichten, 1992; P. Unruh, Zur Dogmatik der grundrechtlichen Schutzpflichten, 1966.

〔84〕 K. Stern（前注 1）Das Staatsrecht Bd. Ⅲ/1, S. 931 ff.; V. Götz, Innere Sicherheit, in：J. Isensee/P. Kirchhof（Hrsg.）, HdBStR Bd. Ⅲ, 1988, § 117; J. Isensee, Das Grundrecht als Abwehrrecht und als Staatliche Schutzpflicht, in：J. Isensee/P. Kirchhof（Hrsg.）, HdBStR Bd. V, 1992, § 111.

33

护等关涉危险防御的各种问题和法领域。[85]

（二）基本权利保护义务学说的三种类型

1. "基本权利理解的变迁"与保护义务

围绕联邦宪法法院的基本权利判例，西德的宪法学说中首先出现的并不是对个别判决结论的评论，而是对该法院的基本权利理解的不同评论。也就是，围绕基本权利裁判背后的基本权利的双重属性论、"基本权利理解的变迁"[86]"基本权利的变迁"[87]出现的不同评论。该裁判从自由权意义上的基本权利中推导出基本权利的私人间效力、分配参加请求权（Teilhaberechte）。对此，日本学界对关于宪法理论及基本权利理解的对立思潮也进行了详细的介绍。[88]

---

〔85〕 G. Hermes（前注 1）S. 6–35 m. w. N. 另外，就 1980 年代的文献而言，关于核爆炸，参照 Chr. Laurence, Grundrechtsschutz, technischer Wandel und Generationenverantwortung, 1989；关于基因工程学，参照 W. Graf Vitzthum, Gentechnik und Grundgesetz–Eine Zwischenbilanz, in：H. Maurer（Hrsg.）, Das Akzeptierte Grundgesetz, Festschrift für dürig, 1990, S. 185 ff.（196 f.）；关于环境法，参照 M. Kloepfer, Umweltrecht, 1989, S. 41 ff.；ders., Auf dem Weg zum Umweltstaat? In：Kloepfer（Hrsg.）, Umweltstaat, 1989, S. 39 ff.（46 ff.）；H. P. Prumm, Umweltschutzrecht, 1989, S. 104 ff.；U. Karpen, Zu einem Grundrecht auf Umwelt–schutz, in：Thieme（Hrsg.）, Umweltschutz im Recht, 1988, S. 9 ff.；关于不被动吸烟权，参照 R. Jahn,（Nicht–）Raucherschutz als Grundrechts–problem, DÖV 1989, 850 ff.（851 ff.）；关于艾滋病，参照 A. Costard, Öffentlich–rechtliche Probleme beim Auftreten einer neuen über–tragbaren Krankheit am Beispiel AIDS, 1989, S. 29 ff., 77 ff.；关于名誉权，参照 R. Mackeprang, Ehrenschutz im Verfassungs–staat, 1990, S. 200 ff., 205 ff.

〔86〕 E. Friesenhahn, Der Wandel des Grundrechtsverständnisses, in：Verhandlungen des 50. DJT, Bd. Ⅱ（1974）, S. G 1 ff.

〔87〕 H. H. Rupp, Vom Wandel der Grundrechte, AöR Bd. 101（1976）, S. 161 ff.

〔88〕 尤其参照栗城寿夫：《西德公法理论的变迁》，《公法研究》第 38 号第 76 页（1976）；户波江二：《西德基本权利解释的新动向（一~五）》，《自治研究》第 54 卷第 7 号第 82 页、第 9 号第 67 页、第 10 号第 71 页、第 11 号第 111 页（1978）；青柳幸一：《基本权利的多元功能》，《个人的尊重与人的尊严》（青柳幸一）第 76 页（1996、初版 1982）。

如果考虑到这种基本权利理解的对立，或许有人会对基本权利保护义务得到学术界的广泛支持颇感意外。因为保护义务无疑是基本权利的客观法层面上的核心功能，而学界对基本权利的客观法层面却存在着不同的意见。

作为德国基本权利理论的全局性分类，新倾向与旧倾向这一二分法，或者与此相类似的分类法是否具有合理性？在何种程度上具有合理性？对此，在这里不予以展开讨论。[89] 不过，自人们开始讨论基本权利理解的变迁已经过了 20 多年，而且其间还出现曾被视为旧倾向代表人物的学者撤回自己的学说[90]而肯定基本权利保护义务的例子。H. H. 克莱因（Klein）就是其例。[91] 不管怎样，如果限于基本权利保护义务这一具体的法作用的评价，抽象的二分法显然过于固化和观念化。当然，也有否定基本权利保护义务论的观点，比如里德（Ridder）称："《基本法》第 2 条第 2 款不包含防御权以外的任何东西。"[92] 不过，这种全面否定实属例外。

2. 基本权利保护义务学说的三种类型

如果我们进行详细的讨论，就不难发现：即便是强调国家与社会的分离、自由主义的基本权利理论的学者，对于联邦宪法法院援引基本权利客观法层面的做法持批判性观点的学者，也并非在所有方面否定基本权利保护义务论。笔者认为，学界

34

　[89]　渡边康行：《德国宪法研究的 50 年》，《宪法理论的 50 年》（樋口阳一等编）第 292 页（1996）确认了分类意义的相对性。
　[90]　H. H. Klein, Grundrechte im demokratischen Staat, 1972. 对 H. H. 克莱因的基本权利论的分析，参照户波江二（前注 88）。不过，依 M. Kriele, JZ 1975, 222, FN2，他曾作为原告方参与到第一次堕胎判决。另外，H. H. 克莱因作为联邦宪法法院的法官，担任了保护义务判决（BVerfGE 76, 1, 9 ff.）的主审法官。
　[91]　H. H. Klein, Grundrechtliche Schutzpflicht, DVBl. 1994, 489 ff.
　[92]　H. Ridder, "judicial restraint" auf deutsch, DuR 1978, S. 42 ff.

对于基本权利保护义务持有如下三种观点。

第一种观点，与联邦宪法法院一样，通说主张的是基于基本权利客观法层面的国家的保护义务。通说将基本权利保护义务视为基本权利客观法内容中的最核心的法作用。[93]尽管关于保护义务大体上判例先行于学说，但就与基本权利私人间效力的关联、所谓"禁止保护不足"（Untermaßverbot）概念的使用而言，学说先行于判例。联邦宪法法院在代理商决定中采纳前者，而在第二次堕胎判决中采纳后者。

另外，与判例一样，通说也认为，虽然基本权利保护义务的成立以《基本法》第 2 条第 2 款为中心，但并不限于生命与健康。[94]

第二种观点，为可称之为保护义务不要论或防御权重构论的见解。

施瓦贝（Schwabe）与穆斯维克主张：将私人的侵害行为归责（zurechnen）于国家，从而依据于防御权（而非保护义务）来解决私人侵犯基本权利的问题。[95]虽然提出的手法与范围有所不同，但施林克（Schlink）[96]、吕贝-沃尔夫（Lübbe-Wolff）[97]等人也提出了从防御权意义上重构私人侵犯基本权利法益现象的观点。日本学界也有人支持这种见解。[98]

35　　　　不过，把这些见解视为保护义务否定学说为时过早。因为，

---

〔93〕　参照序论第 3 页。

〔94〕　K. Stern（前注 1）S. 943 f.

〔95〕　J. Schwabe（前注 18）Probleme der Grundrechtsdogmatik，S. 213 ff.

〔96〕　本哈德·施林克：《作为原理的基本权利?》，高田敏、松本和彦译，《阪大法学》第 42 卷第 1 号第 245 页（1992）。

〔97〕　G. Lübbe-Wolff, Grundrechte als Eingriffsabwehrrechte, 1988.

〔98〕　松本和彦：《作为防御权的基本权利意义与可能性》，《阪大法学》第 41 卷第 1 号第 243 页（1991）。

也可以把这些见解理解成——以概括性的国家保护义务作为前提的防御权意义上的建构。这些见解中包含着这种可能性。

第三种观点，伯肯弗尔德以人的尊严为杠杆有限承认保护义务。他对判例、通说及防御权重构论均持批判观点。伯肯弗尔德因主张自由主义意义上的基本权利理论，[99]而对基本权利的双重性质持批判观点，并主张应该谦让于作为防御权的基本权利[100]而闻名。以《基本法》第 1 条第 1 款明确规定的国家"保护"义务为理由，他对人的尊严也承认国家的保护义务。可见，关于与人的尊严不可分的法益（比如胎儿的生命），伯肯弗尔德显然是个保护义务肯定论者。[101]

（三）上述三种学说提出的问题

（1）首先，对于基本权利保护义务这一法理的独创性或实践意义，防御权重构论者提出了一个重要的问题，即从理论上或实践上而言，基本权利保护义务（论）是不是可以被防御权（论）所吸收。对此，我们将在第四章中予以讨论。

其次，关于保护义务的成立范围与宪法根据，保护义务与自我决定，保护义务与制度意义上的基本权利理论，基本权利价值理论的关系，伯肯弗尔德的见解中包含着重要的观点。尤其是，就第二个问题而言，如果考虑到日本学说中的保护义务批评论[102]，确认伯肯弗尔德的见解的意义重大。

我们在第五章中讨论第一个问题，而在第七章中具体阐述

〔99〕 E. - W. Böckenförde, Grundrechtstheorie und Grundrechtsinterpretation, in: ders. , Staat, Verfassung, Demokratie, 1992, S. 115 ff.

〔100〕 E. - W. Böckenförde, Grundrechte als Grundsatznorm. Zur Gegenwärtigen Lage der Grundrechtsdogmatik, in: ders. , Staat, Verfassung, Demokratie, 1992, S. 159 ff.

〔101〕 参照第五章第 173 页以下。因此，在第二次堕胎判决中，就国家的胎儿生命保护义务，他作为联邦宪法法院第二法庭的法官赞成法庭意见是不矛盾的。

〔102〕 参照序论第 9 页以下。

第二个问题。

（2）当然，对于上面概括为通说的肯定说，也有必要进行更为详细地分析与考察。关于国家的基本权利保护义务的基础建构，重点应放在国家论还是应放在基本权利论？如何把握保护义务与社会国家原理的关系？对于这些关系保护义务基本性质与评价的问题，肯定说中也存在多种理解。

因此，也有必要对肯定说中的每一个内容进行讨论和评价。

第二章
基本权利保护的理论

本章旨在描绘出基本权利保护义务法理的轮廓。

从典型意义上讲，基本权利保护义务描绘的是侵害者、要求保护者、国家三个主体之间的法的三极（Rechtsdreieck）关系。与此相应，国家除了具有基本权利侵害者性质之外，还具有基本权利守护者的性质。

尽管如此我们也不应忽略立法、行政、裁判等权力履行保护义务仍属于"通过侵害手段实施的保护"。对于保护义务的履行，我们不仅应关注何种国家机关承担何种内容的法律义务这一授益性层面，还有必要关注国家对第三人行使基本权利侵害这一侵害性层面。此外，在本章中还讨论限制基本权利的实体性、形式性要件是否因基本权利保护义务而得到修正这一问题。

一、保护义务的法律结构

（一）一般标志

法院援引基本权利保护义务的案件具有如下两个共同点：①一般而言，引起基本权利法益的侵害或危险的是其他私人，而非受《基本法》的基本权利规定制约的德国联邦共和国（以下称之为"国家"）；②为了防卫基本权利法益免受这种侵害、危险，要求国家作出适当行为。这两点同时又是学理上的保护义务概念[1]的标志。保护义务是国家的作为义务,[2]其目的在于防止基本权利遭受第三人的侵害或危险。[3]另外,当涉及保护义务问题时会出现如下三个主体:①国家;②要求保护者;③侵犯其法益并受国家规制的第三人。这一点学术上称之为"法的三极",并将其视为保护义务的一个重要特征。[4]在这个法的三极关系中,国家除了具有基本权利潜在侵害者性质外,还获得基本权利保护者性质。[5]

(二) 法的三极关系

法的三极关系与国家功能的转换还直接体现在德国联邦宪法法院的保护义务界定中。宪法法院在第一次堕胎判决中把保护义务界定为:如果把保护法益一般化,"保护义务不仅禁止国家本身侵害基本权利法益,而且命令国家保护和促进基本权利法益,尤其是命令国家采取措施防止基本权利法益遭受他人的违法侵害"。

这里所说的"他人"包括除了国家及要求保护者以外的所有社会成员。[6]"他人"有时会是一个或多个私人(如伤害事

---

[1] 学理上的保护义务概念不一定与条文上的保护义务概念、学说上惯用的"保护"概念完全一致。这一点本章在后面予以阐述。

[2] R. Alexy, Theorie der Grundrechte, 2. Aufl. 1994, S. 420 f.; H. -U. Gallwas, Grundrechte, 2. Aufl. 1995, S. 22 f.; G. Robbers, Sicherheit als Menschenrecht, 1987, S. 125; K. Stern, Das Staatsrecht der Bundesrepublik Deutschland, Bd. Ⅲ/1, 1988, S. 945.

[3] 施特恩称:"从法律作用来看,依据基本权利国家所承担的保护义务首先是危险防御、排除妨害义务。" K. Stern (前注 2) S. 949. 另外,参照 D. Murswiek, Die Staatliche Verantwortung für die Risiken der Technik, 1985, S. 101, 113 ff. 尽管采用同警察法(危险防御法)一样的用语,但这是宪法上义务,其视角是不同的。

[4] J. Isensee, Das Grundrecht auf Sicherheit, 1983, S. 34 f.; H. -U. Gallwas(前注 2) S. 67; G. Hermes, Das Grundrecht auf Schutz von Leben und Gesundheit, 1987, S. 204 ff.; R. Alexy(前注 2) S. 410 f.; K. Stern(前注 2) S. 946.

[5] K. Stern(前注 2) S. 946.

[6] 以下内容参照 G. Hermes(前注 4) S. 37 f.

件），而有时会是某种社会权力或社会集团（这一点常见于基本权利的私人间效力）；有时比较容易判断，而有时却难以确认（如公害问题上经常会出现的情形是：受害人的健康损害是由处于不同时间段的、不同地点的多个主体的活动引起的，是复合性作用所导致的结果）。[7]另外，在一定条件下外国或国际机构也可成为"他人"。[8]

（三）基本权利保护义务论的适用范围

虽然上面已界定基本权利，但围绕着基本权利保护义务的适用范围还有一些需要讨论的课题。比如保护义务是否包括免受洪水、海啸、地震等自然灾害而实施的保护以及免受基本权利主体自身的自残行为、危险行为而实施的保护？在此类情形下不存在"他人的侵害"，也不存在法的三极关系结构。

另外，环境"保护"以及婚姻家庭的"保护"是否属于这里所说的保护义务？

1. 自然灾害

第一，为了不让人们遭受自然灾害引起的损害，国家可以限制个人的权利与自由。这一点不会有争议。在限制居住、迁徙自由的事由中，《基本法》第 11 条第 2 款明确列举了自然灾害。问题在于关联于自然灾害国家是否负有法意义上的作为义务。如果说这种国家的作为义务得以成立，那么是否也应当同不受他人侵害的保护一样用基本权利保护义务概念来概括？

---

〔7〕 汽车尾气带来的臭氧、雾霾问题为其典型的案例。参照 Beschl. Der 1. Kammer des Ersten Senats vom 29. Nov. 1995, EuGRZ 1996, 120 f.

〔8〕 参照联邦宪法法院化学武器储藏决定（BVerfGE 77, 170）。伊森泽对外国的侵害与保护义务进行了分类并作出讨论。J. Isensee, Das Grundrecht als Abwehrrecht und Staatliche Schutzpflicht, in: Isensee/Kirchhof, HdBStR Bd. V, § 111 Rdnr. 121. 另外，参照山崎荣二：《基本权利保护义务及其扩大》，《神户大学大学院六甲台论集》（法学政治学篇）第 43 卷第 3 号第 192 页。

持自然灾害肯定保护义务论的学者有萨克斯（Sachs）与罗贝斯。[9]的确，如果国家的作为义务得以成立，而且该作为义务关系到基本权利法益免受非国家侵害而实施的保护，那么将其称之为基本权利保护义务也无大碍。不过要注意的是基本权利保护义务的适用范围还依赖于后述的保护义务的宪法根据。穆斯维克认为保护义务的根据在于国家的权力独占及与此相对应的公民的忍受义务。[10]如果采用这种观点，那么对于起因于自然灾害的侵害而言不存在保护义务的问题。因为就自然灾害而言不存在所谓的公民的忍受问题。[11]实际上穆斯维克并不把免受自然灾害而实施的保护理解为基本权利保护义务，而是将其解读成基于《基本法》第 20 条第 1 款的社会国家给付义务。[12]

第二，如果忽略保护义务的宪法根据，是否可以把"为免受自然灾害而实施的保护"称之为基本权利保护义务？这关涉定义的合理性。虽然我们无法找出一个把免受自然灾害而实施的保护排除在保护义务范围之外的积极理由，但即便是我们从广义上理解保护义务，不仅把他人的侵害纳入保护义务范围，而且把自然灾害也纳入保护义务范围，我们也必须承认在保护义务的法律结构及具体适用问题上两者（他人的侵害与自然灾害）之间存在着很大的差异。因为就他人的侵害而言，国家可以在法律上禁止该行为从而实现保护义务。但就地震的发生而言，国家

〔9〕 M. Sachs, in: K. Stern, Das Staatsrecht der Bundesrepublik Deutschland, Bd. III/1, S. 735 f.；G. Robbers（前注 2）S. 124, 127.

〔10〕 D. Murswiek（前注 3）S. 91 ff., 99 ff. 关于穆斯维克的保护义务基础建构，具体参照第四章"基本权利体系中的保护义务"第 141 页。

〔11〕 G. Robbers（前注 2）S. 127. 另外，罗贝斯肯定起因于自然灾害的基本权利保护义务，引用部分出自于批评穆斯维克的基础建构段落。

〔12〕 D. Murswiek, in: Sachs, Grundgesetz, 1996, Art. 2 Rdnr. 214.

是无法从法律上予以控制的，[13]而且在这种情形下因国家的规制措施而受制约的并非仅仅是第三人的基本权利，而且包括可能受害的当事人在内的普遍意义上的公民的权利、自由和财产。[14]

2. 危险行为

第一，对于为免受自我的危险行为而实施的保护，人们提出的问题是——国家究竟有无规制的权限？[15]即便忽略这个问题，围绕规制危险行为与基本权利保护义务的关系出现了如下的学术对立。

一方面，出现了"从基本权利的视角而言，也可以把为免受自我危险而实施的保护看作为不受其他危险而实施的保护"[16]（萨克斯），"寻求安全的权利并不依赖于危险原因的种类"[17]（罗贝斯）等主张。另一方面，多数学者却主张：保护义务所保障的是个人的自律与自我决定。基本权利保护义务并不要求为免受自我侵害而实施的保护、对抗自我的保护，也不允许实施这种保护。[18]

---

〔13〕　如果重视侵害发生源无法成为法的命令、禁止对象这一情况，那么，即便是在承认法的三极关系的案例中也会产生不满足这个条件的情形（如有关外国的案件）。对此参照前注 8 中提及的伊森泽的类型化。

〔14〕　有关自然灾害的国家的作为义务首先是防灾义务。

〔15〕　关于规制权限否定说，参照 Chr. Hillgruber, Der Schutz des Menschen vor sich selbst, 1992, S. 95 ff., 104 ff. 他批评联邦宪法法院的戴摩托车头盔义务合宪判决（BVerfGE 59, 275）、联邦行政法院的窥视秀（peep show）判决（BVerwGE 64, 274）等一系列判例。关于这些判例，参照第七章第 258 页以下。

〔16〕　M. Sachs（前注 9）S. 736.

〔17〕　G. Robbers（前注 2）Sicherheit als Menschenrecht, S. 222.

〔18〕　J. Isensee（前注 4）Das Grundrecht auf Sicherheit, S. 48 f.；G. Hermes（前注 4）S. 199, 228 ff.；Chr. Hillgruber（前注 15）S. 147 f.；J. Dietlein, Die Lehre von den grundrechtlichen Schutzpflichten, 1992, 219 ff., 230. 另外，伊森泽主张，国家干预合同关系属于社会国家意义上的干预而非基本权利保护义务［J. Isensee（前注 8）HdBstR Bd. V，§ 111 Rdnr. 128 ff.］。第 280 页以下将阐述这个问题。

第二，为免受危险行为而实施的保护，并不只是定义问题，它关涉基本权利保护义务这一法理的根本性质。联邦行政法院曾把所谓的禁止窥视秀予以正当化，而它所采用的逻辑是（违反演出者的意志而）保护演出者的人格尊严。[19]如果保护义务以这种形式得以成立，基本权利保护义务就变成一个修正当事人的自我决定，把自由义务化为（而非保障自我决定意义上的自由）并强制为（达到某种客观性标准的）理性意义上的自由的法理。[20]因此应该指出，我们无法用保护义务论正当化违背当事人意志的保护。上述的罗贝斯虽然也主张肯定学说，但明确否定违背当事人意志的保护。[21]

3. 婚姻、家庭、母性的保护

《基本法》在第 1 条第 1 款与第 6 条中规定国家对特定法益的"保护"。但本书中所讨论的基本权利保护义务是学理上的概念，它并不与这些条款的解释产生直接的联系。《基本法》第 6 条在第 1 款中称"婚姻及家庭受国家秩序的特别保护"，而在第 4 款中规定"所有的母亲都可以要求共同体的保护与照顾"。这里所用的"保护"概念带有社会国家意义上的色彩，其性质完全不同于基本权利保护义务概念。[22]

4. 环境

最近，关于环境保护有时会引用国家的保护义务。[23]比如青

---

　　[19]　BVerwGE 64, 274. 其判决要旨参照第 258 页。

　　[20]　在第七章"基本权利保护与自我决定"中详细讨论与自我决定的关系成为问题的危险行为与保护义务的关系。

　　[21]　G. Robbers（前注 2）Sicherheit als Menschenrecht, S. 222.

　　[22]　关于社会国家给付义务与基本权利保护义务之间的异同，参照第四章"基本权利体系中的保护义务"第 126 页。

　　[23]　桑原勇进：《国家的环境保护义务序说（三）（四·完）》，《自治研究》第 71 卷第 7 号第 87 页、第 71 卷第 8 号第 100 页（1995）；青柳幸一：《环境权与司法救济》，《公法研究》第 58 号第 108 页。

柳幸一教授指出，关于超出个人的生命、健康保护的，无法还原为个人的权利、利益的所谓作为公共财产的环境保护，也存在着法的三极关系，从而强调了同基本权利保护义务论的结构上的共性。[24]

的确，关于以环境为媒介的第三者对生命、健康及其他法益的侵害，如果能够要求国家行使规制权限，我们也可把这种情形下的国家的作为义务称为基本权利保护义务。不过，笔者认为超越个人权利、利益的环境本身的保护问题已超出了学理上的基本权利保护义务的适用范围。需要注意的是，即便是对于这种意义上的环境保护能够确认超出国家与个人二极关系的某种关系，此类关系也并非作为基本权利主体的个人就第三人对自己的基本权利法益的违法侵害请求国家保护的基本权利保护义务论意义上的法的三极关系。

另外，尽管联邦宪法法院的判例中也涉及有关环境的国家的基本权利保护义务（比如航空噪音决定、臭氧决定等），但这些判例所关注的是——是否应该保护周边居民的生命、健康的问题，而非环境本身的保护问题。[25]

5. 作为法的三极关系的基本权利保护义务

如上所述，基本权利保护义务论所涵盖的是如下三个层面的问题：第一个问题，是否存在国家的规制权限？第二个问题，如果存在国家的规制权限，它是否为国家的法意义上的作为义务？这些都得到肯定的前提下，会出现第三个问题——其法意义上的义务是否为基本权利保护义务？

那么，法的三极关系是保护义务所不可或缺的标志？还是

〔24〕　青柳幸一（前注 23）《公法研究》第 58 号第 108 页。

〔25〕　BVerwGE 56, 54; Beschl. Der 1. Kammer des Ersten Senats vom 29. Nov. 1995, EuGRZ 1996, 120 f.

典型事例的一种说明？对于这个问题我们不能简单予以回答。不过，从对象的同质性这一便利性而言，笔者认为暂且将基本权利保护义务限定于私人的基本权利法益侵害这一典型案件是合理的。本书所使用的基本权利保护义务这一概念正是以这种法的三极关系为内容的。

二、基本权利保护义务的实现

（一）国家的三权与保护义务

保护义务所指向的对象包括所有的国家权力。虽然基于《基本法》第 1 条第 3 款保护义务约束国家的三权，但其义务的趣旨各有不同。也就是说立法、行政、司法所承担的是基于宪法上的各自功能的、仅在其范围内[26]的基本权利保护义务。

基本权利保护义务的首要承担者为立法机关，[27]其理由如下：首先，宪法只是命令国家的各个机关实施具有实效性的保护而已，至于其保护手段宪法原则上不作任何具体规定。因此，保护的具体实现只能等立法机关予以手段选择与具体化。其次，在同其他私人（侵权人）的关系上，基本权利保护意味着限制该私人（侵权人）的权利与自由。因此，在其侵害性层面上基本权利保护也需要法律的规制。[28]

[26] R. Wahl/J. Massig, Schutz durch Eingriff, JZ 1990, 553 (559).

[27] 参照 J. Isensee（前注 4）S. 42 ff. ; G. Hermes（前注 4）S. 207 f. ; H. D. Jarass, Die Grundrechte als Wertentscheidungenbzw. Objektiv-rechtliche Prinzipien in der Rechtsprechung des Bundesverfassungsgerichts, AöR Bd. 110（1985）, S. 363（384）; K. Stern（前注 2）S. 942, 951.

[28] 关于立法机关的具体化、联邦宪法法院的统制，参照后述的第 51、52 页和第三章"禁止保护不足的统制"。关于保护义务的侵害性层面，参照后述的第 62 页以下。

1. 立法权

（1）保护义务责令立法机关制定并维护满足一定条件的法律，并责令立法机关修改该法律使其适合于保护义务。[29]

第一，当发生他人侵害基本权利法益的新的情形，或者尽管已经确认他人侵害基本权利法益的情形，但不存在相应的保护立法或立法内容尚不充分时，保护义务就会责令立法机关制定或修改必要的法律。[30]这个意义上的立法不作为不仅在环境法、核能法、基因工程法等科技发展显著的领域得到确认，而且有时也会在传统领域（比如骚扰电话受害人的人格权保护）中产生新的认识。[31]

第二，保护义务禁止必要的保护立法的倒退。具体而言，如果把保护生命、身体、财产、名誉等的刑法规定解释为保护义务的必然性具体化，在没有具有同等实效性的替代措施的前提下立法机关将不能任意删除这些规定。[32]第一次堕胎判决就属于此类型。因为该判决认定：《缓和刑法》第218条的内容所产生的保护上的缺陷违反了保护义务。

另外，有些学者认为，尽管保护法规的制定本身是保护义务所要求的，但其删除就不属于保护义务的违反，而是属于立法机关对已经获得的法律地位的积极侵犯，因此可以作为违反

---

〔29〕 参照 J. Isensee（前注4）S. 40.；G. Hermes（前注4）S. 268 ff.；K. Stern（前注2）S. 950, 1316 m. w. N.

〔30〕 《基本法》第1条第3款不仅命令立法机关不作为，还积极命令其制定出符合基本权利的法律。对此塑伊纳（Scheuner）称"这是过去20年发展的显著特征，而且是无可争议的事实。"参照 U. Scheuner, Staatstheorie und Staatsrecht, in：ders. , Gesammelte Schriften, 1978, S. 743.

〔31〕 BVerfGE 85, 386. 其判决要旨参照后述的第69页。

〔32〕 H. -U. Gallwas（前注2）S. 73 f.；D. Murswiek（前注3）Die Staatliche Ver-antwortung, S. 119, f. FN 61, 62；G. Hermes（前注4）S. 38 f；K. Stern（前注2）S. 949.

防御权被予以说明。可见，围绕着如何从理论上解释伴随法的修改所产生的已有法律地位的丧失这一问题，学术上仍存在争议。[33][34]

53　　　第三，立法机关的责任并非止于法律制定的时刻，而是延续到在实践中法律能够起到适当且有效的保护作用。也就是说当法律的作用违反当初的预期时，立法机关还将承担"事后的修正义务"（Nachbesserungspflicht）。[35]

　　（2）最初明确事后的修正义务的判例是航空噪音决定。在该决定中联邦宪法法院指出："立法机关的立法不作为有时会违反事后修正当初被视为合宪规定的宪法义务。"[36]

　　不过，事后的修正义务并不仅仅针对基本权利保护义务才发生。在航空噪音决定中联邦宪法法院称，"最近的判例"反复论及了此类义务。作为其先例法院举出了制粉法判决［BVerfGE25，1（12f.）］、共同决定法判决［50，290（335，377f.）］等有关防御权的判例。[37]

　　在第二次堕胎判决中，法院以违反事后的修正义务为由判

---

　　〔33〕　参照 G. Lübbe-Wolff, Grundrechte als Eingriffsabwehrrechte, 1988, S. 136 ff. 吕贝-沃尔夫使用"基于存在促进并保护基本权利的法律的基本权利的保障"概念说明了这一点。另外，萨克斯也指出，如果某一刑法规定是保护义务的必然要求，那么，削弱保护的修法必然违背防御权。参照 M. Sachs（前注 9）S. 668. 详细内容参照第四章第 151 页。

　　〔34〕　把导致丧失已有法律地位的修法应理解为违反作为义务还是违反不作为义务（违反防御权）？这并不是保护义务所固有的问题。关于废止在家投票制度，参照芦部信喜、高桥和之（编）：《宪法判例百选Ⅱ（第三版）》第 412 页（长尾一纩执笔）。另外，关于禁止削弱保障生存权立法与生存权的"自由权层面"，参照内野正幸：《宪法解释的逻辑与体系》第 275 页以下的讨论（1991）。

　　〔35〕　关于概括论述事后性修正义务的学术论文，参照 Chr. Mayer, Die Nachbesserungspflicht des Gesetzgebers, 1996.

　　〔36〕　BVerfGE 56, 54（72）.

　　〔37〕　BVerfGE 56, 54（78）.

定某一特定的法律规定为违宪。[38]

该判决指出，虽然从一般意义上而言，事后的修正义务并不责令立法机关对法律实施持续性控制，但基于生命这一保护法益的特殊地位、未出生生命的危险性质、关于堕胎所确立的社会情况及社会观念的变迁等因素，立法机关负有监督法律的保护设想在社会现实中发挥作用的义务。如同本案中的《孕妇及家庭扶助法》，当保护设想发生变更时这种监督义务就会产生。因此废除堕胎统计的法律修改违反保护义务。

（3）虽然存在很多诉讼，但联邦宪法法院确认立法不作为违反保护义务的仅仅是两次堕胎判决。因为如同根基于基本权利客观法层面的其他法作用，基本权利保护义务也缺乏内容的明确性，有必要对其予以具体化。[39] 而在这个具体化方面，保护义务的首要承担者——立法机关拥有广泛的裁量余地。[40]

立法机关的裁量余地：①首先在于具体保护手段的选择上；而手段选择上的裁量又关联于②"考量"相互冲突的私人的宪法地位；③"预测"采用或不采用某种法律手段的结果。当然，即便是限制基本权利立法中，立法机关也应当考量相互对立的宪法上的要求，并就该措施是否为实现立法目的的有效手段作出评价。因此②③本身并不是保护义务所固有的问题。尽管存在程度之差，在防御权上也会产生同样的问题。[41] 不过①是保

54

---

〔38〕　BVerfGE 88, 203（254）.

〔39〕　H. D. Jarass（前注 27）AöR Bd. 110（1985），S. 363（366, 395）；K. Stern（前注 2）S. 921.

〔40〕　K. Stern（前注 2）S. 950；M. Sachs（前注 9）S. 737；R. Alexy（前注 2）S. 421 ff.；G. Hermes（前注 4）S. 199 ff.

〔41〕　参照 R. Alexy（前注 2）S. 424 ff.，426, 427 f.；G. Hermes（前注 4）S. 200 ff. 另外，Schuppert（G. F. Schuppert, Funktionell-rechtliche Grenzen der Verfassungsinterpretation, 1980）指出，防御权中的衡量与保护义务中的衡量之间并不仅仅存在程度的差异还存在质的差异。他把自由与公益相对立的情形（如防御权）称之为一元

护义务法律结构中必然产生的裁量问题。阿历克西（Alexy）将其称之为"结构上的裁量"[42]。

国家基于基本权利承担的保护义务是国家的作为义务。通常，免受第三人侵害而实施的保护可采用多个手段，[43]而宪法并没有指定某个特定的保护手段。因此保护义务的实现方式是多样的，为实现保护义务可以投入各种法律手段。[44]防御权禁止国家实施侵害基本权利法益的任何行为。从这个意义上而言，防御权的命令内容是明确的。相比之下，保护义务并非责令国家实施保护基本权利法益的所有行为。国家只要在各种手段中选择某一手段即可，而且原则上可以选择任何一种，其选择不受限制。[45]

联邦宪法法院在第一次堕胎判决中也指出："关于国家应该如何履行实效性保护义务，首先应该由立法机关决定。对于有效

性自由问题，而把市民的自由相对立的情形（如保护义务）称之为多元性自由问题。他还指出，相比较而言，在前一种情形下比较容易作出以宪法为基准的评价与衡量，而在后一种情形下很难从宪法自身中找出那种判断线索。我们在第三章第88页以下重新讨论这种二分法问题。

　〔42〕　R. Alexy（前注2）S. 423.

　〔43〕　参照 J. Isensee（前注4），S. 39 f.；R. Alexy（前注2）S. 421；M. Sachs（前注9）S. 737 ff.；R. Wahl/J. Massig（前注26）JZ 1990, 553（558 f.）；D. Murswiek, in：Sachs, Grundgesetz, 1996, Art. 2 Rdnr. 26 ff.；H. Dreier, in：Dreier（Hrsg.），Grundgesetz-Kommentar, Bd. 1, 1996, Vorb. Rdnr. 64；H. Schulze-Fielitz, in：Dreier）（Hrsg.），aaO, Art. 2 Rdnr. 53.

　〔44〕　伊森泽指出："不管是预防措施还是抑制措施、危险防御还是刑法、侵害还是关心（Fürsorge）……为保护我们可以运用国家的所有活动形式。"［J. Isensee（前注4）S. 39］

　〔45〕　阿历克西以海难救助为例描述了作为义务与不作为义务的结构差异："不得使人溺水"这一不作为命令中包含着禁止海难相关的所有侵害行为；"应救助海难者"这一作为命令只是要求选择为救助所能采取的各种手段中的某一个或多个实效性手段而已。R. Alexy（前注2）S. 421.

保护生命所需的措施应当由立法机关作出判断。"[46]上述内容强调了立法机关及相关国家机关[47]的首要判断权。

（4）不过立法机关的裁量余地并不是不受任何限制的。相反，联邦宪法法院在第一次堕胎判决中指出："在不存在有效保护生命的其他手段的特殊情形下，选择保护生命手段的裁量空间会收缩为某种特定的手段。"[48]

55

一般而言，立法机关的立法不得低于宪法要求的最低限度的保护。学术上将其称之为"禁止保护不足"[49]。在第二次堕胎判决中该原则被确立为判例上的概念。那么，联邦宪法法院是如何运用禁止保护不足原则的？这一点下一章将予以讨论。

2. 行政权

虽然立法机关是保护义务的首要承担者，但对于保护的要件及效果法律并不一定都予以详细规定。如同警察法、民法的一般条款，立法机关有时会采用一般条款。而对于技术发展迅速的领域（如核能法），立法机关有时不得不将具体标准的设定委任于行政机关。[50]当法律赋予行政权一定的裁量空间时，保护义务的实现就会落到法律之下运行的各类机关之上。

关于基本权利对行政裁量的约束，施塔克（Starck）指出："当行政权拥有裁量权时，其裁量的行使必须要符合基本权利。"[51]这一原则也适用于基本权利保护义务。作为符合基本权利法律

---

〔46〕 BVerfGE 39, 1 (44). BVerfGE 39, 1 (44).

〔47〕 BVerfGE 46, 160 (164) 指出："国家的各种机关如何实现生命的实效性保护义务呢？这是应当由各个机关以自我责任予以决定的问题。"

〔48〕 BVerfGE 39, 1 (46 f.).

〔49〕 C. – W. Canaris, Grundrechte und Privatrecht, AcP 184 (1984), S. 228; H. D. Jarass（前注 27）AöR Bd. 110, S. 363 (383).

〔50〕 D. Rauschning, VVDStRL Heft 38 (1980), S. 199 m. w. N.

〔51〕 Chr. Starck, in: Mangoldt/Klein/Starck, Das Bonner GG, Bd. 1, 3. Aufl. 1985, Art. 1 Abs. 3 Rdnr. 142.

解释的一环，行政机关在解释并适用法律时必须考虑宪法上的保护义务趣旨。应当指出，警察法上的一般条款为保护义务具体化的规定，而宪法上的保护义务为行政机关解释、裁量行使该一般条款的指针。[52]虽然基本权利保护义务并不是警察介入请求权的唯一根据，但仍被视为重要的根据之一。[53][54]

3. 司法权

（1）最后由司法权统制其他国家机关履行保护义务。具体而言，对于立法不作为，由联邦宪法法院承担统制立法不作为的任务；由行政法院承担统制行政不作为的任务。

另外，迪特莱因（Dietlein）把基本权利要求区分为作为行为规范的基本权利要求与作为裁判规范的基本权利要求，并指出约束裁判权的是作为裁判规范的保护义务。[55]

（2）作为对裁判权的保护义务要求，人们重新强调基本权利的私人间效力问题（在第六章中详细论述）。

众所周知，在德国间接适用说为私人间效力论的通说。[56]

---

〔52〕　J. Isensee（前注 4）S. 52 ff.；G. Hermes（前注 4）S. 8；H. ‑U. Gallwas（前注 2）S. 74 f.；G. Robbers（前注 2）S. 246 ff. m. w. N.；A. Bleckmann, Staatsrecht Ⅱ, Die Grundrechte, 4. Aufl. 1997, S. 342.

〔53〕　关于详细讨论此问题的日本文献，参照高桥明男：《西德的警察意义上的个人保护（二·完）》，《阪大法学》第 140 号第 155 页（1986）。

〔54〕　除了裁量权收缩之外与克服反射性利益论的关联之中也可以承认保护义务论对行政法的意义，但本书并不对此予以阐述。关于建筑法上的相邻人诉讼与保护义务的关系，参照 G. Schwerdtfeger, Grundrechtlicher Drittschutzim Baurecht, NVwZ 1982, 5 ff.；G. Lübbe‑Wolff（前注 33）S. 199 ff.（201）. 对前者的批评参照 J. Schwabe, NVwZ 1983, 523 ff. 关于概观、分类该问题的判例、学说的论文，参照 U. Ramsauer, AöR Bd. 111（1986）, S. 501 ff.；G. Lübbe‑Wolff（前注 33）S. 188 ff.

〔55〕　J. Dietlein（前注 18）Die Lehre von den grundrechtlichen Schutzpflichten, S. 72. 另外，关于行政规范与裁判规范的区别的个人见解，参照小山刚：《基本权利功能扩充的可能性》，《庆应大学大学院法学研究科论文集》第 25 号第 230 页（1987）。

〔56〕　关于判例、学说中的第三人效力论的动向，参照 K. Stern（前注 2）S. 1509 ff. 另外，以下论述参照该书 S. 1572 ff.

迪里希早已于人的尊严的特定意义——"法秩序的最高层次原理"与国家的人的尊严"保护义务"寻求间接适用说的理论起点。[57]但此后私人间效力与保护义务的关联问题并没有得到人们的重视。1980 年代中期以后，两者之间的紧密关系重新得到认识，私人间效力论也得以重构。[58]现在人们把保护义务视为私人间效力论的"缺失的连接点"（missing link）[59]、私人间效力问题的"'最清晰'的解释学上的线索"[60]。

　　另外，在这个问题上司法晚于学术。关于私人间效力问题，直到 1990 年的代理商决定[61]联邦宪法法院才首次明确引用了基本权利保护义务。

　　（二）保护手段

　　基本权利保护义务是国家的作为义务，它要求国家的给付。阿历克西把国家的给付区分为"物理性给付"（faktische Leistung）与"规范性给付"（normative Leistung），并称就基本权利保护义务要求国家作出规范性给付。[62]为履行基本权利保护义务，国家采取的典型手段是从法律上禁止第三人的侵害行为。尽管如此，保护义务并非把法律上的禁止当作唯一的手段。

　　1. 禁止与宽松的手段

　　穆斯维克主张，在各种保护手段中国家首先应当采取对该侵

---

〔57〕　G. Dürig, in：Maunz- Dürig, GG-Komm, (1985), Art. 1 Abs. 3 Rdnr. 131.

〔58〕　C. -W. Canaris, Grundrechte und Privatrecht, AcP 184 (1984), S. 201 ff.；R. Novak, Zur Drittwirkung der Grundrechte, EuGRZ 1984, S. 133 ff.

〔59〕　C. - W. Canaris, Grundrechtswirkungen und Verhältnismäßigkeitsprinzip der richterlichen Anwendung und Fortbildung des Privatrechts, JuS 1989, 161 (163).

〔60〕　K. Stern（前注 2）S. 1572.

〔61〕　BVerfGE 81, 242. 其判决要旨参照后述的第 215、216 页。

〔62〕　R. Alexy（前注 2）S. 403.

57 害行为的法律禁止。[63]不过有人对这种首要保护手段的一般断
定提出了批评。[64]实际上，为了保护公民的健康不受第三人的
侵害，行政机关有时会采取警告、提供信息等手段。尤其是如
同罗贝斯那样，如果主张危险的不知情也可成为保护义务的对
象，[65]警告、提供信息将成为重要的保护手段。在这种情形下，
宪法层面的警告等宽松手段才是正当的。在这种手段的实效性
被否定之前不会直接要求国家采取禁止行为。[66]

2. 基本权利保护与组织、程序

下面阐述保护义务具体化或手段选择的另一个重要视角——
组织、程序上的保护。组织、程序上的保护要么替代实体法上
的保护，要么补充或分担实体法上的保护。

（1）在早期的德国宪法学中并没有这种想法：从实体性基
本权利中产生一定的组织、程序要求。长期以来人们认为"基
本权利"与"组织、程序"是无关联的，基本权利是实体性权
利而组织、程序是统治法的问题。[67]据说在《基本法》的制定
过程中人们也没有意识到两者之间的相互作用。[68]两者之间的
相互作用是《基本法》制定以后由判例和学说提出的。

现在的德国判例与学说普遍主张：实体性权利的保障因存在适
当的程序才得以实现；实体性基本权利规定中包含适当的程序要求。

---

[63] D. Murswiek（前注3）Die Staatliche Verantwortung, S. 108, ff.；D. Murswiek
（前注12）in：Sachs, Grundgesetz, Art. 2 Rdnr. 191.

[64] M. Sachs（前注9）S. 739.

[65] G. Robbers（前注2）S. 221 f.

[66] 对于这种情形下的保护，罗贝斯解释称，一般首先要求警告、启发、危
险的缓和、救护手段的配备等而非禁止。因此，一般认为国家并不具有禁止危险运
动、饮酒、吸烟等行为的权限。很显然国家并不承担禁止的义务。G. Robbers（前注
2）S. 222.

[67] K. Stern（前注2）Staatsrecht III/1, S. 954.

[68] K. Stern（前注2）S. 954.

（2）在德国的基本权利解释论中人们把"程序"与"组织"视为一个整体。因此，在体系书中多以"基本权利对组织、程序的意义""基本权利的组织、程序保障"等形式出现。[69]如上所述实体性基本权利与组织、程序之间的相互作用是已确立的判例法理。不过被人们视为其"阶段性总结"的是西蒙法官与霍伊斯纳（Heußner）法官在米尔海姆–卡利希判决（1979年12月20日）中执笔的少数意见。关于实体性基本权利与组织、程序之间的相互作用，两位法官指出：

"在社会现实中要使基本权利发挥其功能不仅应当细化其内容，而且应有合适的组织形态与程序规定。同时，不仅原来的程序性基本权利对已有的组织法、程序法产生影响，而且实体性基本权利也对已有的组织法、程序法产生影响。尤其是在我们有必要不断划分界限并调整人们的各种自由领域，调整相互抵触的基本权利地位的时代，这种关联性更为重要。也许组织、程序是带给基本权利合理结果的唯一手段。"联邦宪法法院指出："各种基本权利不仅构成实体法，而且规定实现基本权利保护的程序及已有程序规定的合宪性适用基准。……依判例基本权利的作用并非止于通过公正程序的实效性裁判统制这种形式的有效的权利保护。如果从各种基本权利中产生这种保障，这一点也会影响行政的事前程序。"[70]

（3）米尔海姆–卡利希案的案情大致如下：经过包括市民参与在内的有关程序，米尔海姆–卡利希核电站得到了政府部门的部分建设许可。但后来承建方以提升安全性为理由变更了该核电站的部分设计。于是围绕着有无重启市民参与程序的必要产生了争执。法庭在判决中明确阐述了基本权利保护义务与许可

---

〔69〕 K. Stern（前注 2）S. 953 ff.

〔70〕 BVerfGE 53, 30（71 ff., 74）.

程序之间的关系，其意见如下：[71]

国家负有从核电站的危险中保护周边居民的生命、健康（《基本法》第2条第2款）的义务（国家的基本权利保护义务）。对应于此项义务，国家对核能的经济利用设置许可并规定了其实体要件与程序要件。为了能源供应这一公益，政府许可核电站项目，周边居民就要面临不能自我控制及回避的巨大危险。对于该危险国家应承担共同责任（Mitverantwortung）。因此，如同国家侵害一样，有关许可的实体性、程序性规定应接受司法的严格审查。生命、健康基本权利也会影响程序规定的适用，政府的许可部门不能忽略为充实保护义务而制定的程序规定，否则会导致违反基本权利的后果。

（4）在第二次堕胎判决[72]中，基本权利保护义务与组织、程序之间的关系表现为更为复杂的形式。[73]在本案中，法院基于从刑法解决向咨询解决这一立法转变，从胎儿生命的保护义务中推导出了关于孕妇接受咨询的目的、咨询设施的组织、咨询内容及实施的详细的宪法命令。联邦宪法法院指出，对此立法机关受到禁止保护不足的约束，立法机关应制定出实效且充分的规定。具体而言：[74]

立法机关可以把咨询结论设定为待定，同时，为了寻求女性的自我解决可以不强制对话及合作，也可以不指定对象。但

[71] BVerfGE 53, 30（57 f., 62 ff.）.

[72] BVerfGE 88, 203. 参照小山刚：《修改刑法堕胎罪规定的孕妇及家庭扶助法的合宪性（第二次堕胎判决）》，《自治研究》第70卷第4号第127页（1994）。

[73] 施塔克指出该判决中的依组织、程序之保护的复杂性与重要性。Chr. Starck, Verfassungsrechtlicher Schutz des ungeborenen Lebens, in: ders., Praxis der Verfassungsauslegung, 1994, S. 85（94）.

[74] 具体内容参照小山刚（前注72）；嶋崎健太郎：《堕胎与德国联邦宪法法院》，《津田塾大学国际关系学研究》第20号第119页（1994）。

《刑法》第 219 条违宪、无效。因为该条款没有确保如下一点：只能向符合宪法和法律规定基准的设施以及具备能够提供咨询的组织、基本见识、人员的设施委托咨询。同时，该条款没有就排除咨询设施与堕胎设施之间的组织性、经济性勾结作出充分的预防规定。按理国家应当审查咨询设施并赋予许可，如果尚未具备相关条件应当撤回该许可。但法律（上述《刑法》条款）中并没有相应的规定。法律（上述《刑法》条款）也没有规定国家定期审查咨询设施的前提——收集和控制信息权限。

国家对未出生生命的保护义务包括免受第三人侵害的保护，尤其是免受孕妇家人侵害的保护。伴随着向咨询构想的转变（由依据刑罚手段保护胎儿生命的构想转向依据咨询手段保护胎儿生命的构想——译者注），第三人的影响变得尤为重要。为使咨询产生效果，"应当让处在家庭环境中的人包括如同胎儿父亲那样对怀孕负有同等责任的人、如同未成年孕妇的父母那样对怀孕负有特别责任的人等积极参与到保护构想中"。孕妇身边的人尤其是胎儿父亲、未成年孕妇的父母处在援助孕妇的地位，对孕妇的分娩、堕胎决定产生重大影响。因此，有必要根据需要让这些人参与到咨询中。

（5）组织、程序上的基本权利保护看似是一种崭新的想法，但实际上是组织、程序上的防御权保障[75]的延伸。我们可以把

---

〔75〕 作为主要的判例，关于财产权，参照 BVerfGE 24，367（401）＝柏崎敏义：《依法律的公共征用与正当补偿——汉堡（Humburg）维修提防法判决》，《德国的宪法判例》（德国宪法判例研究会编）第 251 页（1996）；45，297（322，333）等。关于职业自由，参照 BVerfGE 39，276（294）；41，251（265）；48，292（297 f.）等。关于集会自由，参照 BVerfGE 53，30（65）；69，315（355）；赤坂正浩：《基本法第8 条的集会自由与集会法的规制——Brokdorf（德国北部地名）决定》，《德国的宪法判例》第 199 页；84，34（45 f.）. 另外，有关通过程序的基本权利的实效性保障的概括性研究，参照笹田荣司：《实效性基本权利保障论》（1993）。关于基本权利保障义务与组织、程序，参照本书第 207 页以下、第 251 页以下。

60　它看作随附于基本权利的实体性作用从防御权扩张至保护义务而自然生成的结果。[76]

　　关于"宪法是否要求行政程序的保障，在何种程度上要求这种保障"，联邦宪法法院在司法考试不合格决定宪法诉讼案中列举如下两个界限（parameter）：基本权利侵害的性质及强度；法院通过事后审查救济基本权利的程度。[77] 可以说这一点也适用于基本权利保护义务。

三、法的三极关系中的基本权利保障

　　国家的基本权利保护措施具有两面性，即保护性或授益性层面与侵害性层面。下面从法的三级关系中的另一个当事人——第三人（侵害人）的基本权利视角探讨基本权利保护义务中出现的各种问题。

　　（一）通过侵害的保护

　　（1）涉及基本权利保护义务的典型事例是——同样为基本权利主体的私人侵害其他私人的基本权利法益的情形。在此类情形下，对于请求保护者（受害者）而言，国家的保护义务的

---

　　[76]　对于组织、程序与实体基本权利的关系，笔者认为可作出如下分类：①尽管某一基本权利属于实体基本权利，但当国家对其进行侵害时给予其别的程序性基本权利或以（基于法治国原理的）程序性要求为根据的程序性保障。②尽管某一基本权利属于实体基本权利，但当国家对其进行侵害时会产生以该基本权利为根据的程序性保障要求。③尽管某一基本权利属于实体基本权利，但当第三人对其进行侵害时会产生一定的组织、程序性要求。④某一基本权利属于实体基本权利，但该基本权利依赖于一定的组织、制度。该基本权利的行使要求国家建设及参与组织、程序上的基础设施。因此该基本权利具有"参加请求权"层面与"制定组织、制度形式的基准"层面。如同本文所述③是②的延续。

　　[77]　BVerfGE 84, 34（46）.需要关注的是，后者的参数为——在综合把握事前救济与事后救济的基础上要求作出适当的角色分工。

履行意味着对其基本权利法益的保护，但对于其他私人（侵权人）而言，它却表现为一种自由的限制。虽然第一次堕胎判决显示的只是保护胎儿生命与孕妇的自我决定之间的冲突，但保护义务与防御权之间的冲突存在于能够确认基于基本权利冲突的法的三极关系的所有情形，如生命健康保护与业主的营业自由、人格权保护与表达自由等。

另外，在施莱尔决定中出现了对施莱尔的生命保护与"对市民全体的保护义务"之间的对峙。这一点表明保护义务之间也可能会出现冲突。在切断联系决定中出现了保护义务与自由权之间的冲突，但其形式完全相反于堕胎判决。因为在该决定中，法院是把对施莱尔的生命保护作为从宪法层面上正当化切断联系措施、驳回违反防御权主张的论据而援引的。

（2）除了上述的抽象、具体层面上的实体法益的冲突之外，最近的判例中还出现了另一个新的难题——以基本权利保护为理由修正法律保留原则。

国家能否以保护特定人的基本权利法益为由在无法律依据的情况下限制第三人的基本权利呢？卡塞尔（Kassel）上级行政法院认定：除非有法律的明确许可，不允许设置可能侵害周边居民生命健康的危险设施。联邦行政法院解释称，以保护国民健康为理由作出的非正式行政活动并不违法。在无法律根据的情况下，针对骚扰电话而实施的记录通话事实并通知受害人的措施是否违宪？对此联邦宪法法院作出了不违宪的决定。

（3）如上所述，我们不能把基本权利保护义务论仅仅看作强化基本权利保障的法理。因为国家只有通过限制基本权利才可实现基本权利保护，所谓的保护无非是"依侵害的保护"〔78〕。

---

〔78〕　R. Wahl/J. Massig（前注 26）Schutz durch Eingriff, Jz 1990, 553 ff.

如同伊森泽指出的，对于第三人的基本权利而言，基本权利保护有可能成为宪法上的侵害名分。[79]

可见，保护义务论具有滥用的危险性。以警察法为例，法的三极关系及基本权利保护义务这一视角修正了过去视角上的单一性（即过去人们只是把警察法作为基本权利与国家的对抗关系来把握——译者注），把受到私人的侵害而经国家的干预措施得到救济的当事人的基本权利法益也纳入了视角，指出基本权利与警察法的多元关系，明确了警察法的保护法益。[80]另外，我们也不能忽略："保护"视角会产生限制第三人基本权利的新根据，或者具有放宽法治国理论要求的限制基本权利的要件的危险性。[81]

（二）实体问题——禁止保护不足与禁止过度侵害（Übermaßverbot）

1. 基本权利尊重义务（Achtungspflicht）及作为保护义务（Schutzphulicht）的法的三极关系

（1）我们不能以上述危险性为理由立即否定基本权利保护义务这一法理。保护义务论只是要求国家在限制第三人的基本权利时考虑要求保护者的基本权利而已。基本权利保护义务确实会对防御权带来一定的相对化后果。因为防御权已不再是法的三极关系中唯一的基本权利坐标，而只是两个坐标中的一个。但这并不意味着我们可以忽略防御权。法的三极关系这一结构告诉我们：在考察围绕基本权利的个人与国家的关系时，在原有的"侵害"关系基础之上再追加"保护"关系这一新的关系，而非排除前者。换言之，只有合并考虑保护关系与侵害关

---

〔79〕 J. Isensee（前注 4）S. 33.

〔80〕 G. Hermes（前注 4）S. 206；A. Bleckmann（前注 52）Staatsrecht Ⅱ，S. 342. G. Hermes（前注 4）S. 206；A. Bleckmann（前注 52）Staatsrecht Ⅱ，S. 342.

〔81〕 关于显示这种倾向的见解，参照 A. Bleckmann（前注 52）S. 342. 布勒克曼（Bleckmann）称，警察的侵害要件可能会因考量要求保护者的基本权利而发生变化。

系，"三"极关系才得以成立。

这种理解上的法的三极关系之基础在于某一私人与其他私人之间的基本权利法益冲突。如同《基本法》第 2 条第 1 款就人格发展权的限制列举出"他人的权利"，第 5 条第 2 款就言论自由的限制列举出人格意义上的名誉保护，某人的基本权利行使往往会对他人的基本权利法益产生各种影响。宪法不允许以牺牲他人的相关法益为代价的人格发展权与绝对意义上的言论自由。[82]这一点同样适用于在条文上无保留地予以保障的基本权利。[83]即便是无保留的基本权利，当其行使会侵害他人的基本权利或其他宪法法益时也应受到必要限制。[84]

（2）为此，重要的是应明确调整[85]保护义务两个层面（侵害性层面与保护性层面）的基准。联邦宪法法院指出："……立法机关应当以《基本法》的价值秩序为尺度，并考量法治国意义上的比例原则，通过衡量相互对立的基本价值与自由解决纠纷。"也就是依照比例原则[86]调整相互对立的基本权

63

---

〔82〕 关于《基本法》第 2 条第 1 款的"他人的权利"，参照田口精一：《人格自由发展的基本权利与他人的权利》，《基本权利理论》（田口精一）第 137 页以下（1997、初版 1965）。关于堕胎罪，参照 BVerfGE 29, 1（43）. 另外，关于表达自由的界限，参照 Chr. Starck（前注 51）Das Bonner GG, Art. 5 Rdnrn. 117 ff. 关于"名誉"，参照 Art. 2 Rdnrn. 125 f. , Art. 5 Rdnrn. 131 ff.

〔83〕 参照田口精一（前注 82）第 150 页以下。

〔84〕 参照 Chr. Starck（前注 51）Art. 1 Abs. 3 Rdnrn. 176 f. 关于艺术自由的界限，参照 Art. 5 Abs. 3 Rdnrn. 206 ff.

〔85〕 关于人权冲突的"调整"，参照田口精一：《围绕生活环境的人权竞合与调整》，《基本权利理论》（田口精一）第 309 页（初版 1973）；中野雅纪：《基本权利冲突问题》，《中央大学大学院研究年报》（法学研究科编）第 23 号第 15 页（1994）。

〔86〕 比例原则作为判定国家限制基本权合宪性的基准，在判例、学说上扮演着决定性角色。有关德国的比例原则的日本文献，参照青柳幸一：《基本权利侵害与比例原则》，《个人的尊重与人的尊严》（青柳幸一）第 337 页（1996、初版 1985）；克劳斯·施特恩：《禁止过度侵害（比例原则）与衡量命令（一）（二）》，小山刚译，《名城法学》第 44 卷第 2 号第 153 页、第 44 卷第 3 号第 125 页（1994、

利法益。[87]这就是说，即便是旨在保护基本权利的立法也不能过度限制一方私人的自由。立法机关一方面要尊重作为防御权的基本权利，另一方面要在比例原则框架内履行保护义务。

转换成最新用语就是：实现保护义务的立法机关作出裁量的下限在于禁止保护不足原则，而其上限在于禁止过度侵害原则[88]。这就要求立法机关在这两个原则的夹缝中调整基本权利尊重义务和保护义务，从而解决基本权利之间的冲突。[89]此时应注意的是：基本权利保护义务是导入下限观念的法理，它并不要求正当化或上限的扩展。

2. 言论自由与人格权

在具体案件中，调整基本权利尊重与基本权利保护之间的关系并不容易，提供其素材的是言论自由与人格权、个人名誉保护之间的冲突。

（1）格林（Grimm）[90]分析指出，在调整言论自由与人格权方面，联邦宪法法院采用了两种规则——"优越规则"和"推定规则"。所谓优越规则是指当某一言论属于形式上的侮辱或

1995）。另外，有关最新的德语文献，参照 R. Alexy（前注 2）S. 100 ff. ；R. Dechsling, Das Verhältnismäßigkeitsgebot, 1989; M. Ch. Jakobs, Der Grundsatz der Verhältnismäßigkeit, 1985; R. Novak, Verhältnismäßigkeitsgebot und Grundrechtsschutz, in：B. Ramsauer（Hrsg.），Beiträgen zum Verfassungs - und Verwaltungsrecht, Festschrift für Winkler, 1989, S. 39 ff.

　　〔87〕　BVerfGE 39, 1 (47).

　　〔88〕　一般认为"禁止过度侵害"与广义的比例原则是同义语。尽管广义的比例原则是包括三个子原则即适合性、必要性、狭义的比例性的上位概念，但施特恩认为现在越来越多的人用"禁止过度侵害"这一表述替代广义的比例原则。K. Stern, Das Staatsrecht der Bundesrepublik Deutschland, Bd. Ⅰ, 2. Aufl. 1984, S. 861, FN 610.

　　〔89〕　参照 H. D. Jarass（前注 27）AöR Bd. 110, S. 363（383 f.）.

　　〔90〕　D. Grimm, Die Meinungsfreiheit in der Rechtsprechung des Bundesverfassungsgerichts, NJW 1995, 1697 ff.

诽谤批评时不进行具体衡量而直接确定人格权保护的优越。它属于一种定义衡量规则。如果是其他情形，则在充分考虑个案的各种情况的前提下进行具体衡量。在这个个别、具体的衡量中对本质上涉及公共问题的言论作出"自由言论推定"（Vermutung für die freie Rede），这就是推定规则。它是吕特判决以来所确立的判例。[91]虽然推定规则以言论自由的优越为前提，但仍属于个案的具体衡量。它只是要求"在具体案件中推定言论自由优越于人格权要有充分的理由"[92]。

（2）尽管如此，联邦宪法法院的一系列判例仍受到了部分学者的激烈批评，他们认为这些判例轻视了人格权保护。如果撇开宪法法院对专门法院的过分控制这一问题，[93]批评的矛头指向了对"诽谤"概念的过于狭窄的限定解释[94]与对人格权保护适用推定规则。[95]

这些批评反映了充分保护人格权的呼声。批评者指出，尽管推定规则仍属于个案衡量，但它毕竟把言论自由置于优越地位。因此就算它适合于依一般法律的限制，也不应当将其适用于为（作为同样是重要的宪法法益的）人格权、名誉保护而采取的限制。就人格权与言论自由之间的调整而言，合理的做法

[91]　BVerfGE 7, 198 (212). 吕特判决指出："直接对抗于某一私法益的言论越是关涉公共问题的精神上的争论（而不是在经济往来中追求自我的任意目标），我们越能够把该法益的保护让步于该言论，而且必须作出让步。"

[92]　D. Grimm（前注 90）NJW 1995, 1697 (1704).

[93]　原联邦行政法院长官森德勒（Sendler）把过分介入事实认定的联邦宪法法院称之为"国民的最上级法院"。H. Sendler, Kann man Liberalität übertreiben?, ZRP 1994, 343.

[94]　M. Kriele, Ehrenschutz und Meinungsfreiheit, NJW 1994, 1897. 参照 Haas 法官的少数意见［第二次"士兵是凶手"案 BVerfGE 93, 266 (313 ff.)］。

[95]　R. Mackeprang, Ehrenschutz im Verfassungsrecht, 1990; R. Stark, Ehrenschutz in Deutschland, 1996.

是将两者置于同等地位，并通过衡量予以解决。正因为如此，《基本法》第 5 条第 2 款把依一般法律的限制与个人名誉保护分开作了规定。[96]

（3）本书不讨论这些批评是否欠妥，只是确认如下三点：

第一，我们不能把上述争论公式化为：没有采用保护义务论而精心保护言论自由的判例与持保护义务论的部分学说之间的对立。适用推定规则及诽谤概念的相关争论点并不在于是否承认基本权利保护这一结构。联邦宪法法院的格林法官尽管拥护判例法理，但他丝毫没有怀疑——人格权保护就是保护义务论意义上的基本权利保护这一点。[97]

第二，基本权利保护义务包括作为结构要求的层面与作为衡量要求的层面。作为结构要求的基本权利保护义务要求法院就保护义务案件采用保护义务论结构。作为衡量要求的基本权利保护义务要求法院在充分考虑受保护的基本权利法益的重要性、法益受侵害的程度等的前提下进行适合于基本权利保护的衡量。那么，什么样的衡量适合于保护义务，这一点并不取决于基本权利保护义务这一法理本身，而取决于实施衡量的各自基本权利的解释。[98]

第三，如上所述，就言论自由与人格权保护这个微妙的问题，基本权利保护义务论也并不贸然要求扩大对言论自由的限制。

（三）形式问题——基本权利保护与法律保留

相比上述的实体问题，更为深刻的是保护义务与法律保留原则之间的紧张关系。如上所述，在一系列判例中"保护"这

---

〔96〕 参照小山刚：《第二次"士兵是凶手"案》，《自治研究》第 73 卷第 1 号第 122 页、第 130 页（1999）。

〔97〕 D. Grimm（前注 90）NJW 1995, 1697（1702, 1704）.

〔98〕 克劳斯·施特恩（前注 86）《名城法学》第 44 卷第 3 号第 132 页以下。

一视角放宽了法治国家要求的限制基本权利的形式要件，使其变得空洞。

1. 判例中的侵害形式要件的缓和

先具体展开上述的判例。

（1）首先，卡塞尔上级行政法院支持了周边居民的撤销基因工程设施设置许可的请求，其理由如下：[99]

"依照本法庭的见解，只有存在立法机关的明确许可时才可以设置和运营基因工程设施。"这一点产生于立法机关就《基本法》第2条第2款的保护法益所承担保护义务。……只要生命及身体的无伤害性成为问题，立法机关就有权制定限制基因工程技术利用者基本权利的保护法律并承担其义务。此项义务客观产生于保护义务思维，它无关于基本权利主体的主观请求权。……当《基本法》第5条第3款（学问、研究自由）、第12条（职业自由）、第14条（所有权）规定的基本权利与第2条第2款规定的基本权利相冲突时，原则上存在研究、职业、营业自由对其限制需要特别理由这一情况因生命及身体的无伤害性所具有的特殊重要性而发生逆转。也就是说因对人类产生广泛影响，技术的利用才需要立法机关的特别许可。"

可见，在本案中正因为国家的生命、健康保护义务，法庭抛弃法律保留，反而指出不允许私人在无法律根据的情况下使用基因工程技术。

（2）其次，联邦宪法法院的1992年3月25日决定。[100]该案件的概要如下：受骚扰电话侵害的受害人向德国联邦邮电局提出公开来电人信息的要求，对此，在不存在相应法律根据的情

〔99〕 Beschl. v. 6. 11. 1989, JZ 1990, 88 (89).

〔100〕 BVerfGE 85, 386. 关于本案的解说，参照广泽民生：《使用仪表比照设备探测匿名电话与保护通信秘密》，《自治研究》第71卷第5号第134页（1995）。

况下德国联邦邮电局告诉受害人来电人的姓名。后来，在加害人与受害人之间的民事诉讼中法院把上述情况采纳为证据。于是围绕法院这一行为的合宪性双方发生了争执。联邦宪法法院指出：因《基本法》限制了通信秘密（《基本法》第 10 条第 1款），联邦邮电局的措施应当有法律根据，但为了保护接电话人的一般人格权，我们也只能临时接受这一违宪状态。

法院在判决理由中指出："不是说没有法律的授权就不允许'监控通话'。……拒绝监控通话实际意味着收到胁迫性或骚扰匿名电话的受害人利益的侵害。这种通话有可能显著侵害《基本法》第 2 条第 1 款（该条款密切关联于《基本法》第 1 条第 1 款）的一般人格权、《基本法》第 2 条第 2 款的人身不受侵害的权利。对此类攻击当事人处于毫无防备的状况。监控通话是应对此类攻击的有效手段，而且是唯一的防御手段。……只要适当调整了当事人的基本权利，并采取了充分的程序法上的预防措施从而有效防止滥用，就可断定为防止匿名胁迫电话、骚扰电话而允许监控通话的法律合宪。之所以产生保护上的缺陷正是因为缺乏这种法律。如果我们衡量两种宪法上的缺陷——缺乏法律上的侵害根据与无法实施对抗于匿名电话的人格保护、健康保护，保护《基本法》第 2 条的法益处于优越地位。就前者而言，实体上允许我们侵害，而只是欠缺充分的法律根据而已；就后者而言，实体上的基本权利保护处于危险状态。因此，即使没有法律根据，我们也只能暂时接受监控通话这一结果。"[101]

（3）最后，介绍为正当化"非正式的行政活动"[102]援引保护义务的判例。

为了回应混入二甘醇（diethylene glycol）的葡萄酒问题，联

---

〔101〕　BVerfGE 85, 386（400 f.）.

〔102〕　大桥洋一：《非正式的法治国》，《公法研究》第 57 号第 201 页（1995）。

邦青年家庭保健部制作并公布了混入二甘醇的葡萄酒目录。在要求确认该部门不具有此项权限的裁判中，联邦行政法院〔103〕驳回该诉讼请求，列举根基于《基本法》第 2 条第 2 款的国家的基本权利保护义务作为其理由。关于葡萄酒目录公布与保护义务的关系，联邦行政法院指出：〔104〕

"登记在目录中的葡萄酒存在着健康上的隐患。被上诉人（即国家。小山刚补充）公布葡萄酒目录意味着为保护消费者而积极作为，履行《基本法》第 2 条第 2 款上的保护义务。"

不过该法院的判决理由并不十分清晰。其接着上述的引用部分判决又指出："被上诉人公布目录并没有侵害《基本法》第 12 条第 1 款（职业自由）中的上诉人的自由。既然不存在基本权利侵害就不能适用法律的保留。"另外，判决还指出，即便是把上述国家行为视为侵害，也"可以把规定联邦政府的任务及权限的宪法规定看作正当化基本权利侵害的授权规范。"〔105〕可见，基本权利保护义务并非决定性的合宪理由。不过，如果我们关注"权限"（Kompetenz）与"权威"（Befugnis）混同背后存在的保护义务论，就不应过低评价本案中保护义务论的法律保留空洞化作用。

2. 学说

（1）在学术上也有人主张〔如雅拉斯（Jarass）〕：如果为的是宪法上的约束性（bindend）保护义务的实现，即使没有法律的具体化也能够制约他人的基本权利。〔106〕但通说一贯强调应

---

〔103〕　联邦行政法院第三法庭 1990 年 10 月 18 日判决（BVerfGE 87, 37）。关于该判决的介绍，参照德本广孝：《非正式行政活动的法律界限》，《本乡法政纪要》第 3 号第 126 页（1994）。

〔104〕　BVerfGE 87, 37（49）.

〔105〕　BVerfGE 87, 37（50 f.）.

〔106〕　H. D. Jarass（前注 27）AöR Bd. 110, S. 363（385）.

当在法治国的框架内实现保护义务。例如施特恩指出保护义务
68 不能转化成不受任何限制的国家的"侵害名分"。[107]伊森泽也认
为，保护义务并非抛弃法治国家原理的要素——法律保留原则，
"基本权利的正当性不能成为合法性的填补，即使是对生命的保
护也不能正当化无法律根据的侵害。"[108]而施塔克强调"保护应
符合法治国的各种基准，为实现保护义务而实施的对第三人的
侵害行为应当有法律根据。"[109]

（2）学界强烈批评相对化或限定法律保留原则的判例。依
据上述见解这是理所当然的。[110]

关于卡塞尔上级行政法院的基因工程设施决定，瓦尔
（Wahl）／马斯格（Massig）指出该决定实际把基本权利保护义
务当作"侵害名分"，并列举了因此而造成的损失：①对侵害性
措施的法律保留；②行政承担的一种负担——必须证明存在法律
上的侵害前提条件；③法的稳定性；④法治国的分配原理。[111]瓦

---

[107]　K. Stern（前注 2）S. 942 FN 254.

[108]　J. Isensee（前注 4）S. 43.

[109]　Chr. Starck, Grundrechtliche Schutzpflichten, in: ders.（前注 73）Praxis, S. 46（80）. 作为同一个趣旨的见解，参照 J. Dietlein（前注 18）S. 67 ff.；P. Unruh, Zur Dogmatik der Grundrechtlichen Schutzpflichten, 1996, S. 23 f.

[110]　对联邦行政法院的批评，参照 F. Schoch, Staatliche Informationspolitik und Berufsfreiheit, DVBl. 1991, 667 ff.；M. Schulte, Anmerkung zum Urteil des BVerwG vom 18. 12. 1990, WuR 1991, 232；R. Groschner, Anmerkung zum Urteil des BVerwG vom 18. 12. 1990, JZ 1991, 630. 关于卡塞尔行政法院的决定，参照 R. Wahl／J. Massig（前注 26）Schutz durch Eingriff, JZ 1990, 553 ff.；Chr. Enders, Neubegründung des öffentlich-rechtlichen Nachbarschutzes aus der grundrechtlichen Schutzpflicht?, AöR Bd. 115,（1990）, 610 ff.；M. Rose, Gentechnik und Vorbehalt des Gesetzes, DVBl. 1990, 279 ff.；G. Hirsch, Keine Gentechnik ohne Gesetz?, NJW 1990, 1145 ff.；H. H. Rupp, Anmerkungen zu HessVGH, Beschlus vom 6. 10. 1989, JZ 1990, 92 ff.；H. Sendler, Der Richtervorbehalt im Gentechnikrecht, NVwZ 1990, 231 ff.；P. Preu, Freiheitsgefährdung durch die Lehre von den grundrechtlichen Schutzpflichten, JZ 1991, 265 ff.

[111]　R. Wahl／J. Massig（前注 26）JZ 1990, 553（555）.

尔/马斯格指出：①20 世纪的保护义务的发展不应当使 19 世纪对自由的保障变成一种往事；②即使保护义务被浓缩成单一含义的要求，也不能成为宪法对行政及专门法院的直接授权。[112]

（3）恩德斯（Enders）对该决定的评论也表现为批判性论调。他指出基本权利保护义务因本质性理论意义上的议会保留而得到补充。[113] 基本权利保护义务受到产生于《基本法》的组织结构的功能法限制。[114] 本质性理论、议会保留把有关危险状况及对立利益的评价委任于立法机关，不允许行政及裁判先行于议会对此进行评价、迫使议会实施活动，不允许行政及专门法院在不存在法律根据的情况下实现基本权利保护义务。

就恩德斯的评论值得关注的是，他并非把这一点视为本案所固有的问题，而将其视为基本权利保护义务论本身内在的问题。他指出法律根据要求"或许并不产生于保护义务思考，但却产生于作为本质性理论而精制出来的议会保留。"本案验证了"这一解释学意义上的形象（基本权利保护义务——小山刚补充）依然包含着很多问题。"恩德斯概括称："这一解释学意义上的形象并不轻易顺应《基本法》的宪法秩序，归根结底，它绝不会无任何疏远而顺应《基本法》的宪法秩序。"[115]

3. 若干考察

如同恩德斯所述，基本权利保护义务是否与已有的宪法秩序，尤其是与法律的保留相矛盾？

（1）如果分析上述的判例我们就会知道如下一点：即便是同样的法律保留存在相对化，其手法是不一样的。卡塞尔上级

[112]　R. Wahl/J. Massig（前注 26）JZ 1990, 553（559）.

[113]　Chr. Enders（前注 110）AöR Bd. 115, S. 610（630 ff.）.

[114]　Chr. Enders（前注 110）AöR Bd. 115, S. 610（632 ff.）.

[115]　Chr. Enders（前注 110）AöR Bd. 115, S. 610（636）.

行政法院进行的是以"对人类的广泛影响"为标志的法律保留适用范围的限定。而联邦宪法法院是在个案中平衡法律保留与基本权利保护，从而判断出在该案中哪个要求更为优越。

笔者认为这一手法上的区别由来于对法律保留性质的不同理解。如果借用阿历克西的概念，[116]卡塞尔上级行政法院把法律保留视为"规则"，而联邦宪法法院却把它看作"原理"。规则是判断是否妥当的具有选择性质的规范，而原理是能够与其他竞合原理进行平衡调整的规范。联邦宪法法院平衡了"案件中的救济的必要性与法律保留要求"。这一点表明：联邦宪法法院把法律保留理解为亲近于平衡的规范即原理。

与此不同，卡塞尔上级行政法院采用的手法是限定法律保留的适用范围，并主张对禁止基因工程设施不适用法律保留。卡塞尔上级行政法院并没有平衡救济的必要性与法律保留，而是在所谓侵害保留的适用范围中追加了"对人类的广泛影响"这一模糊的例外条款。

（2）对于上述两个判例中采用的手法阐明若干个人观点。[117]

一直以来传统的行政法学把法律保留视为规则。侵害保留、权力作用保留、全部保留等学说关注的是法律保留的绝对适用范围——对于行政的何种行为要求法律保留，则把适用范围内

---

[116]　R. Alexy（前注 2）Theorie der Grundrechte，S. 71 ff. 这是有关基本权利的概念。

[117]　以下不再提及葡萄酒名册公开案。因为如同本文指出我们很难理解本判决中的联邦行政法院的理由建构。另外，笔者认为可以在"侵害"概念阶段处理名册公开问题。在德国侵害概念具有扩张趋势［松本和彦：《作为防御权的基本权利意义与可能性》，《阪大法学》第 41 卷第 1 号第 243 页（1991）］，但仍有必要重新考量其扩张限度。笔者认为在给予市民拷问该措施实质正当性的机会这一点上讨论侵害概念的扩张是有意义的，但如果联系到形式正当性要求（法律根据）可能会带来法律的洪水与行政的功能不全。

的个案考量置于考虑之外（不过采用本质性理论时的"本质性"的确定中包含着平衡因素）。可见，就法律保留的性质而言，卡塞尔上级行政法院的手法具有传统性，而联邦宪法法院的手法带有革命性。但从实际获得的法理而言，卡塞尔上级行政法院更危及防御权保障。

联邦宪法法院在监听电话案中尝试进行"暂时性"条件下的法律保留与人格权保护的平衡。另外，卡塞尔上级行政法院创立了普遍适用于基因工程法（进而是"广泛影响人类"的行为）的法理——以禁止为原则，以自由为例外，从而对自由要求法律根据这一新的宪法命题。

我们不应认为联邦宪法法院不能作出暂时性平衡，即指出立法机关的义务的同时救济该案的受害人。尽管法律保留原本并不适合于平衡，但笔者认为暂时优先考量人格权保护，同时进行个案救济、向立法机关呼吁这一点仍然有容许的空间。此外，行政法院宣布一种暂停（moratorium）显然脱离了立足于各自国家机关功能的保护义务的实现。

关于卡塞尔上级行政法院实际还存在过哪些选项？笔者认 71 为，限于德国的法律体制，恐怕只能向联邦宪法法院寻求以立法不完备为理由的具体规范统制。评注禁止的是行政及专门法院向议会施压，而非联邦宪法法院对议会的施压。[118]

四、小结

基本权利保护义务是以防御第三人的基本权利侵害或其危险为内容的国家的作为义务，其结构特征在于法的三极关系。

---

〔118〕　R. Wahl／J. Massig（前注 26）JZ 1990, 553（559）；P. Preu（前注 110）JZ 265（270）；Chr. Enders（前注 110）AöR Bd. 115, S. 610（633）.

　　国家的各类机关应当按照其固有的任务履行保护义务，而法的三极关系上的保护属于依侵害的保护。这会提出这样的问题：基本权利保护义务论是否正当化过分限制基本权利或者无法律根据的基本权利限制？

　　虽然国家的保护义务履行伴随着侵害性层面，但无论从实体上还是从形式上保护义务并均赋予国家某种新的规制根据。

　　基本权利保护义务论是以宪法层面上允许国家介入为前提的、在特定情形下将其法意义上的"允许"（Dürfen）转换为"必要"（Müssen）的理论。[119] 因此，当在防御权的关系上国家不具有规制权限时，国家也将不承担基于保护义务的义务。[120]

　　需要强调的是，同法律保留的关系而言，以保护为理由限制基本权利的实体意义上的"正当性"无法替代法律保留要求的"法律的存在"。尤其是由于德国的宪法理论的重点在于从法治主义的实体、形式层面上规制国家的活动，因此更加强调：不以保护义务为理由无视侵害的实体意义上的正当化与形式意义上的正当化的区别。

　　赫尔梅斯的以下论述 [121] 表达了该问题的通说观念。"即便在为了充分行使保护义务只能侵害第三人基本权利的情形下，保护义务也并非赋予任何'权威'。行政与司法并不因保护义务而获得侵害第三人的权力。这种情形下保护义务要求立法机关在行政或司法通过个案实现保护之前在必要的限度内限制第三人。不管何种情形，法律设定限制都不会因保护义务而变得容易。法律设定限制将一直受制于第三人的自由权中产生的各种

72

---

　　〔119〕　G. Hermes（前注 4）S. 209.

　　〔120〕　这一点也可以归结于："基本权利的首要目的"为保障对抗国家的防御权；"为了强化基本权利的法作用"而承认保护义务的母体——基本权利的客观法层面。[BVerfGE 7, 198（204 f.）.]

　　〔121〕　G. Hermes（前注 4）S. 208.

条件。"

另外，对于恩德斯的观点（指出基本权利保护义务与《基本法》的宪法秩序之间的矛盾）而言，赫尔梅斯的见解也可以成为一种解答。

第三章

禁止保护不足的统制

为了解决国家"可否"作出基本权利保护介入及"如何"介入的问题，基本权利保护义务导入了包括立法机关在内的国家各个机关具有的形成（裁量）余地的下限观念。我们通过上述讨论明确了这一点。那么，通过何种诉讼类型来控制基本权利保护的下限？这一点因各国宪法裁判制度的不同而有所不同。因此很难从德国的判例、学说中推导出对日本宪法有价值的结论。不过我们可以将这个入口问题暂且搁置，转而讨论国家措施的下限究竟受什么样的框架及统制密度（Kontrolldichte）约束的问题。这种讨论是可能的也是有益的。

关于基本权利保护义务的司法统制，根森健教授指出："人们讨论的是国家的基本权利保护义务的过度行使（禁止过度侵害）及放弃（禁止保护不足）问题，即所谓的上限与下限问题。而我对这个问题的疑问是——我们是否能确定上限与下限？"[1]尽管这个疑问很朴素但并非毫无道理。因为基本权利保护义务的司法统制具有不同于防御权的结构（防御权要求侵害不作为），而且以国家作为义务为内容的生存权的类推层面，压根就

---

〔1〕 根森健：《宪法上的人格权》，《公法研究》第 58 号第 77 页（1996）。不过，国家介入保护的上限取决于因此而受制约者的防御权（本书第 64 页）。因此，就保护介入的下限产生随附于保护义务统制的固有问题。下面主要讨论下限的统制可能性。

不适合司法统制。

以下我们以"禁止保护不足"与"统制密度"为核心，讨论保护义务的司法统制带来的问题，尤其是在讨论过程中将其与防御权的统制进行比较。

一、判例

从最近的判例中概观两个案例，其中之一是德国联邦宪法法院第二法庭于 1993 年 5 月 28 日作出的第二次堕胎判决。〔2〕在本判决中，联邦宪法法院首次使用禁止保护不足概念，并对统制的严格性作出了重要阐述。

（一）第二次堕胎判决

法院在第二次堕胎判决中把包括堕胎刑法的修改在内的《孕妇及家庭扶助法》〔3〕的核心内容判定为违宪。据此，①规定接受咨询后 1 周~2 周内实施的堕胎行为"不违法"（micht rechtswidrig）的《刑法》第 218a 条；②规定咨询组织、程序、内容、目的的《刑法》第 219 条；③废止堕胎统计的修改法案；④对咨询后的堕胎支付法定疾病保险费等均被判定为违宪。

联邦宪法法院指出，胎儿的生命权并非因孕妇接受怀孕事实才得以成立；国家不仅对一般意义上的未出生生命负有保护

---

〔2〕 BVerfGE 88, 203. 关于本判例的研究，参照小山刚：《修改刑法堕胎罪规定的孕妇及家庭扶助法的合宪性（第二次堕胎判决）》，《自治研究》第 70 卷第 4 号第 127 页（1994）；嶋崎健太郎：《德国的胎儿生命权与孕妇堕胎判决》，《人权保障与现代国家》（宪法理论研究会编）第 95 页（1995）。另外，关于停止该法生效的临时命令（BVerfGE 86, 390），参照畑尻刚：《暂停〈刑法〉第 218 条修正案生效的临时命令》，《自治研究》第 69 卷第 8 号第 137 页（1993）。

〔3〕 关于该法的日文译文，参照上田健二、浅田和茂译：《"德国堕胎"刑法规定的对照表（抄译）》，《同志社法学》第 44 卷第 3 号第 474 页（1992）。相关文献参照第 39 页脚注 53。

义务，而且对具体的未出生生命负有保护义务。同时法院还指出，保护义务要求国家作出回避、消除怀孕所带来的困窘状态的保护措施及法律命令（通过法律宣布命令、禁止；通过法律明确作为、不作为义务）。

下面围绕禁止保护不足原则、统制密度、主张可能性的统制等内容概述判决要点。

1. 禁止保护不足原则

（1）禁止保护不足原则的内容。

根据禁止保护不足原则，整个怀孕期间的堕胎行为原则上均被视为违法。该原则要求法律禁止堕胎行为。女性的基本权利无法对抗原则上禁止堕胎。虽然当出现例外情形时，女性的基本权利有时会要求承认孕妇保持怀孕状态义务的例外，但不会导致此项义务的一般废除。尽管应由立法机关规定有关孕妇保持怀孕状态义务的例外事项，"但为了不违反禁止保护不足原则，立法机关必须考虑到此类相互冲突的两种法益所具有的无法平衡性质"。因堕胎未出生生命"失去所有的东西即生命本身。我们无法在保护胎儿生命的基础上承认孕妇的堕胎权。堕胎必然是对未出生生命的杀戮"。

作为禁止堕胎的例外——允许作出堕胎的情形不仅要求存在对孕妇生命、健康造成重大侵害的危险，而且其判断标准是"要求可能性"（Zumutbarkeit）。……根据这一基准，除了医学上的原因外，当出现犯罪学上的原因和范围明确的胚胎病时也允许堕胎。就其他的紧急情况而言，必须比照上述情形，明确说明其社会的、个人的精神纠葛重大性质。另外，即便在这种情形下国家也不能放弃保护义务，而应当通过咨询与援助引导女性转向生产。

（2）禁止保护不足原则与刑法。

因为刑法具有最强的侵害性质，所以刑法只是最后的手段并服从比例原则。但保护生命是国家的基本任务，"任意放弃刑法及刑法保护"将违反禁止保护不足原则。当然，"当宪法上存在其他充分的保护措施，可以在限定的范围内放弃对堕胎的刑罚威慑时，可以用其他方法表明对此类事例的禁止。"

2. 统制密度

关于保护设想的选择及其内容，立法机关应证明该设想满足禁止保护不足原则要求，并就这一点作出"宪法上能够支撑的判断"。"立法机关对规则作用的预测应当是能够信赖的。联邦宪法法院审查的是该预测是不是主张可能。"立法机关的判断、评价、裁量余地的大小取决于"各种因素，尤其是立法事项的特殊性、对将来的发展和规范作用可否形成确实的预测、关联法益的重要性"。"从这里可否推导出三种审查基准？在这里无需讨论这一点。……宪法上的审查所涉及的是：立法机关是否充分考虑上述的各种要素，是否用'主张可能的方法'行使裁量权。"并非只要采取了"不能认为完全不适当、完全不充分"的措施，就可以断定立法机关已履行保护义务。如本案那样，在从根本上制定一种新的规则的情形下，立法机关无法就其功能形成一种充分而确实的判断。"在这种情形下，立法机关应在入手可能的范围内使用就保护作用能够做出可信赖的预测所需的本质性材料，认真探讨这些材料是否足以支撑自己的判断。"

3. 主张可能性的统制

（1）保护设想的变更。

《孕妇及家庭扶助法》的基本设想是：把对怀孕初期胎儿生命保护的重心从刑罚变更为咨询。"原则上宪法并不禁止这种改

87

变。"如果考虑到依刑法手段解决问题的失败、只有孕妇才知道新生命的存在、胎儿全面依附于孕妇、不期待的怀孕是关乎女性生存的重大事情、怀孕初期的孕妇的精神状态等众多因素，立法机关采用新的保护设想是一种"主张可能"的判断。

（2）《刑法》第 219 条的主张可能性。

关于新保护设想的核心——咨询，立法机关受制于禁止保护不足原则。该原则要求立法机关就咨询的内容、实施、组织机构制定出实效且充分的规则。只有在这种情形下，立法机关的判断——通过咨询手段进行实效性保护——才主张可能。

立法机关把咨询的结论定格为待定，没有强制孕妇接受咨询，也没有指定对象，而重视了女性的自发性解决。这一点并不违宪。但《刑法》第 219 条存在如下缺陷：①没有规定孕妇只能向能够提供符合宪法及法律基准的咨询设施即具备组织机构、基本知识、人员的设施寻求咨询。②没有用充分的规范性预防措施消除咨询设施与堕胎设施之间的组织上、经济上的勾结。③国家应审查咨询设施并赋予相应许可，如果欠缺某种条件就应撤销该许可。但本条缺乏这种规定。④没有规定国家对咨询设施实施定期检查所必要的收集、掌控信息权。上述缺陷关系到《刑法》第 219 条整体。如果没有组织上、监督意义上的预防措施，"咨询目的与内容就会变成空中楼阁"。因存在这些缺陷，在这里无需"就咨询目的、内容、实施规定是否经得起宪法审查作出最终的判断"。……新制定的法律应当具备明确性即不产生歧义、一般人也能够理解、其适用无需注释，同时"还应当在实务中能够满足国家的保护义务产生的所有要求"。

（二）臭氧决定

联邦宪法法院第一法庭对防止臭氧、烟雾而寻求保护健康的诉讼请求作出了不受理决定。〔4〕虽然本决定只是第一法庭委员会的决定，但有必要指出的是——在本案中第一法庭首次使用了禁止保护不足概念。

为了解决低空中的臭氧、烟雾问题，德国于 1995 年 7 月修改《联邦公害（immission）防止法》，增加了自第 40a 条至 第 40e 条（所谓的臭氧法）等条款。因为低空中的臭氧、烟雾不仅阻碍植物生长，而且有害于儿童、心血管疾病患者、过敏性疾病患者，本案的异议申请人主张，法律修改的结果使法律保护人们健康的水平不如过去，〔5〕要求恢复过去的法的状态、严控臭氧限定值。联邦宪法法院作出不受理决定，其理由如下：

"在充分考量两个互相冲突的法益的基础上，国家应采取规范、事实措施以达到适当而有效保护的目的（禁止保护不足）。不过，对于这个保护义务，立法机关拥有广泛的评价与价值判断空间，即便是在考量相互冲突的公益与私益时也会产生判断空间。因此，只有在国家机关根本不作为或采取的措施明显不充分的情形下，联邦宪法法院才能够确认其违反保护义务。""实施必要的评价与平衡并把它转换成承担政治责任的行为，首先是立法机关的任务。""从现在的认识水平而言，我们无法断言：本案中成为争执焦点的立法机关的决定明显不适当于保护居民免受臭氧侵害。因此，不能对此提起宪法诉讼。"

89

〔4〕　Beschl. der 1. Kammer des Ersten Senats vom 29. Nov. 1995, EuGRZ 1996, 120 f.

〔5〕　过去，不同的州（Hessen, Niedersachsen, Schleswig-Holstein, Bremen）对臭氧与烟雾问题采取了不同的对策。而这次的法修改案详细规定了规制措施的内容与要件（包括臭氧的限定值），几乎没有给各州的法和命令留下任何空间，而且其限定值较为宽松。另外，按照修改案，当车辆的排气超出限定值时被禁止通行，但"有害物质较少的车辆"属于其例外。此类车辆不仅包括电动汽车还包括附触媒的全自动汽车和部分柴油家用车、卡车、公共汽车等。详细参照 V. Schlette, Die Verfassungswidrigkeit des "Ozon-Gesetzes", JZ 1996, 327 ff.

（三）两个问题——禁止保护不足与统制密度

上述判例明确了构成基本权利保护义务司法统制的两个要素，即禁止保护不足原则与统制密度。前者一般要求"在衡量相互冲突法益基础上的适当而有效的保护"，或具体要求对于堕胎的违法判断和法律上的禁止等（第二次堕胎判决）。后者则关涉司法审查的严格性。显然，法院在第二次堕胎判决与臭氧决定中适用了不同的统制密度。

基本权利保护义务的司法统制取决于禁止保护不足原则与统制密度的交叉。

二、禁止过度侵害与禁止保护不足

（一）"过度"（Übermaß）与"不足"（Untermaß）

防御权（消极权利）保障国民不受国家侵犯的自由，要求国家侵害不作为。相比之下，基本权利保护义务要求国家采取一定的措施尽作为义务。在同防御权的关系上，国家采取的措施不应过度限制基本权利。而基本权利保护义务则要求国家采取充分的措施。关于同防御权的关系上的国家措施的合宪性问题，联邦宪法法院依据禁止过度侵害原则即比例原则[6]实施审查。而对于基本权利保护义务，一直以来并没有与此相应的一般法律原则。

联邦宪法法院在第二次堕胎判决中首次使用禁止保护不足这一用语。但在学术上而言，早在1980年代中期就有人围绕基本权利保护义务或国家的基本权利上作为义务提出禁止"不足"

---

〔6〕 按照德国的惯例，本书把禁止过度侵害与广义的比例原则视为同义语。

概念。〔7〕不过，当时的学说并没有清晰描述禁止保护不足。卡纳里斯（Canaris）只是指出，禁止保护不足依赖于法益的种类与自我保护的可能性，因此无法概括叙述违反禁止保护不足的情形。〔8〕另外，格茨（Götz）〔9〕只是提起禁止保护不足概念，并没有详细阐述其内容。伊森泽〔10〕也仅仅指出，禁止保护不足是作为立法机关对基本权利保护义务的裁量界限而产生的。〔11〕

尽管如此，可以明确的一点是—— 人们是作为与"过度"相对应的单词提出"不足"概念的。这一对应概念类似于硬币的正反两面。下面先分析禁止过度侵害的内涵。

（二）禁止过度侵害

1. 子原则

如上所述，禁止过度侵害〔12〕（比例原则）是指禁止超出必

------

〔7〕 第二次堕胎判决以前使用此概念的文献有：C. -W. Canaris, Grundrechte und Privatrecht, AcP 184（1984），S. 201（228）；H. D. Jurass, Grundrechte als Wertentscheidungen bzw. objektiv-rechtliche Prinzipien in der Rechtsprechung des Bundesverfassungsgerichts, AüR Bd. 110（1985），S. 363（383）；V. Götz, Innere Sicherheit, in：Isensee/Kirchhof（Hrsg.），HdBStR Bd. Ⅲ，1988，§79，Rdnr. 30：J. Isensee, Das Grundrecht als Abwehrrecht und als Staatliche Schutzpflicht, in：Isensee/Kirchhof（Hrsg.），HdBStR Bd. V. 1992，§ 111 Rdnr. 165.

〔8〕 C. -W. Canaris（前注 7）AcP 184（1984），S. 201（228）.

〔9〕 V. Götz（前注 7）HdBStR Bd. Ⅲ，§79，Rdnr. 30.

〔10〕 J. Isensee（前注 7）HdBStR Bd. V，§ 111，Rdnr. 165.

〔11〕 第二次堕胎判决对于禁止保护不足的实质性争论注入了弹性。尤其是本章中后述的海因（Hain）与迪特莱因的争论增进了人们对禁止保护不足的理解。

〔12〕 讨论德国的比例原则的日本文献有，田上穰治：《基本人权与公共福祉》，《一桥大学创立 80 周年纪念论文集（下）》第 225 页（1955）；青柳幸一：《基本权利侵害与比例原则》，《个人的尊重与人的尊严》（青柳幸一）第 337 页（1996、初版 1985）；须藤阳子：《行政法中的"比例原则"的传统意义与功能（一）（二）（三）》，《东京都立大学法学杂志》第 31 卷第 2 号第 327 页、第 32 卷第 1 号第 501页、第 32 卷第 2 号第 101 页（1990、1991）；山下义昭：《"比例原则"可否成为法

91

要限度的基本权利侵害。如同"从法律保留转向比例意义上的法律保留"这一定式〔13〕所显示，这一原则在所谓的"限制基本权利"（Schranken－Schranken）中发挥着最重要的实践功能。

那么，应当在何种相互关系中判断必要限度的逾越？联邦宪法法院指出，比例原则由适当性、必要性、狭义的比例性等三个子原则构成。也就是说，"依照比例原则，对于保护法益而言，本案中当事人所争执的基本权利限制应当是适当的，同时其限制应当是必要的。如果能够采取更加宽松的手段，那么，其必要性就得不到承认。最后，从狭义上来说其限制应当是成比例的，这意味着——对于基本权利的重要性及意义而言，其限制是适当的。"〔14〕

2. 适当性（Geeingnetheit）原则

适当性原则的含义如下："如果某项措施的采用接近期待结果，该项措施是适当的。而不适当的措施是指该项措施阻碍拟要达到的目的或该项措施对于目的不起任何作用。"〔15〕

适当性原则所关注的是某项手段是否对目的产生影响。对此，应当注意如下两点：首先，作为先行于适当性的问题，目的本身应当是合宪的。目的的合宪性审查会起到实施适当性审查

的统制基准——对德国的"比例原则"的讨论（一）（二）（三）》，《福冈大学法学论丛》第 36 卷第 1~3 号第 139 页、第 38 卷第 2~4 号 189 页、第 39 卷第 2 号第 243 页（1991、1994、1995）；高木光：《比例原则的实定化——对"警察法"与宪法关系的备忘录》，《现代立宪主义的展开（下）》（芦部信喜古稀论文集）第 209 页（1993）。以下论述主要依据于克劳斯·施特恩：《禁止过度侵害（比例原则）与衡量命令（一）（二）》，小山刚译，《名城法学》第 44 卷第 2 号、第 3 号（1994）。

〔13〕　B. Pieroth／B. Schlink, Grundrechte－ Staatsrecht Ⅱ , 8. Aufl. 1992, Rdnr. 314.
〔14〕　BVerfGE 67, 157（173）.
〔15〕　施特恩（前注 12）《名城法学》第 44 卷第 2 号第 167 页。

之前的过滤作用。其次，适当性审查并非要求通过该项手段能够完全实现立法目的。联邦宪法法院只是关注手段是否"完全不适当"。只要手段能"促进目的"即可，换言之，只要存在"部分适当性"就足够。[16]

92

例如，联邦宪法法院以违反上述原则为由判定禁止汽车同乘斡旋的规定（旨在加强道路交通安全和保护同乘者）[17]和要求申请狩猎许可者具备使用武器的知识、技术的狩猎法修改案[18]为违宪。也就是说，就狩猎而言，在任何情形下都不允许使用武器。因此，法院认定：许可时要求被许可人具备使用武器的知识、技术这一点并没有促进安全或保护生态这一立法目的。

3. 必要性（Erforderlichkeit）原则

我们能够肯定立法机关采用的手段之必要性的是："立法机关无法选择具有同等实效性但不限制基本权利或限制程度明显更少的其他手段"的情形。[19]例如，当某种食品容易同巧克力混淆时，为了避免两者的混淆而禁止该食品流通，这种做法显然是过分的。对此，我们可采取更为不具有限制性的手段，比如明确标注。[20]

在实践中我们可以看到很多因违反必要性原则被判定为违宪的例子。必要性原则在实际的比例审查中占据着核心地位。

4. 狭义的比例性（Verhältnismäßigkeit im engeren Sinne）原则

狭义的比例性原则要求"手段应当同它所追求的目的之间

---

[16] 施特恩（前注12）《名城法学》第44卷第2号第167页。
[17] BVerfGE 17, 306（315 ff.）.
[18] BVerfGE 55, 159（165 ff.）.
[19] 施特恩（前注12）《名城法学》第44卷第2号第170页。
[20] BVerfGE 53, 135（145 ff.）.

保持适当的比例关系"，即限制基本权利这一牺牲应与该限制所带来的利益之间保持均衡。[21] 例如，法院判定就轻微的犯罪通过采集骨髓液体判断行为人的责任能力为违宪，其理由是轻微犯罪与采集骨髓这一重大侵害之间形成一种不均衡关系。[22]

另外，有很多人以按照合理的判断基准不可能得出此类原则为由否定此项原则。[23] 尽管如此，判例、通说仍坚持狭义的比例性原则。笔者认为其理由在于，在立法目的的实现没有其他具有"同等实效性"手段的情形下，即便该手段会带来很大的副作用，也不能依上述的适当性、必要性原则排除该手段。

（三）作为禁止过度侵害之"镜像"的禁止保护不足？

1. 目的要求与目的+手段要求

第一，国家的基本权利保护义务要求的、所谓禁止保护不足原则是一种什么样的要求？

很显然，基本权利保护义务并不命令立法机关使用所有的保护措施，或者使用最强有力的保护措施。宪法只是命令国家保护生命、人格权等而已，至于采取什么手段履行这一义务，宪法没有作出规定。就这一点而言基本权利保护义务明显区别于防御权。因为防御权暂且禁止所有的侵害措施。就限制基本权利存在 A、B、C 三种手段时，防御权暂且禁止使用所有手段。但存在有效保护基本权利的 A、B、C 三种手段时，立法机关不仅可以选择其中的一种，而且可以同时选择多种手段。只要不低于宪法所要求的最低保护标准即可。可见，会出现手段

---

〔21〕 施特恩（前注 12）《名城法学》第 44 卷第 2 号第 172 页。

〔22〕 BVerfGE 16，194（201 ff.）.

〔23〕 B. Schlink, Abwägung und Verfassungsrecht, 1976.

选择的余地，即阿历克西指出的所谓"结构上的裁量余地"〔24〕。

第二，如上所述，判例细化了界定国家措施上限的禁止过度侵害原则，使其具有可操作性。也就是说，该原则由适当性、必要性、狭义的比例性等三个子原则构成，这些子原则对国家措施提出各自不同的要求。相比之下，我们并没有确立构成禁止保护不足的要素。法院在第二次堕胎判决中也没有对禁止保护不足的构成要素作出一般性描述和定义。

在学术界，有人主张禁止保护不足原则为禁止过度侵害的"镜像"。〔25〕不过，防御权与保护义务对国家的要求是相反的，即前者要求国家不作为而后者要求国家作为。而且宪法对前者明确了其手段而对后者保持了沉默。鉴于这种区别，镜像只是意味着禁止过度侵害原则划定国家措施的上限，而禁止保护不足原则划定国家措施的下限，并不意味着构成要素——子原则——的对称性。

实际上，罗贝斯反对对基本权利保护义务适用适当性原则与必要性原则。〔26〕于是，他指出，对于基本权利保护义务而言，"比例原则的审查本质上被压缩为狭义的比例审查，从而使比例原则失去原来所具有的结构上的刚性"。〔27〕这种主张是否妥当？这一点我们暂且不论，但至少可以明确的是——对于基本权利保护义务而言，我们不能将禁止过度侵害原则翻过来直接适用，即责问国家拒绝保护"是否追求正当目的，其目的是否适当而

94

〔24〕　阿历克西以救助水灾民为例说明了这一点。R. Alexy, Theorie der Grundrechte, 2. Aufl. 1994, S. 421. 在前述第 54 页的脚注 45 中已介绍。

〔25〕　参照彼得·莱尔歇：《联邦宪法法院基本判决的主要倾向》，铃木秀美译，《自治研究》第 71 卷第 3 号第 12 页、第 14 页（1995）。

〔26〕　G. Robbers, Sicherheit als Meschenrecht, 1987, S. 171.

〔27〕　G. Robbers（前注 26）S. 172.

必要，是否可以要求当事人"〔28〕。

2. 适当性、必要性的"镜像"

第一，罗贝斯否定适用适当性、必要性原则的首要理由在于基本权利保护义务审查中无法建构禁止过度侵害审查所关注的目的——手段关系。〔29〕禁止过度侵害原则的两个首要构成原则是——与立法目的（侵害目的）关系上的手段的适当性与必要性。那么，在统制禁止保护不足原则中成为基点的"目的"究竟是什么呢？罗贝斯认为，无论是在第三人的侵害行为"目的"中还是在国家不保护"目的"中，我们都无法找出其答案。关于后者，就国家的作为存在着一个或多个特定的目的；而就国家的不作为而言，即便存在着某种目的，它也是不特定的、多数的。〔30〕

95

第二，的确，如果依原本状态，适当性原则不能成为禁止保护不足原则的统制要素。但笔者不同意罗贝斯的观点。笔者认为，关于禁止保护不足原则，也可以关注立法机关基本权利保护不作为的目的。这一点也存在着有意义的情形。比如关于保护匿名电话接听者、网络上的隐私权和名誉权方面的不作为，我们能够确认：保护信息发送人的通讯秘密为不作为的"目的"，而这一点是有意义的。不过，在与这个目的的关系上，审查立法不作为（或者不充分的保护）这一手段的适当性是不妥的。因为，就不侵犯信息发送人的通讯秘密这一目的而言，不制定授权当局使用侵犯发信人通讯秘密的窃听手段的法律这种立法不作为总是适当的。因此，如果对于禁止保护不足原则非

〔28〕　G. Robbers（前注 26）S. 170.

〔29〕　以下内容参照 G. Robbers（前注 26）S. 170 f.

〔30〕　因此，也不能作出目的的合宪性审查，而这种审查是适用比例原则的先行问题。G. Robbers（前注 26）S. 170.

要寻求"目的"这一基点，它也只能是"应当保护生命不受第三人的侵害""应当保护人格权不受第三人的侵害"等宪法命令。

禁止过度侵害的适当性原则要求手段应当促进立法目的。如果在禁止保护不足中也审查适当性，它意味着审查立法机关选择的手段是否促进该宪法命令。对于该宪法命令的实现不起任何作用的手段构成双重意义上[31]的违宪。

第三，就必要性原则而言，考虑什么是该原则的镜像本身是困难的。首先，有关"是否存在同等限制第三人基本权利但能够更为有效保护法益的手段"的审查不可能成为禁止保护不足原则的构成要素。这是因为基本权利保护义务只是要求显示必要而最低限度实效性的保护手段，它并不要求多个手段中最强有力或相对强有力的手段。

如果非要就禁止保护不足审查某种手段的必要性，也只能审查立法机关没有选择的某种手段是否为"唯一"或"特定多数"的实效性手段。

尽管在这种情形下我们也可以认为是在与目的（即宪法命令）的关系上要求审查手段的必要性，但此时的问题设定显然不同于禁止过度侵害中的必要性原则。这种意义上的必要性是立法机关选择的手段是否具备最低限度的实效性这一设问的反面。它并不必然以对多个手段的相对优越性的检验为前提。因此，它与上述的适当性要求的边界并不像禁止过度侵害的情形那样清晰。

3. 狭义比例性的"镜像"

第一，关于构成禁止过度侵害的第三个子原则——狭义的

---

[31] 也就是说，不仅在基本权利保护义务的观点上构成违宪，而且在与第三人防御权的关系上也构成违宪。因为，如果考虑到保护措施限制第三人行为自由，并不促进保护基本权利这一立法目的的手段的限制将构成违宪。

比例性原则的适用，第二次堕胎判决指出："为了不违反禁止保护不足原则，立法机关在本案中必须考虑相互冲突法益的不可调和性。"这个判决给人的印象是：一开始就排除了比例衡量的可能性。

不过，如果考虑到法院把"要求可能性"作为在宪法上能够正当化堕胎的判断基准予以采用的情况，比例衡量的排除仅限于胎儿生命与孕妇的自我决定权之间的调整。法院在第二次堕胎判决中对于胎儿生命与孕妇的特殊情况（所谓的适用事由）的调整仍采用了衡量手段。

另外，即便不考虑上述一点也应当指出，比例衡量的排除是以生命这一特别法益为前提的。对于防御权，有时以任何公益也不能将正当化侵害为由一开始就否定采取衡量手段，比如人的尊严、人格权的核心部分就属于此类防御权。[32] 对于生命，《基本法》第2条第2款附有法律的保留，可见，生命并非完全否定侵害的法益。尽管如此，我们可以认为，在与孕妇自我决定权的衡量上已经从抽象层面给予了生命保护明显的优位，其结果排除了胎儿生命与孕妇自我决定权之间个别的、具体的衡量。因此，不能将本案的理由予以一般化并主张就禁止保护不足原则不能进行比例意义上的衡量。而应当指出，一般而言没有理由就禁止不足保护原则排除狭义的比例原则。

97　　　第二，问题在于，禁止保护不足统制中采用的狭义的比例原则与禁止过度侵害统制中采用的狭义的比例原则的区别。

伯肯弗尔德指出，在结构上基本权利保护义务或基本权利适用范围中适用的比例原则不同于警察法上的比例原则，并将其称

---

〔32〕　关于人格权的核心部分，参照根森健：《人格权保护与当下"领域理论"》，《人权与宪法裁判》（时冈弘古稀论文集）第75页（1992）。

之为"最适当的比例性"(Angemessenheits-Verhältnismäßigkeit)。[33]
也就是说，伯肯弗尔德认为，"警察法上的比例原则具有法律、
法规范目的这一确实的连接点，并基于这一目的确定适当性、
必要性、狭义的比例性。但就客观法上基本权利内容相互间的
衡量而言不存在这种确实的连接点。这里所适用的比例性是最
适当的比例性。最适当的比例性也区别于古典比例性的第三构
成部分。"[34]

　　恩德斯、[35]黑勒曼（Hellermann）[36]等学者主张相同趣旨
的结构转换。尤其是恩德斯指出了这种结构转换引起的比例原
则的"空转"。

　　那么，最适当的比例性与狭义的比例性之间有何区别？伯
肯弗尔德指出，后者的衡量基准是"对于经侵害而达到的目的，
侵害是否保持均衡"；而前者的衡量基准是"最适当的调整或实
践性整合"。[37]伯肯弗尔德将这种结构转换的原因寻求于防御权
与保护义务的法律构想的不同点。即防御权是以主张基本权利
的私人与不能援引基本权利的国家之间形成的垂直关系为特征，
而保护义务是以私人作为基本权利主体而相互对峙的水平关系
为特征。伯肯弗尔德指出，在保护义务法律构想中并不存在以

---

　　[33]　E.-W. Böckenförde, Grundrechte als Grundsatznorm. Zur gegenw ärtigen Lage
der Grundrechtsdogmatik, in: ders., Staat, Verfassung, Demokratie, 1992, S. 159 ff.
(183 f., 196). 日文译文有恩斯特-沃尔夫冈·伯肯弗尔德：《制定基本法 40 周年后的
基本权利解释（一）（二）》，铃木秀美译，《北陆法学》第 2 卷第 1 号、第 2 号
（1994）。

　　[34]　E.-W. Böckenförde（前注 33）S. 183 f.

　　[35]　Chr. Enders, Die Privatisierung des Öffentlichen durch die grundrechtliche
Schutzpflicht und seine Rekonstruktion aus der Lehre von den Staatszwecken, Der Staat
Bd. 35（1996），S. 351（381）.

　　[36]　J. Hellermann, Die sogenannte negative Seite der Freiheitsrechte, 1993, S. 106 f.

　　[37]　E.-W. Böckenförde（前注 33），S. 184 FN 81.

垂直关系为前提的传统的警察法上的比例性特征——确实的连接点。[38]

笔者认为伯肯弗尔德的主张基本上是合理的。如果在抽象层面上两个当事人中的某个当事人的基本权利法益处于优越地位，那么，没有必要作出最适当比例性的调整。但在抽象层面上无法判断出优劣的情形下——大部分属于此类情形——不得不作出伯肯弗尔德指出的最适当的比例性调整。[39]

在联邦宪法法院的判例（尤其是私法秩序的形成成为问题的案例）中也能够确认基于最适当比例性的调整。在代理商决定中，联邦宪法法院以立法机关的评价（很多代理商在经济上处于从属地位，因而无法与被代理人自由交涉，而且在合同的签订中往往被迫接受竞争业务规避义务）为前提指出，"因此立法机关在制定有关代理商竞争业务规避义务的法律过程中一方面要充分维护被代理人的法益，另一方面要使代理商的交涉力得到增强。也就是说，立法机关的广泛裁量空间受到两个层面上的限制。因为对于被代理人、代理商双方而言，基本权利地位成为问题。无论是对自由的制约还是对自由的保护，不能在这一相互关系中失去比例性。"[40]

第三，与伯肯弗尔德不同，赫尔梅斯认为，在国家与私人之间的防御权关系上适用的衡量与在私人之间关系上适用的衡量之间并不存在很大的差异。[41]其理由是：①即便在国家与私

98

〔38〕 恩斯特-沃尔夫冈·伯肯弗尔德〔《围绕基本权利规范性内容的诸问题》，小山刚译，（近刊）〕概括如下："比例性是调整、衡量、分配私人间自由领域或作为义务的调整原理（regulatives Prinzip）。此时的比例性从警察法上的比例性即对应于稳固基准点——法律规范目的——的比例性转变为最适当比例性。"

〔39〕 J. Hellermann（前注 36）S. 104 f.

〔40〕 BVerfGE 81, 242（261）. 本书的 215 页以下将详细介绍本项决定。

〔41〕 G. Hermes, Das Grundrecht auf Schutz von Leben und Gesundheit, 1987, S. 202.

人之间的关系中，限制基本权利的公益内容很多时候可以还原为个人的法益。[42] ②即便是体现公益与基本权利冲突的案例也无法逃脱"适用比例性调整的实践性整合"。[43] 于是，赫尔梅斯作出如下的结论："国家机关在进行规制性、调整性活动时，不应当只是在为了保护 B 而侵害 A 的权利时尊重比例原则，而应当是在同一个基准框架内承担保护 B 的义务时也尊重比例原则。"[44]

第四，伯肯弗尔德与赫尔梅斯的观点中究竟哪一个是理解正确的？不管怎样能够确认的一点是：禁止保护不足原则适用的衡量是对两个法益的比例性调整。因为赫尔梅斯也没有主张可以用警察法上的比例原则确认的构造和牢固性审查基本权利保护义务。相反，他是在主张，对于防御权也必须进行"比例性调整"或"实践性整合"。也就是说，两个学说均认为禁止保护不足原则以最适当的比例性为其实质内容。

三、禁止保护不足的独立性

综上，尽管其形式有所不同，但我们仍可以确认：禁止保护不足原则也要求手段的适当性与必要性、狭义的比例性。

不过，这里成为问题的是禁止保护不足的独立性。伯肯弗尔德主张，对于基本权利保护义务应建立不同于防御权的评价基准。[45] 而赫尔梅斯却解释称，对于两者（基本权利保护义务与

---

〔42〕　G. Hermes（前注 41）S. 202 f.

〔43〕　G. Hermes（前注 41）S. 203 f.

〔44〕　G. Hermes（前注 41）S. 204.

〔45〕　如同本文所述，伯肯弗尔德批评基本权利保护义务、基本权利照射效力的论据之一为否定其为合理的统制基准。

防御权）可适用同一的评价基准即比例原则、实践性整合。因此，就赫尔梅斯的理解而言，尽管不会产生保护义务统制基准的有效性问题，但却会产生禁止保护不足是否为独立的统制基准的问题。

下面就禁止保护不足的意义讨论如下三个问题：①该原则是不是禁止过度侵害原则的复制品？［后述（一）］②我们能否将基本权利保护义务的禁止保护不足原则区分于社会国家给付义务的统制基准？［后述（二）］③如同车轮的速度不及车本身那样，禁止保护不足原则是不是体现着高于（作为其基础的）立法委托的规制密度？［后述（四）］[46]

（一）与禁止过度侵害关系上的禁止保护不足的独立性

1. 两个原则同一性质学说

第一，海因主张，从禁止过度侵害原则中可以推导出禁止保护不足原则的要求，因此不能承认禁止保护不足的新法规性。[47]这种见解也得到了施特恩的支持。[48]海因指出："除了禁止过度侵害原则中产生的内容以外，禁止保护不足原则本身归纳不出其他任何内容。最低限度与最高限度，即立法活动的下限与上限之间不存在任何空间。反而两者的界限是一致的。"[49]"与被侵害的基本权利的关系上，国家能够做出为了保护法益理应做出的事情"[50]，因此，不存在创造禁止保护不足这一独立概念的意义。

第二，迪特莱因批判了上述的同一性质学说。其一，如同

---

〔46〕 J. Dietlein, Das Untermaßverbot, ZG 10, 1995, S. 131 (140).

〔47〕 K. -E. Hain, Der Gesetzgeber in der Klemme zwischen Übermaß- und Untermaß-verbot?, DVB1. 1993, 982 ff.

〔48〕 克劳斯·施特恩（前注 12）《名城法学》第 44 卷第 2 号第 189 页。

〔49〕 K. -E. Hain（前注 47）DVB1. 1993, 982 (983).

〔50〕 K. -E. Hain, Das Untermaßverbot in der Kontroverse, ZG 11, 1996, S. 75.

免受自然灾害的保护那样，在不生成法的三极关系、实现基本权利保护义务时不发生对他人基本权利的侵害的情形下，不会产生禁止过度侵害的问题。因此，同一性质学说不成立。[51] 其二，即便在法的三极关系成立的情形下，因为对人的尊严的攻击或对违反平稳义务的行为原本就不能援用基本权利，所以对这些行为的规制并不属于对基本权利的限制，也不适用禁止过度侵害原则。[52] 在这种情形下，禁止过度侵害原则与禁止保护不足原则的同一性质学说仍不成立。其三，同一性质学说的不成立不限于上述例外事例。因为禁止过度侵害原则与禁止保护不足原则所"存在的规范层次原本就不同"[53]。

　　第三，上述批判中最具本质意义的是上述的"其三"。对于法的三极关系不成立的情形（上述的"其一"的情形），海因自己也承认了同一性质学说的不成立与禁止保护不足的独立性。[54]

　　对于上述"其三"中指出的规范层次的不同，迪特莱因把焦点对准"必要性原则"[55]，并作了如下的说明：禁止过度侵害原则的必要性审查中成为基准的是特定法律的立法目的。必要性审查以及禁止过度侵害原则整体关注的是法律内在的目的与手段之间的关系。相比之下，禁止保护不足原则中的必要性关注的是"超越特定法律的、不被特定法律的立法目的所左右　101

---

〔51〕　J. Dietlein（前注 46）ZG 10, 1995, S. 131（135）.

〔52〕　J. Dietlein（前注 46）ZG 10, 1995, S. 131（135 f）.

〔53〕　J. Dietlein（前注 46）ZG 10, 1995, S. 131（137）.

〔54〕　K. -E. Hain（前注 50）ZG 11, 1996, S. 75（80 FN 25, 82）.

〔55〕　迪特莱因提出必要性原则源于海因的观点。海因在旧稿中把禁止过度侵害中的必要性审查界定为：追问"国家可否为保护法益之'必要'而实施某种行为"。参照 K. -E. Hain（前注 47）DVB1. 1993, 982（983）.

的、直接关联于宪法的"关系。[56]因此,"原则上我们无法从禁止过度侵害原则的'必要性基准'(它关联于立法机关设定的目的)中获得禁止保护不足原则意义上的关于'必要性'(它关联于宪法设定的目的)的任何立论。"[57]

对此,海因反驳称:禁止过度侵害原则中的"目的"与禁止保护不足原则中的"目的"是相同的。因为立法机关追求的目的必须合宪这一要求会促使宪法层面上的目的与法律层面上的目的之间形成溯及性连接。[58]

第四,如同海因所指出,只要法的三极关系成立,限制基本权利立法的目的与宪法要求的保护目的之间就会形成有机的关联,目的的形式区别不具有决定性意义。不过,笔者认为,同一性质学说中包含的内容远远超出法律层次与宪法层次的关联性。

为了保护胎儿生命本应采取包括 A 与 B 两个内容的立法措施,而立法机关只是制定了包含其中一项内容的法律,那么,从胎儿生命的关系上看,该法律将违反禁止保护不足原则。问题在于,从孕妇自我决定权的关系上看,该法律是否也违反禁止过度侵害原则?海因认为,该法律不仅违反禁止保护不足,而且违反禁止过度侵害原则。[59]但笔者认为,尽管因手段不适当而违反禁止过度侵害原则的保护立法同时也总是违反禁止保护不足原则,但违反禁止保护不足原则的保护立法并不总是违反禁止过度侵害原则。因为即便是从基本权利保护的视角而言,不充分的立法,如果该法律能够在一定程度上促进立法目的(适

---

〔56〕 J. Dietlein(前注 46)ZG 10(1995)131(136).

〔57〕 J. Dietlein(前注 46)ZG 10(1995),131(137).

〔58〕 K. -E. Hain(前注 50)ZG 11,1996,S. 75(77 f.).

〔59〕 K. -E. Hain(前注 50)ZG 11,1996,S. 75(79 f.). 基于此类法律并不违反禁止过度侵害这一理解,迪特莱因批评了海因。引用部分是海因的反驳。

当性），同时该法律采取的手段比其他显示相同程度适当性的手段
更为缓和（必要性），并为生命保护这一优越性法益限制了孕妇
自我决定权，那么，它并不违反禁止过度侵害原则。这一点凸显
于为保护重要的基本权利法益而限制一般行为边缘部分的情形。

海因的观点得以成立的前提是：禁止过度侵害原则的"适
当性"原则要求立法机关作出能够满足禁止保护不足原则要求
的实效性手段。

2. 最适当要求与比例原则

为了进一步讨论禁止保护不足原则的独立性，我们有必要
具体分析禁止过度侵害原则。

第一，有人用帕累托（Pareto）最优学说说明了比例原则。[60]
为了说明上的简化，我们考察只有两个消费者的状况。因为消
费品的量是有限的，所以两个人通过分配得到的实效也是有限
的。同时在一定资源的前提下，消费者 A 得到的实效 U_A 与消费
者 B 得到的实效 U_B 会出现多种组合。其中有一种组合具有这样
一个特征：如果再增加 U_A（或者是 U_B）的量，就必然要减少
U_B（或者是 U_A）量。这一组合就是所谓的帕累托最优。帕累托
最优点并不只有一个，而是存在无数个帕累托最优点。在无数
的帕累托最优点（帕累托曲线）中如何选择一个点呢？这在福
利经济学中属于收入的再分配问题。它取决于体现两个人社会
重要性的社会福利函数（U_A，U_B）。一旦求得社会福利函数，
我们可以描绘出无差别曲线。而该曲线与帕累托曲线的交叉点
就是社会福利的最大点。可见，帕累托最优是获得福利最大化
的必要条件。要获得福利最大化必须要选择帕累托最优，但帕
累托最优并不保证社会福利的最大化。

---

〔60〕 有关帕累托最优的观点，参照罗伯特·阿历克西：《主观权利及作为客观法
的基本权利（一）》，小山刚译，《名城法学》第 43 卷第 4 号第 182 页以下（1994）。

如果将上述原理适用于比例原则，我们可以把适当性原则与必要性原则视为达到帕累托最优的条件。因为适当的手段或必要的手段能够在不减少立法目的的情况下促进基本权利法益的实现。这有利于扩大增加整体实效的空间。另外，在现实中满足适当性、必要性的手段往往存在多个。因此，如同在福利经济学中有必要分析社会福利函数那样，在基本权利解释论中也有必要比较相互冲突法益的重要性。这就是狭义的比例原则。

第二，类似于比例原则的概念是"实践性整合"。对于这个概念黑塞（Hesse）作出了如下说明：宪法保护的两个法益之间发生冲突时，不应当通过草率的利益衡量或抽象的价值衡量牺牲其中一个法益而实现另外一个法益。而应当在宪法的统一性原理之下寻找两个法益互为最适当的方案。这种最适当性或实践性整合归根结底取决于手段的适当性、必要性、狭义的比例性。[61]

第三，阿历克西也使用了最适当概念。阿历克西把基本权利定性为"法律上及实际上尽可能最适当地实现的最适当命令"（Optimierungsgebot）[62]。因此，从实际可能性的观点而言，缺乏适当性和必要性（即帕累托最优）的手段不构成最适当命令；而从法的可能性的观点而言，违反狭义比例性的手段不构成最适当命令。

3. 禁止保护不足的意义

第一，如果把比例原则（禁止过度侵害原则）理解成上述的最适当要求，那么，以帕累托最优及社会福利函数为内容的最适当要求之外再提出禁止保护不足原则是无任何意义的。但

---

　　〔61〕　参照康拉德·黑塞：《西德宪法纲要》，阿部昭哉等译，第163页以下（1983）。

　　〔62〕　R. Alexy（前注24）Theorie der Grundrechte, S. 100 ff.；罗伯特·阿历克西（前注60）《名城法学》第43卷第4号第182页。

如果把比例原则（禁止过度侵害原则）理解成联邦宪法法院的统制基准，那么，实践性整合及类似的概念提出的最适当要求显然超出了比例原则的要求。

当然，不应当把实践性整合与比例原则看成是相对立的东西。不过，尽管合乎实践性整合的法益调整往往也包含比例性调整，但比例性调整并不一定总是意味着实践性整合。从这个意义上而言，一般认为实践性整合是"最适当化"问题，而比例性是"可容忍的限度"问题。所谓实践性整合是指"最适当的比例性"。[63]

第二，我们对限制基本权利的国家措施进行合宪性审查时并不关注该措施是否最适当。只要限制基本权利的措施满足比例原则（禁止过度侵害原则）的要求，我们就应把它确认为合宪。尽管可以说最适当化要求之中包含禁止过度侵害与禁止保护不足之意，但我们并不是在一个裁判统制中以一条线从整体上划定国家措施上限与下限——基于禁止过度侵害划定国家措施上限，而基于禁止保护不足划定国家措施下限。我们是个别地且"非对称"[64]地划定其上限与下限的。正是基于这一点，我们认为单独讨论禁止保护不足原则这一法的形象及其适用是具有意义的。

（二）禁止"措施"不足与禁止"保护"不足

第一，有关独立性的第二个问题如下：本书着眼于保护义务把"Untermaßverbot"译成"禁止保护不足"。不过，禁止"Untermaß"，即禁止低于某种程度不仅能适用于保护义务，而且也能适用于一般国家作为义务（积极权利）。从这个意义上，或许使用"禁止措施不足"这一一般表述更为恰当。在德国的

---

〔63〕　施特恩（前注12）《名城法学》第44卷第3号第145页。

〔64〕　H. D. Jarass（前注8）AöR Bd. 110, S. 363（382 ff. , 395 f.）.

学说中，雅拉斯更强调的是国家作为义务的一般共性，并主张在这个领域中立法机关要服从"某种禁止措施不足"（eine Art Untermaßverbot）[65]。

不过，基于基本权利的国家的作为义务包括多种类型。就最近的宪法判例而言，除了有关基本权利保护义务案之外，还存在社会国家给付义务、国家对公共广播的财源保障、资助私立学校的案件。

关于社会国家给付，联邦宪法法院指出，该权利服从于"每个人都能够合理要求社会"意义上的"可能性的保留"，因此，只有"明显违反宪法委托"的情形才会成为问题。[66]关于广播收视费，联邦宪法法院指出，州政府及州议会在确定广播收视费时应保障公共广播功能所必要的财源（必要性基准）。最近的判例聚焦于如何保障决定收视费（满足必要性基准的收视费）的程序问题展开了宪法讨论。[67]关于私立学校资助决定，宪法法院关注的是"资助有意在财政上全力以赴的学校负责人，使其能够持续地满足《基本法》要求的许可要件"[68]。

第二，作为与禁止过度侵害原则相对应的概念，适用于一般国家作为义务的禁止"措施"不足原则与仅适用于基本权利保护义务的禁止"保护"不足原则中哪一个更为妥当呢？这一

---

〔65〕 H. D. Jarass（前注8）AöR Bd. 110, S. 363（394 f.）.

〔66〕 BVerfGE 33, 303（332 ff.），即定员制判决。关于本案，参照寺田友子：《职业教育设施的选择自由权与分配请求权——Numerus clausus 判决》，《大阪市立大学法学杂志》第 23 卷第 1 号第 145 页（1976）；德国宪法判例研究会编：《德国的宪法判例》第 234 页（户波江二执笔，1996）。

〔67〕 提出必要性基准的判例有：BVerfGE 74, 297（342）；87, 181（202）. 作为其解说，参照高桥洋：《禁止公共电台播放广告的合宪性》，《自治研究》第 71 卷第 2 号第 129 页（1995）。关于收视费确定程序保障，参照 BVerfGE 90, 60（92）.

〔68〕 BVerfGE 90, 107. 作为该决定的介绍，参照井上典之：《私立学校的自由与国家的保护、资助义务》，《自治研究》第 72 卷第 10 号第 126 页（1996）。

点取决于哪一个更为合理。除了人格权的隐秘领域这种例外情形之外，我们可以把禁止过度侵害原则普遍适用于限制基本权利措施的合宪性。不同基本权利或不同案件之间的区别只对应于各自基本权利或侵害状态的禁止过度侵害原则的具体化。[69]另外，我们能否在这种适用层面上吸收统制违反作为义务上的差异呢？这一点令人怀疑。

　　我们不能否定从作为义务（积极权利）这一结构中产生的共性。最为典型的是宪法只指明目的没有明确手段的情形。或许我们可以认为，作为审查的实体，社会国家给付义务中的"明显违反宪法委托"的统制等同于基本权利保护义务中的明确性控制。而且我们也不能排除如同第一次、第二次堕胎判决那样，对社会国家给付义务添加严格的内容统制与主张可能性统制的可能性，尤其是在现存的给付制度的核心内容无替代措施而出现倒退的情形下。[70]

---

　　[69]　关于《基本法》第 12 条第 1 款的职业自由，法院在判例中展开所谓的三阶段理论，并将其解释为比例原则的具体化。参照克劳斯·施特恩（前注 12）《名城法学》第 44 卷第 3 号第 188 页。

　　[70]　关于"明确性统制""严格的内容统制""主张可能性统制"，参照本书第 106 页以下。关于法院判定社会国家给付制度的退步为违宪的事例，参照 BVerfGE 82, 60（80 ff.）. 本案争论的是统一性家族负担调整制度（1994 年）的合宪性。该制度废除育儿负担调整中的育儿减免，并将其一元化为依赖于父母收入的育儿给付金。本案有两个争论点。第一个争论点是把具有社会给付性质的育儿补助划入父母的收入是否得当。对此，法院判定并不违宪。其理由在于：社会国家原理无法成为具体给付请求权的根据；社会给付划入收入并不违反一般平等原则；《基本法》第 6 条第 1 款并不禁止给付退步，而促进家庭的财政性给付受制于"可能性保留"，因此，立法机关应当就财政考量全体的能力与均衡。第二个争论点是育儿给付金是否充分发挥租税上的负担减免功能。对此，法院把当时的育儿给付金判定为违宪。其理由在于：从《基本法》第 1 条第 1 款、第 6 条第 1 款（这些条款都关涉社会国家原理）中会产生禁止对全体家庭成员的生存最低限度课税的原则。不过，法院并没有明确对两个争论点所使用的统制密度。关于本案的研究，参照岩间昭道：《依收入的儿童补助减免与最低生活费非课税原则》，《自治研究》第 69 卷第 4 号第 133 页以下（1993）。

尽管如此，我们仍不能否定：围绕着裁判统制不能排除这种可能性。基本权利保护义务与社会国家给付义务之间存在着明显的差异。比如以规范给付为主要手段的保护义务与伴随预算的社会国家给付这一给付手段上的差异；[71]危险防御体系的复杂性与社会保障、公共扶助法体系的复杂性之差异；国家个人二极关系（社会国家给付）与法的三极关系（基本权利保护义务）的差异等。一般认为，这些差异是关系到统制架构的差异。我们可否把"每个人都可以合理要求社会"意义上的"可能性的保留"与法的三极关系中的要求保护者和侵害者的基本权利地位调整看作同一个论题？

笔者认为，合理的做法应当是在界定禁止"保护"不足这一观念的基础上，区分各自给付义务所共通的要素与各自给付义务所固有的要素。

（三）小结——立法机关的裁量上限与下限

基于综合考察禁止过度侵害原则与禁止保护不足原则，施塔希（Starch）指出立法机关的裁量应受到如下制约：[72]

第一，所有的限制基本权利均以值得保护的法益为前提。当保护义务成立时，法益的保护便成为宪法上的要求。

第二，立法机关选择的手段应适合于保护。从无助于保护的自由限制这一点而言，不适当的手段不仅违反禁止过度侵害原则，而且也违反保护义务即禁止保护不足原则。

第三，基本权利侵害应当限于必要的范围（立法机关应选择更为宽松的手段）。这就要求立法机关遵循一项规则：即便是

---

〔71〕 除了议会的财政权之外，从中有时会引申出社会国家性给付义务的"经济状况依赖性"与保护义务的"经济状况非依赖性"。D. Murswiek, Grundrechtliche Schutzpflichten, in: ders., Praxis der Verfassungsauslegung, 1994, S. 45（81 f.）.

〔72〕 Chr. Starch, Grundrechtliche Schutzpflichten, in: ders., Praxis der Verfassungsauslegung, 1994, S. 45（81 f.）.

为了保护也不能"过度"。

第四，狭义的比例性或基本权利侵害的要求可能性意味着：保护将在引起不能再要求的侵害时达到极限。

施塔希的上述表述源于他对禁止过度侵害原则与禁止保护不足原则的理解。他的理解接近于同一性质学说。不管我们能否把两个原则视为同一物，上述表述都很好地展现了法的三极关系中的防御权与保护义务之间的内在关联。对于防御权，我们往往考虑到限制基本权利的目的与手段的适当性。同样，对于保护义务，我们也应当考虑到因保护义务而受限制的第三人的基本权利。在法的三极关系中，防御权与保护义务往往同时存在。立法机关及国家机关在作出第一次判断时需要认真考虑施塔希表述的上述原则，而法院要根据具体案情，适用上述的禁止过度侵害原则或禁止保护不足原则统制其合宪性。

107

四、禁止保护不足原则的统制密度

联邦宪法法院对保护义务进行裁判统制的另一个要素是所谓的"统制密度"。

对于禁止保护不足原则，迪特莱因使用"车轮不会先行于车"这种描述告诫了人们的过分期待。禁止保护不足原则这一法形象的出现并不会使基本权利保护义务课予立法机关的义务变得更加稠密。但上述的描述也适用于"防御权＋禁止过度侵害"。从这个意义上而言，原来的问题在于确认基本权利保护义务这一车辆前进的速度。前述的第二次堕胎判决与臭氧决定中尽管都使用了禁止保护不足这一法形象，但统制的状况与结论却大相径庭。从这里可以看出基本权利保护义务并不是以均一速度前进的车辆，禁止保护不足原则也并不是以均一速度转动的车轮。

（一）共同决定判决中的统制密度

联邦宪法法院在 1979 年的共同决定法判决中首次分类统制密度，把统制密度以一般形态加以类型化。[73]法院指出，立法机关预测的评价优先权（Einschätzungsprärogative）依赖于各种要素，尤其是成为问题的事项的特殊性、可否就法律作用形成确实的判断、成为问题的法益的重要性等要素，并提出了如下三种统制密度：

1. 明显性统制

明显性统制（Evidenzkontrolle）是对立法机关的最为宽松的统制。作为这种统制的先例，共同决定法判决列举了基本条约判决［BVerfGE 36，1（17）］、稳定化基金决定［37，1（20）］、汽车长距离货物运输法决定［40，196（223）］。基本条约判决的争议焦点是当时的东西德国之间缔结的基本条约是否妨碍《基本法》前文中讴歌的德国再统一。在本案的判决中法院指出，应当尊重对外交问题的政治部门的政策性判断，而限于该措施在法律上或事实上"明显违反于"自由的再统一时才会构成违宪。汽车长距离货物运输法决定中成为焦点的是各地区之间一般货物用汽车的配额限制问题。法院把审查重点放在手段的必要性上，并认定该配额限制为合宪，其理由在于：任何手段都没有像法院可以命令立法机关采用该手段那样"明显地"满足更为宽松替代手段的条件。

2. 严格的内容统制

作为最为严格的统制——严格的内容统制的例子，共同决

---

[73] BVerfGE 50，290（332 f.）. 具体参照高见胜利：《论司法对立法机关预测的统制》，《宪法诉讼与人权理论》（芦部信喜还历论文集）第 35 页（1985）；冈田俊幸：《对立法机关预测的司法统制》，《庆应大学法学政治学论究》第 14 号第 67 页（1992）。

定法判决列举了有关选择职业自由的药局判决［BVerfGE 7，377（477）］、第一次堕胎判决［39.1（46，51ff.）］、终身自由刑判决［45，187（238）］。[74]一般认为，这种审查方式的特征在于：联邦宪法法院基于统计数据和他国经验形成自己独立的预测，并通过比较自己的预测与立法机关的预测统制立法机关的预测。[75]

3. 主张可能性的统制

除了共同决定法判决本身采用主张可能性的统制（Vertretbarkeitskontrolle）之外，有关经济自由的三个判例［BVerfGE 25，1（12 f.，17）；30，250（263）；39，210（225 f.）］也采取了这种统制方式。这种审查方式不同于上述的两个基准。它并不着眼于预测的内容，而关注法律制定过程的适当性。[76]例如，在某个决定中[77]法院阐明了如下的统制观点："我们实施合宪审查首先考察立法机关是否用正确且充分的方法已经掌握立法当时的各种前提知识。……只要立法机关已使用自己能够利用的认识手段，我们应包容其经济发展的误判。"

（二）禁止保护不足的统制密度

上述三种统制密度也适用于基本权利保护义务的裁判统制即禁止保护不足的审查。法院在第一次堕胎判决中进行了严格的内容统制，而在航空噪音决定、化学武器储藏决定、臭氧决定中实施了明显性统制。另外，法院在第二次堕胎判决中至少

109

---

[74]　德国宪法判例研究会编（前注66）《德国的宪法判例》中详细介绍了这些判例。

[75]　冈田俊幸（前注73）《庆应大学法学政治学论究》第14号第89页。

[76]　所谓立法过程或立法机关并不仅仅指议会，它是指包括联邦政府在内的立法工作的全过程。参照 K. Stern, Das Staatsrecht der Bundesrepublik Deutschland, Bd. Ⅲ/2, 1994, S. 1353.

[77]　BVerfGE 39, 210（225 f.）.

在语句层面上进行了主张可能性统制。

1. 严格的内容统制

首先，第一次堕胎判决[78]是法院对立法机关的预测进行内容统制的案件。在该案中法院判定《刑法》第218条的修改案（该修改案缓和堕胎罪的规定，将受胎后12周以内堕胎并不认定为犯罪）为违宪。该案的争议焦点是——是否有必要通过刑罚威慑来保护胎儿生命。对此，联邦宪法法院提出，胎儿是宪法上的独立法益，国家负有保护生命义务，因此，在用其他方法难以达到宪法上保护的例外情形下，刑罚要求才得以成立。

联邦宪法法院称赞了立法机关通过咨询等预防措施改善胎儿生命保护方面的努力。但同时又指出，修改法案中存在如下重大的宪法问题：第一，下位法本应当明确表明堕胎原则上属于违法，但修改法案没有明确这一宪法上的评价。第二，期限模式会导致保护的缺失。而刑罚的威慑作用将失效这一反驳忽略了刑法的一般预防功能。第三，立法机关不应当比较因某种规制而救济的生命与牺牲的生命。同样，不应当以其他生命的救济为理由放弃对个别生命的保护。毫无疑问，我们不能用数量来衡量生命。第四，因新法的出台堕胎的数量会明显减少这一主张缺乏能够信赖的事实基础。从英国、东德的情况而言，我们无法期待通过期限模式来大幅度减少堕胎。当保护法益具有很高的价值时，我们不应当用该保护法益做实验。第五，从历史性经验而言，人及人的尊严占据着德国的整个价值秩序核心。因此，即便是已经确认国民意识的变迁，我们也不应当以社会政策上的合目的性判断为理由或者以国家政策上的必要为理由逾越这一宪法上的界限。第六，法律采用的咨询制度在立

---

[78] BVerfGE 39, 1（41 ff.）. 作为其解说，参照德国宪法判例研究会编（前注66）第49页（嶋崎健太郎执笔）。关于本案的简要介绍，参照本书第19、20页。

法过程中被削弱。

其次，以上表述中包含着两个问题，即相冲突的法益的规范性评价问题与法律作用的预测问题。关于法律作用的预测问题即因法的修改而带来的堕胎数量的推移，立法机关主张法的修改能够有效保护胎儿生命。但基于外国实例、鉴定人的意见等，法院提出不同的预测，并驳斥了立法机关的上述主张。另外，在宪法上我们不能正当化堕胎行为这属于法益的规范性评价。对于刑法应明确表明堕胎的违法性，法院提出了如下两个论据：基于一般预防功能的刑法作用的预测；以宪法为最高点的法秩序中违法性判断的一元性。

如上所述，法院在第一次堕胎判决中详细审查立法机关的法律作用预测，从而无限压缩立法机关的规范性评价空间。作为一般论，联邦宪法法院一方面强调，应当尊重立法机关的评价，"应尊重立法机关在事实关系、必要性预测、手段选择判断上拥有的裁量空间。法院不应当占据立法机关的地位"。另一方面指出："法院应当审查立法机关是否为保护法益免遭侵害，在能够适用的可能性范围内采取了必要措施。"法院将该修改法案形容为"超乎寻常地做了概括性准备工作"。据此，法院判定该修改法案为违宪。

2. 明显性统制

本章开头介绍的臭氧决定是法院实施明显性统制的典型例子。作为法院实施明显性统制的另外一个例子，下面介绍一下联邦宪法法院于1981年1月14日作出的航空噪音决定。[79]在该案中，当事人争论的问题是如何保障机场周边居民的健康免受航空噪音侵害。

---

〔79〕 BVerfGE 56, 54. 作为其解说，参照德国宪法判例研究会编（前注66）第55页以下（松本和彦执笔）。

　　尽管联邦宪法法院解释称,《基本法》第 2 条第 2 款第 1 项规定的身体的不可侵犯性中不仅包括身体上的疾病,而且还包括精神上的疾病,但仍认定没有修改关联法规的州立法机关立法不作为不属于明显违反保护义务。法院采用明显性统制的理由是"并不是最重要的法益暴露在危险之中"。对此,法院指出:

　　"不同于异议申请人的意见,我们不能认定立法机关的不作为即不履行事后性更正义务违反《基本法》第 2 条第 2 款规定的保护义务。这个结论并不意味着:我们在航空器噪音领域已达到应满足的状态,我们已经采取能够想到的所有保护措施。相反,这个结论表明在宪法异议的框架内限于立法机关明显违反上述义务的情形,联邦宪法法院才可介入。"[80] 如同堕胎判决、施莱尔决定所强调的那样,"首先应由每个国家机关以自我责任决定采取何种手段履行《基本法》第 2 条第 2 款的保护义务。由每个国家机关判断为实效性保护应采取哪些措施。"联邦宪法法院在其他判例中已把审查限定在是否"明显违反"体现于基本权利的基本决定。之所以作出这种违宪审查限定,是因为"一般而言,通过能动性立法措施来实现国家的积极的保护义务、作为义务(人们通过宪法解释从体现于基本权利的基本决定中推导出这种国家义务)是一个极其复杂的问题。我们可以根据事实关系、具体目的的设定及其优先顺序、能够想到的手段方法的适当性的评价,提出各种解决对策。另外,人们作出决定往往需要妥协,而从权力分立原则和民主原理而言,其责任在于具有直接国民正当性的立法机关。因此,除了最高层级的法益成为问题的情形之外,联邦宪法法院原则上只能在有限的范围内审查其决定。"[81] 这种考量更适合于争论立法机关是

112

---

〔80〕　BVerfGE 56, 54 (80).
〔81〕　BVerfGE 56, 54 (81).

否怠于事后纠正而违反保护义务的情形，而不是仅仅争论立法机关是否违反保护义务的情形。"联邦宪法法院限于如下情形才作出违宪判断：原本合宪的规则因情况的变化而转变成宪法所无法容许的规则，但立法机关不作为或采取明显错误的事后措施。"[82]

3. 主张可能性统制

第一，在第二次堕胎判决[83]中有关刑法堕胎规定的修改再次成为争议焦点。联邦宪法法院在判决中一方面主张具体保护的方法及范围的确立属于立法机关的任务；但另一方面又指出："立法机关必须尊重'禁止保护不足'，在这个限度内立法机关服从宪法法院的统制。"

判决指出：在保护理念的选择与具体化方面，立法机关就满足禁止保护不足原则要求应作出"宪法上能够得到支持的判断"。"立法机关就其制定的规则作出的功能预测应当是可靠的，联邦宪法法院审查该预测是否主张可能。"立法机关的判断、评价、裁量将依赖于"各种要素，尤其是争论事项的特性、可否就将来的展开及规范作用形成非常确实的预测、争论法益的重要性。""从这里可否推导出三种审查基准呢？对此，我们没有必要在这里予以讨论。……宪法上的审查所关注的是立法机关是否充分考虑了上述各种要素；立法机关是否用'主张可能的方法'行使了裁量。"我们不能认为，立法机关已经采取"不能称之为完全不适当、完全不充分的"措施就等于履行了保护义务。

第二，尽管联邦宪法法院在本案的判决中援引了共同决定判决，但对于是否可以归结为该决定列举出的三种统制密度没

---

〔82〕　BVerfGE 56，54（81）.

〔83〕　BVerfGE 88，203. 关于判决的全貌，参照前注 2 的各文献。

113　有作出表态。但从字面上看，法院审查的是"主张可能"，而且从内容上而言关注的是立法过程的适当性，排除了明显性统制。因此，我们可以断定法院进行的是主张可能性统制。

笔者认为，法院在本案中采用主张可能性统制的原因在于立法机关是基于新理念作出本案争论的刑法修改。因此，对其作用立法机关不可能形成充分、确实的判断。也就是说，"在这种情形下，立法机关尽可能使用能够使其就保护作用做出可信赖的预测所需的本质性的材料，仔细斟酌该材料是否充分支撑其判断。"

第三，但本案中法院的审查违背了其原则。实际上法院审查的是法律内容的一贯性，而不是立法"过程"。我们将在后面阐述这个问题。

（三）统制密度的课题

如上所述，法院对于基本权利保护义务也适用三种统制密度。但联邦宪法法院在保护义务判例中适用统制密度的情况存在着一些差异，其具体表现在统制密度的选择与三种统制密度的统制内容。

1. 统制密度的决定

因存在三种不同的统制密度，作为先行问题，法院应先就审查选择哪一个统制密度作出决定。法院在第一次堕胎判决中适用的是严格的内容统制，而在第二次堕胎判决中适用的是主张可能性统制。这两个案件的争论点均为修改《刑法》第218条中导入的期限模式是否合宪的问题，同时，立法机关都以刑114　罚威慑有限性为由，主张加强胎儿生命保护。另外，法庭在化学武器储藏决定中通过适用明显性统制驳回了违反保护义务的主张。对此，马伦霍尔茨法官提出反对说，主张本案的争论点为是否对生命造成危险，因此，可实施严格的内容统制。[84]

联邦宪法法院提出的只是统制密度得以依赖的三要素，我们无法从中解读出统一的统制密度。同时，尽管法院在航空噪音决定中指出保护义务即作为义务，但并没有在三要素中明确作为与不作为的区别。

2. 审查内容

法院一旦选择统制密度，就按照该统制密度要求的严格性审查立法机关是否违反禁止保护不足。不过，这里也有一些问题。

第一，德国的明显性统制虽不具有自动达到合宪结论这一性质，但如果我们比较两个堕胎判决与航空噪音决定、臭氧决定，就可以轻易发现明显性统制与严格的内容统制、主张可能性统制之间的区别。因为明显性统制审查"完全不适当或完全不充分"是否明显。另外，严格的内容统制与主张可能性统制之间的界限并不明确。[85]

第二，从定义上而言，主张可能性统制要求法院审查立法过程的适当性，即法院一方面要审查"立法机关的主张——作为达到目的的手段该措施是适当的——是否可靠。""立法机关是否用正确且充分的方法掌握立法当时的各种前提知识。"而另一方面，只要立法机关使用可利用的认识手段，即便是立法机关做出错误预测，法院也应予以包容。同样，法院在第二次堕胎判决中一方面课予立法机关已被确认错误预测时的事后纠正法律的义务，但另一方面允许立法机关做出错误预测。不过，如果我们仔细研读判决，就会发现法院实际重点审查的是立法

---

〔84〕　BVerfGE 77, 170 (234, 236).

〔85〕　对于明确性与主张可能性之间的区别，施莱希（Schlaich）提出了质疑。K. Schlaich, Das Bundesverfassungsgericht, 3. Aufl. 1994, S. 269. 对此，本书不予以讨论。

115 机关是否在法律中充分且以满足宪法要求的形式体现立法机关的理念，而不是立法过程。

　　联邦宪法法院指出，立法机关采用咨询（而非刑法威慑）即与母亲一起（而非对抗母亲）保护怀孕初期胎儿生命这一基本理念是"立法机关主张可能的评价"。[86]关于上述基本理念的具体化，该法院指出，侧重于通过咨询的预防性保护这一模式中咨询占据着核心地位；关于咨询内容、咨询的实施、咨询组织及构成，立法机关受制于禁止保护不足原则，立法机关应当制定实效且充分的规则；只有在这种情形下，立法机关才可以主张通过咨询的更为实效性的保护这种评价。基于此，法院严格审查有关咨询的规定并逐一指出了不足部分。[87]

　　第三，如上所述，法院在第二次堕胎判决中实施主张可能性统制包括如下两个阶段：首先，立法机关可否采用某种理念；其次，立法机关可否以该理念为前提主张该法律规定。至少对于后者法院审查的是对照于理念的法律的一贯性，而非立法过程的合理性。那么，法律一贯性的审查与严格的内容统制之间的区别是什么？如果审查的是内容的一贯性而不是立法过程，那么，在这个限度内两者的区别是极其模糊的。法院在第一次堕胎判决中指出，只要争论的是生命这一高度的法益，"禁止人们对此做实验"。相比之下，法院在第二次堕胎判决中给予立法机关犯错误的空间，并课予其事后纠正义务。尽管如此，我们也不能因此就断言：在主张可能性统制之名下实施的一贯性审

　　〔86〕　主张可能的理由在于：过去的刑法上的解决没有获得成功；只有孕妇知道新生命的存在，而胎儿则全面依赖于孕妇；不期望的怀孕是关乎女性生存的重大事项；怀孕初期孕妇的精神状况等。
　　〔87〕　参照小山刚（前注2）《自治研究》第70卷第4号第127页；小山刚：《联邦宪法法院在第二次堕胎判决中的保护义务论的展开（一）》，《名城法学》第43卷第3号第96页以下、第120页以下（1993）。

查比严格的内容统制更为宽松。法院在第二次堕胎判决中对咨询系统逐一附加条件。可见，法院并没有对立法机关的判断持一种宽松的态度。[88]

五、补论——统制的可能性与界限

116

（一）立法权与宪法裁判权

1. 统制的原理上的可能性

德国《基本法》的制定者们把过分的计划规定视为《魏玛宪法》的缺陷之一。因此，他们把基本权利目录制作成可通过裁判实现的古典基本权利即自由权目录。[89]关于《日本国宪法》第25条第1款，曾占据判例、通说地位的也是计划规定说，[90]但它只是表明一种理解：人们应通过政治途径解决生存权问题，而不能通过裁判实现生存权。但在德国，社会权规定（《基本法》第6条第4款、第5款，作为一种例外而受到保障）受联邦宪法法院的统制已成为判例。[91]日本学界围绕《日本国宪法》第25条第1款的讨论也从法性质论正逐步转向立法裁量论。[92]因此，从原理上本书也肯定基本权利保护义务受裁判统制。

不过，《日本国宪法》第25条或《基本法》第6条与基本

---

〔88〕 批评第二次堕胎判决中的统制密度的论文有 K. Hesse, Die verfassungsrechtliche Kontrolle der Wahrnehmung grundrechtlicher Schutzpflichten des Gesetzgebers, in: H. Däubler-Gmelin/K. Kinkel/H. Simon, Gegenrede, Festschrift für E. G. Mahrenholz, 1994, S. 541 ff. (552).

〔89〕 参照 K. Stern, Das Staatsrecht der Bundesrepublik Deutschland, Bd. Ⅲ/1, 1988, S. 168; H. v. Mangoldt, Schriftlicher Bericht, Ⅰ. Die Grundrechte, in: Parlamentarischer Rat, Anlage zum stenographischen Bericht der 9. Sitzung, S. 5 f.

〔90〕 最大判昭和42·5·24民集第21卷第5号第10页。

〔91〕 K. Stern（前注76）S. 890 ff.

〔92〕 奥平康弘：《宪法Ⅲ 宪法保障的权利》第244页以下（1993）。

权利保护义务之间存在明显的差异。就后者（基本权利保护义务）而言（如果排除《基本法》第 1 条第 1 款），联邦宪法法院创设没有明文规定的国家作为义务，且对其施加裁判统制。关于基本权利的客观法内容，伯肯弗尔德曾指出："它不是由 1949 年的制宪者们事先给予的，如同裁判或学说将其临摹就足够那样……它是《基本法》之下的发展，而非《基本法》事先规定的。"[93] 这个观点适用于基本权利保护义务。

117 　　法院可否代替民主意义上的立法机关作出决定？这不仅是基本权利保护义务所面临的问题，而且是对立法不作为的裁判统制，甚至是法院拥有违宪审查权本身所内在的问题。但就基本权利保护义务而言，这个问题升至更高的层次。统制密度的不确定性也发生于防御权，但对于基本权利保护义务而言，它的意义胜出"统制的可预见性遭到像防御权那样的不确定性的破坏"。

　　2. 经过命令

　　第一，关于这一点，我们有必要讨论莱尔歇（Lerche）指出的"程序问题"，[94] 该问题出现在第二次堕胎判决中。一般而言，当法院确认某一法的修改为违宪、无效时重新恢复过去的法状态。不过，由于某种情况[95]无法恢复到以前的法状态时，法院可否采取措施？可采取何种措施？

　　联邦宪法法院通过发布"经过命令"（übergangsanordnung）详细规定了临时适用的堕胎法制，尤其是咨询的组织、程序、内容。[96]对此，莱尔歇指出，在本案中联邦宪法法院"替代了

----

　　〔93〕　E. -W. Böckenförde（前注 33）S. 160.

　　〔94〕　具体参照莱尔歇（前注 25）《自治研究》第 71 卷第 3 号第 14 页以下。

　　〔95〕　就本案可以举出如下两点：旧东德法明显违宪；一国国内不能允许并存两个地区、两个堕胎刑法。

　　〔96〕　经过命令大致分为 9 项，细分为 20 项。关于经过命令全文的日文译文，参照小山刚（前注 87）《名城法学》第 43 卷第 3 号第 120 页以下。

立法机关"。

在这里需要弄清两个问题。一是在基本法的权限分配框架之下，宪法法院可否临时把自己置于立法机关的地位？二是这一经过命令有无实定法上的根据？关于第二个问题，联邦宪法法院引用了《联邦宪法法院法》第 35 条。但该条款只是规定："联邦宪法法院可以在其判决中指定该判决的执行者。法院可以在个案中规定执行方法。"很显然，本案的经过命令已经超出了判决执行命令的范围。莱尔歇指出，联邦宪法法院实际上行使了一种"紧急权限"。

第二，这种经过命令或类似的法院对立法机关的指示并不是保护义务所固有的问题。在基本权利以外的领域也有过先例。比如联邦宪法法院在第六次政党财政、政党国库援助判决[97]中曾详细阐述过合宪性条件。另外，法院尽管在基本条约判决中把条约本身判定为合宪，但在主文中附加了一个条件："从判决理由中产生的解释而言符合基本法"。同时，法院在判决理由的尾部明确指出，判决理由不仅涉及条约内容，也涉及其他内容。[98]

当然，围绕违反平等原则的救济（这种救济关联于社会国家给付立法或其他国务请求权），日本也出现过同样的争论。日本学界得出的结论是：作为违宪判断的方式，法院应止步于违宪确认。[99]相比较而言，联邦宪法法院约束立法机关裁量的手

[97] BVerfGE 85, 264（288 ff.）. 关于该判决，参照德国宪法判例研究会编（前注 66）第 314 页（上肋博之执笔）。

[98] BVerfGE 36, 1（36）.

[99] 野中俊彦等：《宪法 I（新版）》第 264 页（1997）。另外，关于违宪确认诉讼的可能性及其要件，参照野中俊彦：《立法义务与违宪审查权》，《宪法诉讼与人权理论》（芦部信喜还历论文集）第 183 页（1985）；户波江二：《立法不作为的违宪确认》，芦部信喜编：《讲座宪法诉讼 1》第 355 页（1986）。

法更为严格。

总之，有一点是很明确的，即对于防御权侵害，法院采取的救济手段只是宣布违宪的国家措施为无效，但对于违反保护义务，法院采取的救济手段并不是单一的。尤其是在争论生命、健康且不能放任违宪状态时，可否只是作出事后的国家赔偿或敦促立法机关作为的违宪确认？想必这一点需要重新讨论。也许莱尔歇认为法院在尊重立法机关意志的前提下不得不作出这种经过命令。但黑塞对经过命令持否定观点，其理由在于经过命令会破坏立法机关与宪法法院的功能。他主张法院应止于违宪确认。[100]

（二）围绕"裁判国家"的两种方法（approach）

鉴于此我们不难理解如下现象：围绕基本权利保护义务，人们提出了所谓的"裁判国家"问题。下面从两个方面概观基本权利保护义务会产生裁判国家问题这一批评。

1. 作为保护义务的必然结果的裁判国家

伯肯弗尔德依据裁判国家化限定了基本权利保护义务的成立范围。国家目的原本是国家学的研究对象、立法机关的课题，但基于基本权利的保护义务却把它纳入解释基本权利及联邦宪法法院创造性地细化法律的对象中。伯肯弗尔德把这一点视为国家结构的改造，并认为这会开启从法治国家到裁判国家的道路。[101]因此，伯肯弗尔德只是限于基本法明文命令保护法益的情形——《基本法》第 1 条第 1 款第 1 项——承认国家的保护义务。

伯肯弗尔德的批评对象并不是具体裁判中的禁止保护不足的适用方式。伯肯弗尔德不仅讨论了基本权利保护义务及其母

---

〔100〕　K. Hesse（前注 88）S. 554.

〔101〕　E. -W. Böckenförde（前注 33）S. 187.

体即基本权利的客观法内容，[102]而且还讨论了基本权利保护义
务的替代问题。[103]另外，基于同样的理由，他还批评了默示性
地扩张基本权利守卫范围的防御权重构论。[104]

　　本书并不深入讨论伯肯弗尔德学说的整体构想、意义及存
在的问题。[105]在这里笔者只是提及如下三点：①在德国，伯肯
弗尔德的观点得到了一些人的支持；[106]②伯肯弗尔德否定第三
条道路的存在，他把裁判国家化视为基本权利保护义务的必然
归结，从而把问题设定为二选一方式；③在日本，伯肯弗尔德
基本权利论（而不是德国的判例通说）也得到了广泛支持，如
芦部信喜教授赞同这种见解。[107]

　　2. 作为统制方式的裁判国家

　　第一，与伯肯弗尔德不同，黑塞并没有采用二选一问题设
定方式，他把裁判国家问题看作宪法裁判的统制范围与密度问
题。[108]

　　黑塞把联邦宪法法院的保护义务判例划分为如下三组：第

---

〔102〕　关于基本权利的客观法内容，具体参照克劳斯·施特恩：《基本权利体系
的理念与要素（一）（二）》，田口精一译，《庆应大学法学研究》第 60 卷第 4 号第
19 页、第 5 号第 26 页（1987）；小山刚：《基本权利客观法层面的诸问题》，《比较
法研究》第 53 号第 152 页（1991）；栗城寿夫：《论最近德国的基本权利论》，《人
权理论的新展开》（宪法理论研究会编）第 93 页（1994）。

〔103〕　具体参照本书第四章"基本权利体系中的保护义务"第 137 页以下。

〔104〕　参照伯肯弗尔德（前注 38）。

〔105〕　关于最近的伯肯弗尔德研究，参照桦岛博志：《自由主义基本权利理论的
重构（一）（二）》，《自治研究》第 71 卷第 12 号第 106 页、第 72 卷第 3 号第 108
页（1995、1996）；松原光宏：《基本权利的多元理解（一）（二）》，《中央大学法
学新报》第 103 卷第 6 号第 95 页、第 7 号第 75 页（1997）。另外，关于笔者的简单
见解，参照（前注 60）《名城法学》第 44 卷第 1 号第 331 页以下。

〔106〕　参照 Chr. Enders（前注 35）；J. Hellermann（前注 36）.

〔107〕　芦部信喜：《回顾人权论 50 年》，《公法研究》第 59 号第 1 页（1997）。

〔108〕　K. Hesse（前注 88）Festschrift für E. G. Mahrenholz, S. 541 ff.（546）.

一次堕胎判决；此后的一系列判决；最新的第二次堕胎判决。按照其观点，在第一次堕胎判决中法院全面审查法律的合宪性，并指示立法机关"应当做什么"；[109]在此后的 17 年中法院对立法机关实现保护义务没有提出异议，没有课予立法机关特定作为义务；[110]在第二次堕胎判决中法院强调立法机关的裁量余地，而从中产生的司法统制的界限"不再具有任何实践意义"。[111]

黑塞主张应部分排除宪法法院的统制或严格限定宪法法院的统制。比如，黑塞主张，就立法机关的手段选择应排除宪法法院的统制。因为尽管宪法赋予立法机关保护义务，但没有规定其保护手段。另外，对于法律措施的适当性、相冲突法益的调整，黑塞同样主张应限定审查严格性。也就是说，根据他的观点，法院在堕胎判决中对立法机关评价及结论实施的全面的内容审查是"宪法所禁止的"。[112]

另外，黑塞还主张，超出单纯确认与宣布违宪或无效而具体指示立法机关也是宪法所禁止的。[113]

第二，有意思的是，根据限定裁判统制的理由，黑塞把上述第二时期的各种判例进一步划分为如下两种。[114]

第一类型为化学武器储藏决定、施莱尔决定等。法院在这些决定中强调宪法赋予立法机关保护义务本身受限定，因此，宪法裁判统制也必然受限定，而立法机关具有最终决定权。[115]

---

[109] K. Hesse（前注 88）S. 548.

[110] K. Hesse（前注 88）S. 550.

[111] K. Hesse（前注 88）S. 547 ff.

[112] K. Hesse（前注 88）S. 555 ff.

[113] K. Hesse（前注 88）S. 554.

[114] 以下提及的判例，参照本书第 23 页以下。

[115] K. Hesse（前注 88）S. 555 ff.

　　另外，法院在航空噪音决定中基于不同的理由限定司法统制。也就是说，法院首先讨论限定统制密度、司法统制的问题，即法院关注的是作为裁判规范的保护义务问题，而不是作为行为规范的保护义务问题。[116]

　　总之，对于排除全面的宪法裁判统制，黑塞提出了如下两个理由：一是宪法规范内容的不确定；二是行为规范与统制规范的区别。[117] 而对于基本权利保护义务，黑塞主张适用后一个理由。[118] 黑塞称："现在的基本权利的发展已不再允许"混淆行为规范与统制规范。[119]

　　我们应从实体法上说明统制密度，还是从功能法上说明统制密度？对此，学术上尚无定论。[120] 从这个意义上而言，关于保护义务统制密度的限定，我们还没有已确立的手法。尽管如此，很多学者[121]持不同于伯肯弗尔德的看法，认为应通过限定

---

　　[116]　K. Hesse（前注 88）S. 550.

　　[117]　K. Hesse（前注 88）S. 542. 化学武器储藏决定采用的是前一种方法，而航空噪音决定采用的是后一种方法。

　　[118]　K. Hesse（前注 88）S. 557.

　　[119]　K. Hesse（前注 88）S. 558.

　　[120]　简要概观最新讨论的论文有，渡边康行：《概观：德国联邦宪法法院与德国宪法政治》，《德国的宪法判例》（德国宪法判例研究会编）第 8 页以下（1996）。

　　[121]　伊森泽是尤其强调行为规范与统制规范的区别的论者之一。J. Isensee（前注 8）HdBStR Bd. Ⅴ，§ 111, Rdnr. 162. 另外，E. Denninger 在阐述行为规范与统制规范区别的基础上批评了第二次堕胎判决。他指出："为什么把自己的预测视为更为确实的呢？对此，法院应当给出充分的理由。"E. Denninger, Vom Elend des Gesetzgebers zwischen Übermaßverbot und Untermaßverbot, in：H. Däubler - Gmelin/K. Kinkel/H. Simon, Gegenrede, Festschrift für E. G. Mahrenholz, 1994, S. 561 ff.（567 f.）. 另外，穆斯维克区分以侵害行为的法律禁止为内容的"第一次性保护义务"与 以有效贯彻法律的侵害禁止为内容的"第二次性保护义务"。D. Murswiek, in：Sachs, Grundgesetz, 1996, Art. 2 Rdnr. 27；ders.，（前注 71）Die Staatliche Verantwortung, S. 108 ff. 在此基础上，穆斯维克认为，对于第一次性保护义务，我们可以做出相同于防御权的统制；而对于第二次性保护义务，我们应当承认立法机关的裁量空间。参照 D. Murswiek, in：Sachs, Art. 2 Rdnr. 29 ff.

统制密度来避免对立法权的过分干预，以此克服裁判国家问题。

（三）裁判国家问题上的悖论——强势的保护义务论与弱势的保护义务论

应当选择什么样的路径来应对裁判国家化呢？回答这个问题并非易事。本书遵循的是基于区分行为规范与统制规范的统制密度路径。[122]不过，在这里着重阐述围绕基本权利保护义务的裁判国家这一问题设定的悖论。

围绕基本权利保护义务而出现的"裁判国家"所体现的是什么样的解释论或裁判实务？对此，我们可以举出如下具体事例：不把基本权利保护义务的成立范围限定于特定基本权利的论者（如黑塞）往往倾向于批评第一次、第二次堕胎判决，称其逾越了统制权限。[123]相反，把保护义务（或保护请求权）的成立范围限定于人的尊严条款的论者（如伯肯弗尔德）则倾向于支持堕胎判决。在联邦宪法法院作出第二次堕胎判决时，伯肯弗尔德是该法院第二法庭的法官。[124]另外，施塔克就第二次堕胎判决作出了如下的评注："……如果我们平静地熟读判决，并努力理解其论据，就必然会怀着敬意认可联邦宪法法院的论述。专注于此问题的人完全可以理解法院的论述，因为判决使用明确而有说服力的语言。判决之后很多人对判决提出批评，是因为他们不曾仔细阅读判决内容。如果他们事先熟读判决内

---

　　[122]　有关行为规范与统制规范区别的笔者见解，参照小山刚：《基本权利功能扩充的可能性》，《庆应大学大学院法学研究科论文集》第 25 号第 230 页（1987）。对这一见解的批评，参照桦岛博志（前注 105）《自治研究》第 72 卷第 3 号第 117 页。这个批评依据于伯肯弗尔德的观点。

　　[123]　K. Hesse（前注 88）；E. Denninger（前注 121）；G. Hermes/S. Walther, Schwangerschaftsabbruch zwischen Recht und Unrecht, NJW 1993, 2337（2339 ff.）.

　　[124]　但对咨询后的堕胎给予公共补助的合宪性部分，伯肯弗尔德执笔的少数意见不同于法庭意见。

容，就不会提出那么多批评了。"[125]

这种学说状况看似一种悖论。也就是说，限于人工堕胎与保护胎儿生命而言，似乎是慎重对待基本权利保护义务论的学者们支持联邦宪法法院的积极判断，而支持把基本权利保护义务看作基本权利一般法理的学者们却主张宽松的统制，从而批评堕胎判决。

我们恐怕只有在如下情形之下才可以说清这一悖论。我们把基本权利保护义务论再划分为强势的保护义务论与弱势的保护义务论。尽管伯肯弗尔德、施塔克主张限定基本权利保护义务的成立范围，但一旦保护义务成立，他们就从保护义务中解读出详细的宪法指令。因此，他们立足于强势的保护义务论。与此相反，虽然黑塞等人并不限定基本权利保护义务的成立范围，但他们却淡化作为统制规范的内涵。因此，他们立足的是弱势的保护义务论。

就这一点，学者们也没有取得一致意见。

---

〔125〕 Chr. Starck（前注 72）Praxis der Verfassungsauslegung, S. 103. 另外，关于施塔克的见解，参照本书 181 页。

第四章
基本权利体系中的保护义务

在上述各章的讨论中，本书设置的前提是基本权利保护义务既不同于防御权也不同于社会权。自由权的保护法益要求国家的不可侵犯性，于是，基本权利保护义务推导出对自由权保护法益的其他社会成员的不可侵犯性，并为救济要求保护者课予基本权利的对象——国家——作为义务。不过，我们能否区分这样一种基本权利作用与防御权、社会权？我们可否把它视为防御权或社会权范畴？

对此，不仅在德国学界存在争议，而且在日本学界也有人主张应相对化两者的区别。如果我们采纳这些见解，不仅能用已知法理说明基本权利保护作用，从而贡献于思考经济（把"用较少的思考劳力记录尽可能多的事实"作为科学认识目标的学说——译者注），而且也易于承认其为日本宪法的解释论。

但笔者认为，即便是两者之间存在共同之处，也不能把保护义务与防御权、社会权混为一谈。本章重新讨论作为法的作用的保护义务的独立性。

一、问题的提出

（1）从第一次堕胎判决的保护义务定义来看，基本权利保护义务与防御权、社会权之间的关系并不十分明确。该判决界定保护义务如下：基本权利"不仅禁止国家自身的侵害，而且命令国家保护、促进它，尤其是命令国家保障基本权利不受他人的违法侵害"。就这个定义而言，首先，保护义务的范围可包括禁止国家自身的侵害；[1]其次，保护义务与促进义务的区分不明。[2]

（2）实际上，保护义务与防御权（禁止侵害义务）之间的关系、保护义务与促进义务（社会权）之间的关系并非不证自明的。

首先，《基本法》除了在第1条第1款之外，在第6条中也明文规定了国家秩序对婚姻家庭的特别"保护"；共同社会对所有母亲的"保护"与关照。这些显然是属于社会国家性质的规定。[3]在德国联邦宪法法院的判例中也有一些判决是从社会国家原理中推导出国家的保护促进义务。[4]另外，如同后述，有

---

〔1〕　M. Sachs, in：K. Stern, Das Staatsrecht der Bundesrepublik Deutschland, Bd. Ⅲ/1, 1988, S. 733 FN 136.

〔2〕　M. Sachs（前注1）S. 733 f.

〔3〕　Th. Maunz, in：Maunz/Dürig/Herzog/Scholz, Grundgesetz - Komm. （Stand 1997）, Art. 6Rdnr. 13；A. Schmitt - Kammler, in：Sachs, Grundgesetz, 1996, Art. 6；R. Groschner, in：R. Dreier Hrsg., Grundgesetz-Kommentar, Bd. 1, 1996, Art. 6.

〔4〕　关于《基本法》第6条，参照BVerfGE 6, 55（72, 76）；32, 273（279）；75, 382（392）；89, 315（322）. 关于《基本法》第7条第4款（私立学校），参照BVerfGE 75, 40（62, 65, 66 f., 69）；90, 107（115, 117, 127）；90, 128（131, 138）. 另外，关于与平等原则、社会国家原理的关联，BVerfGE 40, 121（133）指出："国家共同体应当保障最低限度的生存（具有人的尊严价值），尽可能把需要援助的人纳入社会，从而促进家庭或第三方的适当照顾，并设置必要的福利设施。这个一般保护义务是……"

些学者把保护义务定格为社会国家性质，其理由在于保护义务
为作为义务。

其次，如前所述，在与防御权的关系上，有人主张，通过基
于保护义务的防御权的重构，限定或否定保护义务论的意义。[5]
与此相反，我们在一些判例中看到的是：虽然属于防御权的事
例，但使用保护义务的概念与构成。[6]

135　　基本权利保护义务是以向社会国家的转型为前提的先进的
现代法理，还是仍处在近代国家或自由主义法治国架构内的传
统法理？[7]基本权利保护义务是不是被吸收于防御权这一传统
作用？我们可以通过与相邻概念的比较分析更加明确基本权利
保护义务这一法理。

（3）基本权利保护义务的体系定位对日本的人权体系论也
具有启发意义。在日本的人权论中，有人把基于自由权的作为
请求权称之为"社会权意义"的权利。[8]但如果我们承认基本
权利保护义务的独立性，自然会限定"社会权意义"的权利范围。

二、基本权利保护义务与社会国家

（一）社会国家意义上的保护义务论

（1）基本权利保护义务是国家的作为义务，而保护请求权

---

［5］　本书第40页。

［6］　参照 BVerfGE 76, 1；OVG Münster, NJW 1981, S. 701.

［7］　日本行政法学界围绕行政介入请求权存在两种对立的理解：一种是把行
政介入请求权理解为社会国家中的现代行政法的显著特征；另一种是在近代行政法
的框架内把握行政介入请求权。关于前者，参照原田尚彦：《行政责任与国民的权
利》（1979）。关于后者，参照真砂泰辅：《环境保全与自治体的行政责任》，《现代
行政与法的支配》（杉村敏还历论文集）第390页脚注17（1978）。

［8］　参照前田彻生：《人权体系中的自由权、社会权的区分论的意义与界限》，
《日本国宪法的理论》（佐藤功古稀）第143页以下（1986）。

是对国家行使的积极权利。[9]因此，与社会国家意义上的给付请求权、给付义务一样，保护义务也属于广义的给付权、给付义务。另外，国家的保护义务所包含的对象范围极其广泛，有时还包括作为社会权予以把握的领域（如环境权）。[10]

因此，围绕着保护义务与社会权[11]（以及社会国家原理[12]）

---

〔9〕　J. Isensee, Das Grundrecht auf Sicherheit, 1983, S. 21；R. Alexy, Theorie der Grundrechte, 2. Aufl. 1994, S. 405；G. Hermes, Das Grundrecht auf Schutz von Leben und Gesundheit, 1987, S. 39；G. Robbers, Sicherheit als Menschenrecht, 1987, S. 125 f.；M. Sachs（前注1）S. 728 ff.；E. Klein, Grundrechtliche Schutzpflicht des Staates, NJW 1989, 1633（1639）；J. Dietlein, Die Lehre von den grundrechtlichen Schutzpflichten, 1992, S. 34 f. 另外，本章并不讨论（对应于国家保护义务的）具体保护请求权的成立与否及其要件。关于德国学界的见解，除了后述第 191 页的内容之外，参照 K. Stern, Das Staatsrecht der Bundesrepublik Deutschland, Bd. Ⅲ／1, 1988, S. 978 ff.；A. Scherzberg, Grundrechtsschutz und "Eingriffsintensität", 1989, S. 219 ff.；R. Alexy, Grundrechte als subjective Rechte und objective Normen, Der Staat Bd. 29（1990）, S. 49 ff. 罗伯特·阿历克西：《主观权利及作为客观法的基本权利（二）》，小山刚译，《名城法学》第 44 卷第 1 号第 321 页（1994）。

〔10〕　关于把环境权定格为社会权的见解，参照阿部照哉：《德国宪法上的"环境权"争论》，《京都大学法学论丛》第 100 卷第 4 号第 11 页以下（1977）。另外，关于否定把环境权理解为社会权、社会国家问题的见解，参照 D. Rauschning, Staatsaufgabe Umweltschutz VVDStRL（38 1980）, S. 158 f. 关于笔者的意见，参照本书第 49 页。笔者认为，可以用保护义务论应对广义环境保护中的有关人的生命、健康的部分。对于超出的部分，德国学界既不看作基本权利保护义务，也不视为社会国家问题，而把它当作"环境国家"的课题。参照莱纳·瓦尔：《环境保护与宪法——是依国家统制的预防？还是依民事责任法的预防？》，吉村良一、小山刚译，《立命馆法学》第 237 号第 178 页（1995）。

〔11〕　在这里，说明一下本章中使用的"社会权"概念。在德国的宪法学说中，"社会权"主要被用作宪法政策用语［M. Sachs（前注1）S. 694.］，而作为解释学用语，一般使用的是"社会给付权"（Leistungsrechte）概念。本章把"社会权"定义为社会国家意义上的积极权利（给付权）（如生存权），同时并没有把它限定于严格意义上的主观权利，而把国家的社会国家意义的给付义务也纳入这一概念中。

〔12〕　关于社会国家原理、社会法治国理论的基本文献，参照田口精一：《波恩宪法中的社会法治国家》，《庆应大学法学研究》第 29 卷第 1、2、3 合并号第 381 页以下（1956）；田口精一：《社会法治国的问题》，《庆应大学法学研究》第 30 卷

的理论关系，我们不难推测到如下见解：两个法的形象就不同
主体阐述了同一个权利义务，因此，两者属于同一个法律关系
的表和里；虽然两者的范围并不完全一致，但至少两者处在极
为紧密的相互关系之中。实际上有不少学者在说明保护义务时
把保护义务与社会权或社会国家联系在一起。

（2）首先，霍夫曼（Hofmann）简单明了地指出"社会国
家不仅应当尊重基本权利，而且还应当保护基本权利。"〔13〕另
外，泽瓦尔特（Seewalt）〔14〕宽泛界定保护义务，他使用的概念
里不仅包含为防御危险的"实质性前提准备"，也包括为实现基
本权利的"实质性前提准备"。但他将这种意义上的保护义务的
根据寻求于社会国家原理。肖尔茨（Scholz）〔15〕与洛舍尔德
（Loschelder）〔16〕把所谓的厌烟权（即不被动吸烟权）划入社会
权，他们认为厌烟权是要求国家积极采取禁止吸烟措施的具有
积极地位（status positivus）的权利。格林（Grimm）把保护义
务定格为基于基本权利客观法层面的各种法作用的体系性核心，
而把其他法作用看作是保护义务的具体化。〔17〕洛伦茨（Lorenz）

136

第 7 号第 1 页以下（1957）；高田敏：《波恩基本法第 20 条第 1 款、第 28 条第 1 款
中的 sozialer Staat（一）（二）》，《广岛大学政经论丛》第 10 卷第 4 号第 205 页以下、
第 11 卷第 4 号第 1 页以下（1961、1962）；高田敏：《社会法治国的构成》（1993）。
另外，相对较新的德国文献有 K. Stern, Das Staatsrecht der Bundesrepublik Deutschland,
Bd. I , 2. Aufl. 1984, S. 872 ff. ; H. F. Zacher, Das soziale Staatsziel, in：Isensee/Kirchhof
（Hrsg.）, HbStR Bd. 1, 1987, § 25.

〔13〕 H. Hofmann, Rechtsfragen der atomaren Entsorgung, 1981, S. 305.

〔14〕 O. Seewalt, Gesundheit als Grundrecht, 1982, S. 61 ff.

〔15〕 R. Scholz, Nichtraucher contra Raucher, JuS 1976, S. 232（234）.

〔16〕 W. Loschelder, Staatliche Regelungsbefugnis und Toleranz im Immissionsschutz
zwischen Privaten, ZBR 1977, 337（339）.

〔17〕 D. Grimm, Rückkehr zum liberalen Grundrechtsverständnis?, in：ders., Die
Zukunft der Verfassung, 1991, S. 221（234）.

把保护请求权定性为"社会权意义上的个人请求权"。[18]最近，诺伊曼（Neumann）主张，基本权利保护义务中包括社会国家意义的保护。[19]

除了上述的学者之外，基于同社会国家原理的关联来理解保护义务的学者还有很多。[20]

（二）保护义务与社会权区别论

尽管如此，通说却否定从社会国家意义上理解基本权利保护义务。其主要的论据有如下两点：①应处置问题的结构不同；②历史、思想史背景不同。

1. 应处置问题的结构不同

通说指出，首先在要求救济的事例结构方面，保护义务与社会权之间存在本质的区别。

第一，穆斯维克指出，基于保护义务的给付是为保护已有的法益不受他人侵害而采取的措施。因此，就其目的而言，不同于社会国家给付。[21]也就是说，社会权旨在每个人地位的提升，而保护义务的目的在于防止每个人地位的恶化。[22]

另外，赫尔梅斯指出，保护义务与社会权在救济要求保护者这一点上是共通的，但在需要完全相容救济的原因上是完全不同的。保护义务上的救济必要起因于第三人的行为，但社会 137

---

〔18〕　D. Lorenz, Recht auf Leben und körperliche Unversehrtheit, in: Isensee/ Kirchhof (Hrsg.), HdbStR Bd. Ⅵ, 1989, S. 30.

〔19〕　V. Neumann, Sozialstaatsprinzip und Grundrechtsdogmatik, DVBl. 1997, 92 (97).

〔20〕　参照刊载于 G. Hermes, Das Grundrecht auf Schutz von Leben und Gesundheit, 1987, S. 121 ff., 129 ff.; D. Murswiek, Diestaatliche Verantwortung für die Risiken der Technik, 1985, S. 123 FN 65 上的各文献。

〔21〕　D. Murswiek（前注 20）S. 123.

〔22〕　D. Murswiek, Zur Bedeutung der grundrechtlichen Schutzpflichten für den Umweltschutz, WuV 1986, S. 182 ff. (186).

权中要求的是"不存在相对人的困境"（gegnerlose Not），也就是对由来于所谓命运般的、无法归责于特定人的原因的窘境的救济。[23] 困境原因的不同又会导致主要给付手段、救济手段的不同。[24] 也就是说，就像阿历克西所指出的那样，社会权意义上的给付的核心是物质性给付，而保护义务上的给付却是法的规制，即"规范给付"成为其核心。[25]

第二，阿历克西分类、整理了针对国家的各种"权利"。他把"广义的给付权"分类为"要求保护的权利""要求组织、程序的权利""狭义的给付权"等三种，并把其中的"狭义的给付权"称为社会权。[26] 他把社会权概念限定为："向国家索取物质——如果有充分的资金，而且市场有充足的供给，任何人都能从私人手里获取的物质——的权利。"[27] 而把保护请求权 [28] 界定为"要求国家通过一定方法建构并适用法秩序，规范同一层面上的法主体相互间关系的法秩序的权利"。[29] 从而明确区分了两个概念。

---

〔23〕 G. Hermes（前注9）S. 119.

〔24〕 G. Hermes（前注9）S. 119.

〔25〕 如同本文所述，R. Alexy（前注9），Theorie，S. 403，把国家给付区分为"物理性给付"与"规范性给付"等两种类型。

〔26〕 R. Alexy（前注9）Theorie，S. 402 ff.（405）.

〔27〕 R. Alexy（前注9）Theorie，S. 454. 作为其例子，他列举出扶助请求权、劳动权、居住请求权、接受教育的权利等权利。

〔28〕 保护请求权是从权利主体——国民的视角把握保护义务的概念。关于对应于国家保护义务的具体保护请求权的成立与否及其要件，学术界存在争议。阿历克西广泛肯定"主观化命题"这一主观权利性质，因此可能在具体权利意义上使用"Recht auf Schutz"这一用语［阿历克西（前注9）《名城法学》第44卷第1号］。但一般而言，人们并不一定在具体权利意义上使用这个概念。这就如同日本的"生存权"。例如，尽管伊森泽的书名为"Das Grundrecht auf Sicherheit"，但他否定宪法上的直接请求权。

〔29〕 R. Alexy（前注9）Theorie，S. 410.

阿历克西的保护请求权定义直截了当地展现了所谓的法的三极关系。[30]施特恩也反对把保护义务与社会权看作硬币的正反两面。他认为，社会权无法承认作为保护义务的特征的法的三极关系，而且社会权与保护义务具有不同的问题结构。[31]

那么，法的三极关系究竟是不是保护义务所不可或缺的要素？它是否只是保护义务的典型事例的特征？关于这一点，学界存在着争论。[32]不过，这个问题不会相对化区分保护义务与社会权的必要性。罗贝斯指出，阿历克西的定义过于狭窄，因为阿历克西把保护请求权的对象限定于法的三极关系。对于保护请求权与社会权的区别，罗贝斯做出了如下的概述：

"…… 从历史发展而言，社会权概念明显区分于寻求安全的权利。我们使用社会权概念，应当限于寻求：超出对已有法益侵害的防御的、财产给付权。保护请求权……只是保障已有法益的存续。……保护请求权的目的并不在于生活条件的提升，而在于生活条件的维持。……保护请求权并不把法益的增大作为其目的，而是把更为确实的保护作为其目的。"[33]

2. 历史、思想史背景不同

有人主张，从历史、思想史的视角，也有必要区分保护义务与社会权。也就是说，后者（社会权）把社会国家的出现作为其国家观上的背景，而基本权利保护是自由主义法治国所"自明的"[34]。它"完全相容"于自由主义的基本权利理解。[35]因为作为国家目的的保护义务伴随近代国家的确立而早已存在。

----

[30]　本书第 44 页。

[31]　K. Stern（前注 9）Staatsrecht Ⅲ/1, S. 948.

[32]　本书第 46 页。

[33]　G. Robbers（前注 9）S. 126 f.

[34]　D. Murswiek（前注 20）S. 105.

[35]　D. Murswiek（前注 20）S. 123.

第一，尤其强调这一观点的是伊森泽。通过历史性考察，伊森泽把近代国家成立以后的国家的目的、国家的正当化根据划分为如下三个阶段：[36]

首先，第一阶段是"权力独占性近代国家"阶段或"霍布斯（Hobbes）阶段"。在这个阶段确保市民相互间的和平共存才是国家正当性根据、国家目的。其次，这一阶段过渡至"自由主义阶段"，这个阶段的特征是从绝对主义近代国家向"法治国"的过渡。在这个阶段注重的是在国家权力的滥用中防御每个人的自由，即确保每个人的自由不受国家的侵犯。最后，从这种自由主义的、市民的法治国过渡至"社会法治国"。在这个阶段，国家对于"社会安全"也要承担责任。

上述的三个正当化要因，即"不受其他市民侵犯的安全""不受国家侵犯的安全""社会安全"之间是否具有排他性？它们之间不仅不具有排他性，而且它们都同等地得到现行宪法的承认。尽管这些是遵从"历史性发展的法则"，为了从支配性威胁中维护每个人而得以展开的，但向下一个阶段的过渡并不意味着对前一阶段的否定。如同社会国家的出现并不意味着对法治国的否定，而是对法治国的新目的的追加，法治国是以近代国家的维护安全功能为前提，基于权力滥用是对每个人自由的首要敌人这一认识，为了防止权力滥用而确立的观念。

第二，按照这种区分，并不是国家积极给付的所有问题都

---

[36] J. Isensee（前注9）S. 17 ff.；ders., Staat und Verfassung, in: Isensee/Kirchhof（Hrsg.）, HdbStR Ⅰ, 1987, § 13 Rdnrn. 102 f.；ders., Die Friedenspflicht der Bürger und das Gewaltmonopol des Staates, in: G. Müller u. a.（Hrsg.）, Staatsorganisation und Staatsfunktion im Wandel, Festschrift für K. Eichenberger zum 60. Geburtstag, 1982, S. 23（26 ff.）；Chr. Starck, in: v. Mangoldt/Klein/Starck, Das Bonner Grundgesetz, Bd. 1, 3. Aufl. 1985, S. 13 f.

属于社会权或社会国家问题。具有社会意义（sozial）是限于免受"经济生活上的风险"的保护，[37]免受贫困、疾病、失业等"命运打击"的保护。[38]具有社会意义仅仅指每个人能够获得、享受法益的各种前提问题，因此，从本质上区别于"传统意义上的"安全——它以对已有法益的不可侵犯性作为其目的。[39]一般认为，应把早在近代国家成立之初就成为正当的国家目的的保护义务意义上的给付区别于具有不同历史背景的社会国家给付。[40]

因此，依伊森泽的认识，因第一次堕胎判决而受到关注的保护义务并不是什么新的观念，而实际上是极为传统的观念。联邦宪法法院强调基本权利保护作用"唤醒了其被人们遗忘的一面，但并没有在法治国宪法中添加了新的内容[41]"。[42]

3. "自由主义意义上的积极地位"（status positivus libertatis）与"社会意义上的积极地位"（status positivus socialis）

依上述认识，属于"积极地位"的基本权利或基本权利法作用的性质并不单一。

伊森泽把积极地位进一步划分为"自由主义意义上的积极

---

〔37〕 J. Isensee（前注9）Das Grundrecht auf Sicherheit, S. 33.

〔38〕 J. Isensee, Verfassung ohne soziale Grundrechte, Der Staat Bd. 19（1980），S. 375.

〔39〕 J. Isensee（前注9）S. 22, 33; ders.（前注38）Der Staat Bd. 19, S. 375.

〔40〕 关于同样的趣旨，参照 D. Murswiek（前注20）S. 123; G. Hermes（前注9）S. 119 f.; G. Robbers（前注9）S. 126; E. Klein（前注9）NJW 1989, S. 1633（1639）.

〔41〕 J. Isensee（前注9）S. 33; K. Stern（前注9）S. 946.

〔42〕 不过，对此有必要作出若干保留。尽管作为国家目的论、国家的任务尚且如此，但把它理解为基本权利的要求的想法实际上是一种新的观念。这一点参照 Chr. Starck, Grundrechtliche Schutzpflichten, in: ders., Praxis der Verfassungsauslegung, 1994, S. 46（64）.

地位"与"社会意义上的积极地位"。[43]根据他的理解,"社会"
权概念只能适用于后者,而保护义务、保护请求权包括作为传统
受益权的接受审判的权利等均是自由主义的积极权利,[44]属于
前者的范畴。自由主义意义上的积极地位这一称呼,一方面体
现了寻求保护的权利属于积极权利;另一方面还显示了它具有
与作为消极地位(status negativus sine libertatis)的防御权共通
的一面。

(三)区分的意义与界限

(1)不过,区分保护与社会国家给付的观点并不是新的见
解。关于《基本法》第 1 条第 1 款规定的人的尊严保护,联邦
宪法法院早在判例集第一卷的判决中就指出:"尽管这个规定是
为了'保护'而课予国家积极作为义务,但它并不是为了免受
物理性困境而实施的保护,……而是为了人的尊严不受他人的
侵犯而实施的保护。"[45]从而明确区分了两种给付的性质。另
外,在 1950 年代,迪里希[46]也强调了两种给付的区别。[47]

(2)如同后述,上述的社会国家意义上的法关系与保护义
务的二分论还关联于日本的经济自由积极规制与消极规制二分
论。从这个意义上,这种二分论并不是德国特有的讨论,而具
有普遍性。但与此同时,我们会提出如下疑问:这种区别是否

[43] J. Isensee(前注 9)S. 21 f.

[44] J. Isensee(前注 38)Der Staat Bd. 19, S. 374 FN 26. 关于保护义务与传统
受益权的关系,参照 G. Hermes(前注 9)S. 184 f.

[45] BVerfGE 1, 97(194). 不过,本文所讨论的是作为基本权利一般理论的
"保护"概念,这一概念是否与《基本法》第 1 条第 1 款中的"保护"具有相同内
容?这一点应另当别论。

[46] G. Dürig, in: Maunz/Dürig, Grundgesetz-Komm.(1958), Art. 1 Abs. 1 Rd-
nr. 3.

[47] 关于着眼于各种给付权的区别,尝试其分析的先驱性研究之一,参照
M. Kloepfer, Grundrechte als Entstehungssicherung und Bestandsschutz, 1970.

可能？在什么样的限度内这种区别才有可能？

对于伊森泽提出的国家目的三阶段发展论，H. P. 布尔（Bull）指出：在历史上，每个国家目的的实际并没有按照这个顺序出现，三阶段发展论只不过是提出了思想史上的大体倾向而已。[48]另外，即便是在这种保留的前提下承认三阶段发展论的合理性，我们仍会产生这样的疑问：在具体的情形下，我们是否总能区分出社会国家意义上的作用与前社会国家意义上的保护作用？

迪特莱因[49]一方面主张原则上应区分社会国家意义上的作用与保护作用；但另一方面指出了无法区别两者的例子：国家的住宅供给、房租补助可寻求双重性质的保护，即改善无家可归者的社会状况的同时保护其生命、身体免受他人的侵犯。可以说，现实中有不少情况是：某种措施追求多个目的或一个措施中混合存在积极目的与消极目的。

另外，因基本权利保护义务定义的不同，相同的措施有时可能被分类为保护义务，而有时可能被分类为社会国家。就上述的保护义务与社会权区别论而言，其区分标准也因学者而不同。

同时，依如何把握某种措施的规制对象的结构，保护义务与社会国家之间的边界也发生变化。比如，对于私人之间发生的契约意义上的侵害，伊森泽[50]指出，既然缔结契约是要求保护者本人的行为，就不存在基本权利保护义务的前提条件——"个人侵害"。而且伊森泽把保护义务论的对象限定于侵权行为，

141

---

〔48〕 H. P. Bull, Staatszwecke im Verfassungsstaat, NVwZ 1989, 801 ff. （804）.

〔49〕 J. Dietlein（前注 9）S. 104.

〔50〕 J. Isensee, Das Grundrecht als Abwehrrecht und Staatliche Schutzpflicht, in: Isensee/Kirchhof, HdBStR Bd. V, § 111, Rdnr. 128 ff.

并把契约法上的"保护"视为"社会国家意义上的保护"。[51]很显然，这是不同于通说的。

（3）一般认为，应区分社会国家给付与保护意义上的给付，因为一方面很难把在第一次堕胎判决中确认的作为刑罚要求的基本权利归结于社会国家原理，[52]而另一方面也不应把生活保护意义上的给付纳入基本权利保护义务论。

但与此同时，应当承认：我们无法区分社会国家作用与保护作用，而且这种区分是没有实际意义的。因此，笔者认为，符合实际的做法是：以两者存在重复领域为前提，主张宽松的区分论。[53]

---

〔51〕 关于这一问题的提出，参照第七章"基本权利保护与自我决定"第281页以下。

〔52〕 如果把这一点从社会国家意义上予以说明，就会变成如下严重违反人的尊严的说明：为使公共养老金制度得以维持，需要保持一定的出生率，为此，有必要依靠刑罚的威慑阻止堕胎，从而确保一定的出生率。当然，国家的保护手段是多样的。有时可以以保护义务论为前提，通过对孕妇及母子的社会国家给付，实施对胎儿生命的保护。从这个意义上，基本权利保护义务与社会国家给付之间的确存在关联，但这并不相对化本文所述的两个概念的区分。

〔53〕 区分论的体系意义如本文所述。不过，在实践上可以认定为如下两点：①以法的三极关系作为前提的保护义务与自由权（防御权）的冲突、社会权与自由权的冲突这两种冲突的问题结构是不同的；②我们区分规范性给付与伴随预算的物质性给付这两者具有实践意义。对于后者，穆斯维克阐述如下："尽管基本权利形成的经济状况依赖性是理解给付国家意义上的基本权利的必然归宿，但不应把它转用于保护义务。……保障生命、身体、自由及财产不应被现代国家是提供各种给付的给付国家这一事实相对化。……对这种侵害的保护是宪法所严格命令的。同服务于该目的的其他给付一样（例如，依司法的权利保护、依警察的保护等），国家不应依赖于每次经济状况的好坏这一偶然要素。" D. Murswiek（前注20）S. 124；M. Sachs（前注1）S. 717 f.；G. Hermes（前注9）S. 120；R. Alexy（前注9）Theorie, S. 414. 从实际而言，要考量要求保护的基本权利法益的重要性与个别案件的各种情况，但从一般论而言，不仅对保护的"如何"，而且对于"是否"都可适用上述观点。

三、基本权利保护义务与防御权

142

伊森泽提出的"自由主义积极地位"类型显示：基本权利保护义务具有与防御权共通的一面。

保护义务与防御权都把排除对基本权利法益的侵害作为其内容，而且都符合自由主义理念。不过，两者在如下两个方面存在差别：一是侵害法益的主体，二是对国家的要求。在防御权中，国家是基本权利的侵害者，对国家的要求是侵害不作为；而在保护义务中，侵害者是国家以外的第三人，对国家要求的是积极作为，国家是基本权利的维护者。[54]

尽管如此，现实中却存在着这样的情形：虽然侵害直接起因于个人的行为，但由于某种原因，可以将其视为国家自身的侵害。比如，当通行于国家设置、管理的道路的私人车辆排出的废气、噪音损害近邻居民的健康时，合理的做法应当是将其视为国家的侵害即防御权问题，而非私人的侵害即保护义务问题。

如果我们极端地放宽，把这种个人行为"归责"于国家的要件，就会导致这样的结果：个人行为最终都成为国家的基本权利侵害，保护义务论只是在极其有限的范围内才得到承认。

施瓦贝和穆斯维克主张这种归责理论。他们认为，原则上[55]无需保护义务。

（一）施瓦贝的保护义务不必要论

143

1. 要点

施瓦贝学说的前提是：把私人"合法"（即法没有禁止）侵

---

〔54〕 K. Stern（前注 9）S. 946.

〔55〕 关于法禁止的实效性贯彻，施瓦贝也承认保护义务论的必要性。J. Schwabe, Probleme der Grundrechtsdogmatik，1977, S. 219 ff.

害基本权利法益的行为"归责"于国家。

施瓦贝认为，[56] 我们无法想象"法意义上的空虚领域"（rechtsleere Räume）的存在。也就是说，法没有禁止（verbieten）意味着国家允许（erlauben）其行为。此外，市民有容忍他人合法行为的义务（Duldungspflicht）。也就是说，如果国家没有禁止某种私人侵害基本权利法益的行为，则市民负有容忍该侵害行为的义务。对于市民而言，不仅无法通过实力来排除它，而且既然该侵害行为没有被法律所禁止，也就无法通过裁判排除它。其结果是市民不得已作出如下选择：要么在受处罚的觉悟下实施实力来排除它，要么就心甘情愿地承受该侵害。

施瓦贝在上述的各种要点——即不存在禁止（国家允许）、容忍义务、容忍义务的国家贯彻——中寻找把私人的侵害归责于国家的根据。国家没有禁止某一行为的结果是：国家在允许其行为的同时，对其他市民课予容忍义务。进而，法院在个别事例中具体确认该容忍义务。而对于私人的侵害行为，国家绝不可能处于局外中立的地位。合理的解释是：国家通过容忍义务的课予及贯彻，"拥护"（abschirmen）私人的侵害行为，并"参与"（beteiligen）到其中。其结果是侵害即便直接起因于私人的行为，也被归责于国家，并被视为国家自身的侵害。此时，我们将比照防御权判断其合宪性。

144　　2. 问题

与上述观点不同，通说把保护义务定格为——防御权以外的另外的法作用。通说认为，尽管在确保已有的法益这一点上，保护义务具有与防御权共通之处，但两者的共通性仅此而已。

第一，如上所述，施瓦贝的归责理论由三个要点构成，下

---

[56]　以下部分参照 J. Schwabe（前注 55）S. 213 ff. m. w. N.

面将讨论其中的核心要点，即基于容忍义务的归责。

"容忍义务"是一个含义极其不明确的概念，这一点暂且不论。我们首先需要弄清楚的问题是——不存在禁止是否直接课予全面的容忍义务。

作为一般论，或许人们认为：既然某一行为在法律上没有被禁止，那么，就不能妨碍它的实施，这是理所当然的。但实际上对于他人的这种行为，每个人并不是完全处于无防备的状态。既然成为问题的行为没有被禁止，那么，每个人就无法使用法意义上的制裁手段去阻止该行为。另外，使用暴力手段的解决是法所禁止的。不过，法并不是连"每个人通过采取其他适当的手段避免侵害的发生或应对侵害"这一点也禁止。[57]比如，现行法律中并不存在明文禁止通奸的规定，但这并不意味着法律命令配偶袖手旁观其丈夫或妻子的不贞行为。[58]

可见，对立于禁止的不存在而成立的容忍义务并不是强迫做全面的容忍。因此，下一个需要弄清的问题是：这种容忍义务可否成为把私人行为归责于国家的根据？

第二，阿历克西[59]把上述容忍义务的内容划分为两个阶段。以被动吸烟为例，容忍义务包含如下两个内容：①"A并不具有要求B禁烟的权利。"②"通过A不能采取特定方法（如行使实力）妨碍B吸烟来保障B的吸烟自由。"

首先，国家没有赋予A要求B禁烟的权利这一事实并不意味着国家违反防御权。因为"国家本应当赋予A此项权利，却并没有赋予"与"A针对国家拥有身体不可侵犯的不作为请求

〔57〕　G. Robbers（前注 9）S. 128 f.；M. Sachs（前注 1）S. 730.
〔58〕　G. Robbers（前注 9）S. 128 f.
〔59〕　R. Alexy（前注 9）Theorie, S. 418 f.

145

权，而国家却侵犯此项权利"这两者属于不同层面的问题。[60]
在这个意义上，违反基本权利的是限于因保护不足而违反积极
地位的情形，而无关于消极地位。

其次，关于容忍义务的第二个层面，即禁止自力救助，阿
历克西通过举出如下两个论据，[61]批评了以禁止自力救助为根
据把私人的基本权利侵害转换为国家行为的理论构成。一是如
果依据禁止自力救助而承认归责，法律上没有被禁止的无数行
为都将成为国家行为；二是如果要借助容忍义务推导出私人活
动的国家责任，合理的推论是：既然国家要通过课予容忍义务
从市民手中剥夺自力救助的各种可能性，国家就应承担在合理
范围内给予保护的义务。［关于禁止自力救助与保护义务的关
系，进一步参照后述的（二）2］

第三，依照施泰格尔（Steiger）[62]的观点，以上论述可概
括如下：要求国家作为的保护义务与要求国家不作为的防御权
之间存在着本质上的结构区别。这个区别并不因国家容许某种
私人的行为或国家没有阻止该行为而被相对化。施瓦贝的观点
中已经把国家负有应禁止该行为的义务作为其默许的前提，但
并没有说明把作为与不作为一视同仁的理由。[63]

也就是说，如果不把国家的"全面性保障义务"（universelle
Einstandspflicht）作为前提，阿历克西所说的"没有被禁止的所
有行为将被归责于国家"这一命题是不能成立的。[64]

〔60〕 R. Alexy（前注9）Theorie, S. 418.

〔61〕 R. Alexy（前注9）Theorie, S. 419.

〔62〕 H. Steiger, Verfassungsrechtliche Grundlagen, in: Salzwedel（Hrsg.）, Grundzüge des Umweltrechts, 1982, S. 42.

〔63〕 H. Steiger（前注62）S. 42.；G. Hermes（前注9）S. 97.

〔64〕 R. Alexy（前注9）Theorie, S. 417 FN 88.

（二）　作为容忍义务之补偿的保护义务——穆斯维克

施瓦贝否定保护义务论，并试图用防御权法理阐释私人的基本权利侵害，但如上所述，其观点中存在很多问题。穆斯维克也批评施瓦贝的学说，指出：[65]"仅仅用基本权利的防御权作用无法论证保护义务，施瓦贝……忽视掉了这一点。""从基本权利的防御权作用中推导出保护义务，要有一个前提——禁止自力救助。"

尽管如此，穆斯维克与施瓦贝都主张：在防御权意义上重构私人行为的归结。

1. 要点

穆斯维克认为，国家作为的基本权利侵害与国家不作为的基本权利侵害之间不存在本质区别。[66]与施瓦贝的主张一样，构成其前提的仍是这样一种想法：私人的侵害被"归责"于国家，进而被视为国家自身的侵害。但不同的是，穆斯维克通过近代国家的权力独占及国家的安全义务增补了其论据。

国家[67]独占行使实力的可能性，并禁止市民用实力来实现自力救助（除了例外情形之外）。[68]国家通过独占权力贯彻这一禁止。[69]对于他人的违法侵害，市民可以用法律手段防御其侵害。但如果法律没有禁止该侵害行为，市民只能容忍其侵害行为。禁止私人行使实力是对合法侵害的一般容忍义务的基

---

〔65〕　D. Murswiek（前注 20）S. 109 und 110 FN 31.

〔66〕　D. Murswiek（前注 20）S. 66.

〔67〕　另外，穆斯维克把保护义务区分为"第一次性保护义务"与"第二次性保护义务"。前者是立法机关负有的禁止私人侵害基本权利法益的义务，而后者是有效保障这一禁止的各国家机关的义务（前注 20, S. 108 ff., 111 ff.）。在这里只举出前者。

〔68〕　D. Murswiek（前注 20）S. 104.

〔69〕　D. Murswiek（前注 20）S. 102.

础。[70]

穆斯维克将私人侵害归责于国家的根据寻求于这个容忍义务。[71]因为只有国家为市民排除他人侵害时，才能要求市民服从法律、禁止行使实力。[72]也就是说，禁止市民行使实力的同时，国家负有保护市民不受违法侵害的一般义务。[73]国家规定允许私人做出的行为与禁止做出的行为。如果国家放任侵害基本权利法益行为，就意味着国家迫使市民容忍这种行为，并造成对自由的国家的不当制约。[74]

国家违反一般保护义务而产生的侵害不仅被归责于国家，而且意味着国家以不作为方式侵犯了作为防御权的基本权利。[75]因此，保护义务的范围取决于该基本权利的防御权性层面，[76]其合宪性审查基准等同于国家自身做出侵害的情形。[77]穆斯维克强调保护义务与基本权利的防御权性层面的"相互补充性"，[78]并指出："保护义务……正是通过消极意义的（negatorisch）基本权利的防御权性作用得以贯彻。"[79]

2. 问题

施瓦贝学说的问题在于：如果不把国家的概括性保护义务或保障义务放置于其前提，他的立论将不成立。而穆斯维克却把这种义务明确放入其立论之中。也就是说，施瓦贝是从容忍

---

[70] D. Murswiek（前注 20）S. 92.

[71] D. Murswiek（前注 20）S. 91.

[72] D. Murswiek（前注 20）S. 102, 104.

[73] D. Murswiek（前注 20）S. 104.

[74] D. Murswiek（前注 20）S. 93, 104.

[75] D. Murswiek（前注 20）S. 107.

[76] D. Murswiek（前注 20）S. 109 f.

[77] D. Murswiek（前注 20）S. 110.

[78] D. Murswiek（前注 20）S. 107, 110.

[79] D. Murswiek（前注 20）S. 123.

义务中直接得出违反防御权这一结论，相比之下，尽管穆斯维克也同样以容忍义务为媒介，但他首先把国家的一般义务定格为市民的一般容忍义务的代价，并以容忍义务是对所谓自然自由（自力救助自由）的制约为由，得出保护不足即为违反防御权的结论。

笔者认为，如果把这种国家的一般义务作为前提，那么，法没有禁止的私人行为被归责于国家并不是不可能的（尽管其理论结构变得过于复杂）。也就是说，按照穆斯维克的学说，我们首先把法没有禁止的所有私人行为（大体上包括没有危害的行为，比如个人性质的看戏招待）归责于国家，并把它视为国家自身的行为。其次，如同上述的看戏招待行为，当行为本身不会侵害其他市民的宪法法益时，要么不把它解释为基本权利侵害，要么先把它解释为基本权利侵害，在此基础上对其予以正当化。

不过，穆斯维克的理论构成中也存在几个问题。比如，与施瓦贝一样，穆斯维克也把不存在禁止理解为容许，并从中推导出一般容忍义务［前述一（2）］。一般认为，穆斯维克学说中存在如下几个问题：

首先，穆斯维克把不存在国家禁止作为其立论的要点，但我们无法用这一要点说明保护义务论应处置的所有事例。不存在国家的禁止这一论据是以国家禁止的可能性为其前提，但保护义务论应对的侵害并不限于国家实际能够从法律上予以规制的情形（如在国内发生的私人侵害其他私人的基本权利法益的情形）。比如，对于免受外国侵害的保护（穆斯维克也承认这个情形下的国家的保护义务[80]），我们无法从不存在国家禁止中找出其根据。[81]

---

〔80〕　D. Murswiek（前注20）S. 110.
〔81〕　M. Sachs（前注1）S. 731 f.；G. Robbers（前注9）S. 127.

其次，穆斯维克把国家的一般保护义务与禁止自力救助、市民的容忍义务理解为表里关系，并把保护义务建构为禁止自力救助的代价。不过，他的理论的这一核心部分也有问题。如果在理论上主张保护义务是作为禁止自力救助的代价而得以成立，保护义务仅仅在每个人能够做到自力救助且国家已禁止自力救助的情形下才得以成立。[82]进而限于具备自我防卫实力的、社会的强者，保护义务才会得到承认。而对于那些不具有靠自力排除他人侵害的实力的弱者而言，作为禁止自力救助代价的保护义务这一理论建构只能成为一种观念。不过，就像堕胎判决所直接指出，对外部的攻击毫无对抗能力的人，我们应承认保护义务。不仅如此，正因为是弱者，我们才承认保护义务。[83]

相反，法律上的、事实上的自力救助的可能性并不直接排除保护义务的成立。[84]

基于上述理由，我们不能把保护义务解释为容忍义务的代价。的确，在保护义务与容忍义务、禁止自力救助之间存在着密切的理论关系，但那不是从后者推导出前者的一种关系，而应当被理解为：正是因为保护义务得到承认，所以容忍义务及禁止自力救助得到正当化。[85]"国家对每个人权利的保护，并不是禁止自力救助这一事实的映射，而是国家原本就具有的责任。"[86]

---

[82] M. Sachs（前注1）S. 732.

[83] G. Robbers（前注9）S. 127.

[84] G. Robbers（前注9）S. 127.

[85] 因此，对施瓦贝的阿历克西的批评之二（参照本书第140页）也不是合理的理论构成。

[86] M. Sachs（前注1）S. 732. 另外，关于"保护义务的宪法上的基础建构"，参照后述的第五章。

（三）补论——迪特莱因的见解

迪特莱因[87]一方面对保护义务的防御权论据表示理解，另一方面却（作为结论）主张不能从防御权意义上论证保护义务。下面概观其主张。[88]

（1）迪特莱因首先支持施瓦贝、穆斯维克的学说，并承认划分私人相互间自由边界的所有规范的"双重效力"（Doppelwirkung）或"双面关联性"。[89]也就是说，在不能违背他人的意志而阻止、终结其"合法"行为这个意义上，每个人都负有容忍义务。虽然通说反驳称"即使在这种情形下，每个人仍可通过影响行为人等手段避免侵害的发生或应付侵害"，但迪特莱因却认为，这一反驳并没有否定容忍义务，反而确认了容忍义务。[90]

其次，迪特莱因基于"侵害"概念[91]驳斥如下观点：即使私人的合法行为侵害基本权利法益，容忍义务也不构成基本权利侵害。构成这一见解基础的是传统意义上的侵害概念。而目前的有关防御权的判例、通说倾向于重构侵害概念，尤其是放宽目的性、直接性的要件。按照新的侵害概念，对侵害他人基本权利法益行为的容忍命令属于基本权利"侵害"。[92]

最后，从比照"一般非侵害原则"（Nichtschädigungsgrundsatz）的阶段开始，迪特莱因与防御权意义上的建构论者划清界限。[93]

150

---

[87]　J. Dietlein（前注9）S. 35 ff., 39 ff.

[88]　作为善意的介绍，参照铃木隆：《德国保护义务的基础》，《早稻田大学大学院法研论集》第76号第85页（1996）。

[89]　J. Dietlein（前注9）S. 39.

[90]　J. Dietlein（前注9）S. 40.

[91]　关于这里所讨论的侵害概念的扩张，参照松本和彦：《作为防御权的基本权利意义与可能性》，《阪大法学》第41卷第1号第243页（1991）。

[92]　J. Dietlein（前注9）S. 41 f.

[93]　J. Dietlein（前注9）S. 46 ff.

尽管《德国民法典》并没有规定一般非侵害原则，但其作为法律上自明原则成为《德国民法典》的前提。该原则被实定化的最为明显的例子就是《德国民法典》第 828 条第 1 款（侵权行为）。《德国民法典》第 828 条第 1 款不仅禁止私人侵害生命、健康、自由、财产，而且通过基本权利的照射效力（私人间效力）禁止私人侵害所有基本权利法益。因此，从市民意义上的法秩序的一般非侵害原则而言，侵害他人健康的行为原则上属于违法。就有害于健康的特定物质而言，即便不存在禁止，也并不意味着国家命令人们容忍对健康的违法侵害。同样，国家禁止特定物质，也并不意味着放弃容忍义务，而只是意味着已有非侵害原则的实效化（Effektuierung）。[94]

（2）关于保护义务的防御权意义上的建构，与以往的批评相比较，迪特莱因的观点中有何新的内容？作为私人的合法侵害与容忍义务的例子，迪特莱因列举了承认私人实施逮捕的《德国刑事诉讼法》第 127 条第 1 款。不过，假如围绕允许私人侵害他人的人身自由这一规定生成宪法问题，即便采取通说，也建构为防御权即依法律侵害自由。显然，这一规定不适合于作为防御权性建构论主张的"双重效力"的例子。如同施瓦贝的做法——作为把私人行为归责于国家的例子，他列举的是通行于公道的车辆造成周边居民的损害——这仍是一个缺乏说服力的例子。不过，这反倒是迪特莱因使用"合法"概念（以一般非侵害原则作为其前提）的一贯结论。

151 因此，在这里成为问题的是，迪特莱因作出的聚焦于"合法"概念的批评是否区别于过去的讨论。罗贝斯等人已指出，不存在禁止并不意味着法律上的容许。比如罗贝斯指出，不能

---

〔94〕 因此，穆斯维克把《联邦公害（immission）防止法》解读成《联邦公害（immission）许可法》是错误的理解。

"用法律上的制裁手段"对抗没有被禁止的行为。但在这里他所讨论的是——立足于施瓦贝、穆斯维克的立论的——公法、刑法上的制裁手段。通奸罪的例子明确了这一点。用一般非侵害义务讨论"不存在禁止"与"合法"只是意味着对施瓦贝、穆斯维克等人所主张的不存在禁止的双重效力的批评。也就是说，如同迪特莱因，如果我们聚焦于《德国刑事诉讼法》第 127 条第 1 款的"合法"的私人活动，不仅可以采用防御权性建构，而且这是自然成章的事情。因为，就侵害概念而言，我们完全可以把这种"合法"活动看作国家的侵害。与此相比较，施瓦贝等人主张的"合法"的范围就宽泛得多，而"禁止"的范围却明显狭窄。

另外，关于防御权意义上的建构，与以往的批评论相比较，迪特莱因的讨论只是提供了依"合法性"概念转换的视角的变化与基于这一点的"容忍义务"概念的重构。[95]

（四）免受国家侵害的"保护"

作为对应于保护义务的防御权意义上的建构的问题，下面讨论保护义务意义上建构"免受国家侵害的自由"的合理性。"免受国家侵害的自由"是防御权的课题。

联邦宪法法院在 1987 年 5 月 12 日的决定[96]中援引了保护、促进义务。在本案中，行政法院的决定——该判决追认了拒绝发放外国劳工的妻子、子女申请的居留许可的行政决定——成为宪法争议的对象。

一般认为，在本案中，国家以不许可的方式侵害了婚姻家

152

[95]　如果考虑到现实中的立法不作为保护义务违反往往以不存在规制设置基因工程设施的法规这一具体形式出现，这种视角上的转变很难对实践性讨论产生有益的影响。在这种情形下，无论是市民法秩序的一般非侵害义务，还是警察法的一般条款都无法成为救济手段。

[96]　BVerfGE76, 1（49 ff.）.

庭生活,[97]因此，可以用防御权法理予以解决。

不过，作为先例，联邦宪法法院并没有引用堕胎判决，而是援引了有关《基本法》第 6 条第 1 款的判例。[98]因此，或许我们可以得出如下结论：把本案建构为"保护促进义务"问题的合理性是区别于学术上的保护义务的、第 6 条第 1 款的"保护"概念问题。[99]不过，在学术上，除了克莱因通过援引本案主张对免受国家侵害的自由也可适用保护义务[100]之外，还存在着如下的见解：当某一国家机关造成侵害时，由其他国家机关提供保护，从这种意义上也可以使用保护义务概念。比如明希（Münch）持这种观点。[101]

笔者认为，这种用法是有问题的。因为，它不仅使保护义务的内涵变得模糊不清，而且也会使基本权利的首要法作用——防御权的边界变得模糊不清。

（五）防御权意义上建构的可能性

基于上述理由，我们不能支持保护义务的防御权意义上的建构或防御权的保护义务意义上的建构。这些见解忽略了保护义务与防御权之间的本质性结构差异，或者用不够充分的理论结构来连接两者。[102]

---

[97] 笔者认为，联邦宪法法院也承认这一点。参照 BVerfGE 76, 1（42, 46）.

[98] BVerfGE 76, 1（41, 49）. 一般认为，最初的判例是所谓的"分割课税判决"（Steuersplitting）（BVerfGE 6, 55）。该判决第 72 页指出，《基本法》第 6 条第 1 款除了具有古典基本权利、制度保障意义之外，还对所有婚姻及家庭法律具有原则规范意义。

[99] 关于《基本法》第 6 条中的"保护"内容，参照前注 3 的各文献。

[100] E. Klein（前注 9）NJW 1989, S. 1633（1636 in und bei FN 36）.

[101] I. v. Münch（Hrsg.），GG-Komm.，Bd. 1, 4. Aufl. 1992, Art. 1 Rdnr. 29.

[102] G. Hermes（前注 9）S. 97 指出：施瓦贝、穆斯维克的见解仅仅是在说明国家基于保护义务承担监督人角色的情形下会发生的结果而已，并没有回答为什么国家承担该角色的问题。

　　不过，我们在区分国家的作为与不作为、保护义务与防御权时会发现重叠的领域，这一点也是不可否认的事实。

　　1. 严格的归责理论

　　（1）当国家与私人的侵害行为之间有着更为积极的关联性时，能否把私人的侵害行为看成是国家的侵害？这一点首先成为问题。

　　实际上，国家可以采用各种方式干预侵害他人基本权利法益的私人活动。与此相应，我们可以根据各种要素分析私人行为归责于国家的可能性。比如赫尔梅斯[103]把它分类成如下几种情形：第一，私人在遵守公物规则的前提下利用公物的行为；第二，国家委托私人行使公权力［船长、机长等的所谓的公权力受托人（Beliehener）］，或者私人的行为属于法定的、实现行政目的的"手段"的情形；第三，国家依据法律、行政行为允许某种活动的情形；第四，国家奖励、援助私人活动的情形；第五，国家并非只是禁止某种行为，而是强加给其他市民（上述意义上的）容忍义务的情形。不过，笔者认为，这种分类也并不是完美无缺的，在有很多时候，一种干预方式可能横跨多项。

　　（2）对施瓦贝、穆斯维克的观点的批评实际上是对这样一种观点——把不存在法的禁止、课予容忍义务看作归责的必要充分条件——的批评。它并不排除更为严格的要件下承认归责的可能性。与归责理论的关联上，如何划定保护义务与防御权之间的边界？关于这一点，我们有必要立足于每个国家干预的形式、程度，进行个别具体的考量。但笔者认为，本书没有必要对此进行具体讨论。在这里，只是作为一种结论，指出如下两点：第一，基于容忍义务的归责理论不具有说服力；第二，

─────────

〔103〕　参照 G. Hermes（前注 9）S. 79 ff.

尽管围绕保护义务的边界存在讨论的余地，但我们应把它理解为独立于防御权的法作用。

尽管保护义务论并非完全否定归责理论，但鉴于保护义务论，即便是忽略掉其理论难点，我们也无需过度扩张归责理论。

154

2. 保护性法律的废止与防御权

也有人从"规范存续的保障"（Normbestandsschutz）主张保护义务与防御权的交错状态。

按照吕贝-沃尔夫的观点，作为防御权的防卫范围的国家的侵害（Eingriff）并非只是在国家直接（Unmittelbarkeit）、合目的地（Finalität）缩减个人的自然自由的情形之下才发生。[104]一般认为，防御权的法理对于国家侵害法律创设的个人的法律地位的情形也具有意义。这种情形包括：一是因法律解释有误而侵害个人应有的法律地位；[105]二是废止已有法律造成对个人法律地位的侵害[106]（即规范存续的保障）。下面关联于立法机关的保护义务，着重讨论第二种情形。[107]

规范存续的保障体现了如下的观点：并不把废止已有的保护第三人的法律所带来的保护缺失看作立法不作为，而是看作对于该法律所赋予的法律地位的立法机关的积极侵害，并主张把它作为防御权问题建构相关理论。穆斯维克是基于国家哲学性、原理性观点扩张了防御权的防卫范围，而吕贝-沃尔夫则是基于极其技术性的观点提出了问题。[108]

---

〔104〕 G. Lübbe-Wolff, Grundrechte als Eingriffsabwehrrechte, 1988, S. 42 ff.

〔105〕 G. Lübbe-Wolff（前注 104）S. 105 ff.

〔106〕 G. Lübbe-Wolff（前注 104）S. 125 ff.

〔107〕 同第一种情形的关联上，可成为问题的是对违法建筑许可的第三人诉讼，但在这里不予以讨论。

〔108〕 吕贝-沃尔夫强调自我防御权为"解决案件技术"视角上的概念（前注104，S. 23.）。

　　我们可以把保护义务的典型判例——堕胎判决看作其具体事例。在本案中，法院认为，立法机关修改德国《刑法》第218条导致的附期限的堕胎自由化，实际上低于宪法上的必要而最低限的保护。于是，法院判定立法机关违反《基本法》第2条第2款、第1条第1款规定的保护义务。也就是说，如果仅仅着眼于刑法修改导致的保护的缺失，本案就属于立法不作为的问题，很难与防御权挂钩。但如果着眼于立法机关以作为方式缩减过去一直存在的《刑法》上的保护，本案就属于国家侵害的一种形态，从而成为防御权问题。[109]

　　不过，即便不考虑"作为与不作为的区别可成为包括刑法在内的所有法学的课题"这一点，在这里所提出的问题也并不是保护义务所固有的问题。就日本宪法而言，除了废止居家投票制度之外，在所有给付立法中也会生成此类问题。关于给付立法的退步，防御权是否具有意义、在什么范围内具有意义，这是防御权论的课题。但笔者认为，当某个法律规定被解读成保护义务的必然要求时，我们完全可以把删除该规定建构为违反防御权。[110]

　　于是，出现的问题是：保护义务论的意义或适用范围是否因规范存续的保障观念而遭到缩减？

　　我们已有不少旨在保护私人不受第三人侵害的法律。我们不仅应当为了应对新的侵害制定新的法律或修改法律，而且还应当保持已有的法律，确保其不被废除。后者的重要性并不亚于前者。从这个意义上而言，保护义务问题的一半将是防御权问题即消极地位的问题，而作为积极地位的保护义务所应对的只是剩下的一半。

155

----

〔109〕　G. Lübbe-Wolff（前注104）S. 136 ff.

〔110〕　M. Sachs（前注1）S. 668.

对于这个问题，我们可以从如下两个方面予以考虑：

第一，即便假设保护法律的改废是防御权问题，我们只有根据保护义务论（而非防御权法理），才可判断出：什么样的法律才是保护义务的必然具体化（继而判断出：改废哪些法律会违反防御权）。[111]也就是说，在这个领域里，防御权理论只能被作为实现保护义务的一种技术手段。

第二，即便假设有关保护义务问题的一半是属于防御权问题，也不会变更保护义务的积极地位之定位。也就是说，即使把规范存续的保护建构为防御权问题，也并不妨碍把保护义务的问题作为一个整体编入积极地位。因为从理论上而言，已有法律的存续只属于次要的问题。[112]作为理论上的先行问题，在保障保护规范的存续背后存在的是国家应采取什么样的立法措施这一积极地位的问题。国家是否已经履行了这一作为义务？还是国家将来的履行成为问题？这种区别只是次要的、技术性的。[113]

也就是说，如同禁止生存权制度的退步这一层面不会使作为积极权利的生存权变成无用之物，规范存续的保障不会替代保护义务论。

四、区别的归结

（一）作为非防御性、非社会国家作用的保护义务

如上所述，国家的基本权利保护义务属于国家的作为义务。

---

〔111〕 与要求组织、程序的权利的关联（而非保护义务），参照 R. Alexy（前注9）Theorie, S. 436.

〔112〕 同样，与要求组织、程序的权利的关联，参照 R. Alexy（前注9）Theorie, S. 435 f.

〔113〕 R. Alexy（前注9）Theorie, S. 436.

因此，保护义务区别于防御权，因为防御权是要求国家不作为的消极权利。另外，从应处置问题的性质、理念史背景来看，基本权利保护义务也不同于社会权（社会国家意义上的给付义务）。

（1）在本章中将保护义务区别于防御权的根据是作为与不作为的结构性区别，而这并不是德国所固有的讨论。作为与不作为、消极地位与积极地位的区别也是日本的人权论所确立的指标。日本的人权论继受了耶利内克（Jellinek）的公权体系论。对于耶利内克的公权体系论，有人批评称，其是历史制约中生成的社会权的定位问题、死板的范畴化的界限。不过，社会权的适用不会相对化作为义务与不作为义务的区别。[114] 后者 [115] 中包含着对于公权体系论的本质性的问题提起。它批评了完结性、排他性地捕捉各自"地位"的做法。作为、不作为，积极、消极的区别无关于僵化的分类的合理性，上述批评也不要求放弃这一区别本身。

（2）在日本，历史、思想背景的区别也是已知的视角。日本的学说也把这一视角看作区分社会权与自由权、社会权与传统受益权的指标之一。[116] 接受裁判的权利等受益权之前加上"古典的"这一形容词正反映了这一点。

另外，如上所述，这一视角也关联于公共福祉的两种类型——

[114]　宫泽俊义：《宪法Ⅱ（新版）》第88页以下（1971）中也区分"消极的受益关系"与"积极的受益关系""积极的公权"，保持了消极——积极对应关系。另外，参照佐藤功：《日本国宪法概说（全订第五版）》第125页以下（1996）、佐藤幸治：《宪法（第三版）》第443页以下（1995）。

[115]　参照奥平康弘：《人权体系及其内容的变迁》，《日本国宪法30年的轨迹与展望》（法学家临时增刊）第244页以下（1977）。

[116]　参照桥本公旦：《日本国宪法（改订版）》第377页（1988）。另外，宫泽俊义（前注114）第92页把区分社会权与传统受益权的指标寻求于具体权利性（而非理念史意义），因为该书的分类理论根基于国家与国民之间的法作用。

限制经济自由中的积极目的与消极（警察）目的的二分论。[117]
对于积极规制与消极规制的二分论，原本就存在着权威性的批
评。[118] 的确，我们无法总能明确辨别两种规制目的，而且一个
法律可以追求多个目的，因此，用二分论切割违宪审查基准是
不合理的。不过，笔者认为，历史、思想史意义上的不同、应
对问题的不同可成为在基本权利总论层面上区分基本权利保护
义务与社会权的指标。

（二）关于保护义务的宪法根据的归结

通过基本权利保护义务的定位，我们可以就保护义务的宪
法根据得出如下的结论。首先，既然保护义务区别于防御权，
保护义务不同于防御权——无需理由的基本权利的自明作用，
不允许把基本权利的保护作用视为理所当然的作用。其次，既
然保护义务区别于社会权，也不允许我们用《基本法》中有明
文规定的社会国家原理（或者《日本国宪法》第 25 条[119]）来
建构保护义务的基础。

联邦宪法法院从人的尊严（《基本法》第 1 条第 1 款，该条
款明确规定"保护"）和基本权利的客观法层面推导出了基本
权利保护义务。学术上的权威观点还包括援引国家目的的见解。
这种基础建构正体现了本章所确认的、保护义务的非社会国家

158

---

〔117〕 最大判昭 47・11・22 刑集第 26 卷第 9 号第 686 页（零售市场案判决）、
最大判昭 50・4・30 民集第 29 卷第 4 号第 572 页（药剂师法违宪判决）。
〔118〕 户波江二：《职业自由》，《法学教室》第 57 号第 21 页（1985）；栋居快
行：《再议营业自由违宪审查基准》，《人权论的新构成》（栋居快行）第 215 页以下
（1992、初版 1985）；园部逸夫：《经济规制立法违宪审查备忘录》，《现代立宪主义
的展开（下）》（芦部信喜古稀论文集）第 187 页以下（1993）；藤井俊夫：《经济
规制与违宪审查》第 25 页以下（1996）。
〔119〕 当然，从《日本国宪法》第 25 条中排除社会国家色彩，将其解读成技术
意义上的积极权利的总则性规定也是可能的。

性作为义务性质。[120]

（三）关于基本权利的体系性理解的归结

通过本章的考察，我们可以就基本权利的体系性理解得出如下两个结论。

（1）耶利内克的公权体系论是对每个基本权利的类型化，因此具有局限性。[121] 目前，在日本占据权威地位的类型论是，缓和类型的僵化性质，并承认基本权利的从属性内涵的相对类型论。但这种类型论也是以每个基本权利作为单位的类型建构。从这一点上，它与耶利内克的类型论没有区别。两者的区别只是在于它稍微缓和了基本权利与地位之间的一对一的对应关系。

不过，如果从正面接受某一基本权利具有多个法的作用这一点，我们应当建构以法的作用为单位的类型论，而不是以基本权利为单位的类型论。在德国，人们通常把基本权利总论中的类型论看作"基本权利的各种作用"（Funktionen der Grundrechte）。

在德国，原则上把社会权排除在《基本法》的基本权利目录之外，而且把参政权规定在基本权利以外的章节中。这些都同日本的情况不一样。另外，德国不得不直面从自由权规定中推导出超出防御权的法的作用的必要性，其程度远超日本。其类型论也转变为以法的作用为单位的类型论。这些都是很自然的事情。然而，在日本，以基本权利为单位的类型论得到支持的背景包括日本人权论学者们对"依国家的自由"持怀疑的态度，慎重对待其承认的问题。[122] 因为现在占据支配地位的类型

159

---

[120]　具体参照第五章"保护义务的宪法上的基础建构"。

[121]　关于这一点，参照 M. Sachs（前注 1）S. 455.

[122]　芦部信喜：《回顾人权论 50 年》，《公法研究》第 59 号第 1 页、第 12 页以下。

论在展示每个权利、自由的核心内涵上优势明显。[123]

有一时期德国的讨论情况是：在没有品读第二层面的内容与结论的情形下而直接迈进至无条件的基本权利的双重性格论，而日本学界是在经常检讨有无与首要内涵的龃龉的基础上，慎重展开次要内涵。笔者认为，相比之下，日本的讨论更有条理。[124]不过，不能否认的是，这种讨论方式具有对症疗法的属性，而且过去的类型论切断了分析根基于每个基本权利的各种法的作用的渠道。笔者认为，尽管不应当仅仅依靠法的作用的分类与分析类型化日本宪法的人权，但至少可以在进行过去的以基本权利为单位的类型化的基础上，再实施以法的作用为单位的分类与分析。

（2）不应当把从自由权意义上的基本权利中推导出的积极权利笼统地称为"社会权意义上的权利"。在日本，有时会使用"自由权的社会权意义层面"概念，但什么是这里所使用的"社会权意义"？同样，什么是"社会权的自由权意义层面"中的"自由权意义"？[125]

"自由权""社会权"有时指的是在特定的历史思想史背景、国家观背景下的权利，而有时却表示不作为请求权、作为请求权这一法的作用，即各自的主要内涵。不过，前一种意义上的自由权、社会权的范围不同于后一种意义上的自由权、社会权的范围。笔者认为，让人易于理解的做法是：对前者使用自由权、社会权这一非技术性概念，而于后者则使用作为请求

---

〔123〕　参照樋口阳一等编：《注解日本国宪法 I》第 177 页以下（佐藤幸治执笔，1994）。

〔124〕　笔者认为，现在的德国的基本权利论从本质上不同于过去的双重性质论，不应把两者视为同一物。具体参照后述第七章第 283 页以下。

〔125〕　有关自由权与社会权的讨论，参照前田彻生（前注 8）的合理阐述。

权、不作为请求权这一技术性概念。基本权利保护义务是从自
由权中生成的、具有积极地位的法的关系，它并不具有社会权　160
意义。

第五章
保护义务的宪法上的基础建构

　　基本权利防御每个人的权利、自由不受国家的侵犯是无需说明的基本权利的自明作用。德国联邦宪法法院在吕特判决中指出："毫无疑问，基本权利的意义首先在于保护每个人的自由空间不受公权力的侵害。""从基本权利理念的精神史发展、基本权利被纳入各国宪法中的经过来看，这一点是非常明确的。"[1]

　　与此不同，就国家负有保护每个人的基本权利法益不受第三人侵害的宪法义务这一命题而言，我们须回答这种国家义务得以成立的实质理由。

　　如何在宪法上建构保护义务的根据，不仅关涉保护义务的范围，而且还牵涉人们对保护义务法理的评价。因为依其基础建构的不同，保护义务有可能加强每个人的自我决定，也有可能自我决定或者抑制每个人的自我决定。

一、联邦宪法法院

　　首先应当考察作为基本权利保护义务生母的联邦宪法法院的理由建构。判例指出的保护义务的根据包括《基本法》第1

---

　　〔1〕　BVerfGE 7, 198（204 f.）.

条第 1 款规定的人的尊严、基本权利的客观法层面。

（一）第一次堕胎判决

关于保护义务的根据，联邦宪法法院在其典型判例——第一次堕胎判决中指出："我们可以从《基本法》第 2 条第 2 款第 1 项中直接推导出保护所有人生命的国家义务。这种义务还产生于《基本法》第 1 条第 1 款第 2 项的规定。因为正在形成的生命也受《基本法》第 1 条第 1 款规定的人的尊严保护。……因此，我们可以从基本权利规范的客观法内容中明确国家承担这种宪法上的生命保护义务的范围。"〔2〕

可见，在第一次堕胎判决中，胎儿生命的保护义务得到了双重基础的支撑，即《基本法》第 2 条第 2 款第 1 项的具体的基本权利规定和《基本法》第 1 条第 1 款的人的尊严的保护规定。不过，有人对"我们可以从《基本法》第 2 条第 2 款第 1 项中……"这一表述提出了质疑，指出由于之前的文书并没有作出实质性的说明，我们无从知道这一逻辑推理的理由。〔3〕

（二）基本权利的客观法层面

（1）在后来的判例中，法院逐渐淡化了在第一次堕胎判决中提出的两个根据中的人的尊严根据。关于保护义务的根据，法院在 1978 年的卡尔卡决定中作出了如下的阐述："依联邦宪法法院确立的判例，基本权利保障不仅适用于对抗公权力的主观意义上的防御权，而且适用于法秩序的所有领域。它是课予立法、行政、司法指针（Richtlinien）的、宪法的客观价值决定。这一点最为鲜明地体现在《基本法》第 1 条第 1 款第 2 项

---

〔2〕　BVerfGE 39, 1 (41).

〔3〕　J. Schwabe, Probleme der Grundrechtsdogmatik, 1977, S. 231 FN 48.

中。该条款规定：尊重和保护人的尊严是所有国家权力的义务。"[4]也就是说，在卡尔卡决定中，法院只是把《基本法》第1条第1款作为明记保护义务的条文而列举，而实际上法院是依据作为客观价值决定的基本权利建构了保护义务的基础。[5]

172　　　在1979年的米尔海姆-卡利希决定[6]中，法院专门从《基本法》第2条第2款的客观法层面推导出了保护义务，而没有提及《基本法》第1条第1款。在决定理由中，法院只是作出如下阐述：《基本法》第2条第2款规定的不可侵犯生命、身体的基本权利不仅保障着防御权，而且"超出其限度，从该基本权利的客观法内容中产生一种国家义务，即保护和促进其中列举的法益，尤其是维护其法益不受他人的违法侵害的国家机关的义务。"

在1987年的化学武器储藏决定中，法院指出："《基本法》第2条第2款第1项不仅赋予我们防御权，同时它又是客观法价值决定。这一点不仅适用于法秩序的所有领域，而且构成保护义务的宪法根据。这是本法院的两个裁判部所确立的判例。"[7]另外，在1988年1月26日的决定[8]中，法院使用的措辞是"立法机关对基本法第2条第2款列举的法益负有无法回避的保护义务"。

如上所述，这一时期的联邦宪法法院将保护义务的根据寻求于基本权利的客观法层面，并确立了相应的判例。为此，施

---

〔4〕　BVerfGE 49, 89（141 f.）。关于这一决定，参照德国宪法判例研究会编：《德国的宪法判例》第295页（高田敏执笔，1996）。

〔5〕　不过，在BVerfGE 49, 89（132）中作出如下表述："产生于《基本法》第1条第1款第2项的、所有国家权力承担的保护人的尊严的义务。"

〔6〕　BVerfGE 53, 30（57）.

〔7〕　BVerfGE 77, 170（214）.

〔8〕　BVerfGE 77, 381（402 f.）.

特恩评论称，人的尊严"已不再是保护义务的一般根据"。[9]

（2）法院通过将基本权利保护义务的基础寻求于具体基本权利而非人的尊严，逐渐摆脱了人的尊严这一枷锁。1990 年 2 月的代理商决定中双方争论的是私人间代理商契约中的禁止竞业条款。在本判决中，联邦宪法法院从《基本法》第 12 条第 1 款规定的职业自由中推导出为基本权利保护意义上（也就是说，与第三人的关系上）确保私立自治中的自我决定而实施立法、裁判上的干预。[10]

通过这种基础建构，保护义务并不仅仅适用于生命等直接关联于人的尊严的特定基本权利，而逐渐成为普遍适用于自由权意义上的基本权利的法理。

（三）第二次堕胎判决

173

（1）不过，在 1993 年 5 月 28 日的第二次堕胎判决中，法院将保护义务的根据再次寻求于人的尊严条款。该判决指出："《基本法》课予国家保护人的生命的义务，而人的生命中包括未出生生命。……宪法不仅禁止国家对未出生生命的直接侵害，而且命令国家保护及促进这一生命，尤其是命令国家维护其不受他人的违法侵害。这一保护义务的根据是《基本法》第 1 条第 1 款（该条款课予国家尊重和保护人的尊严义务）。而《基本法》第 2 条第 2 款详细划定该保护义务的对象……与程度（该条款禁止侵犯人的身体与生命）。"[11]

也就是说，在本判决中保护义务的根据只是《基本法》第 1 条第 1 款。法院并没有将《基本法》第 2 条第 2 款作为保护义

---

〔9〕　K. Stern, Das Staatsrecht der Bundesrepublik Deutschland, Bd. Ⅲ/1, 1988, S. 943.

〔10〕　BVerfGE 81, 242（254 ff.）. 判决要旨参照后述第 215、216 页。

〔11〕　BVerfGE 88, 203（251）.

务的根据而提及。

（2）第二次堕胎判决是联邦宪法法院第二法庭作出的判决，而该法院的第一法庭在不受理宪法异议的委员会决定（臭氧决定〔12〕）中也遵从了这一基础建构。

（四）判例的问题

（1）关于判例中的保护义务的基础建构，首先成为问题的是人的尊严与个别基本权利之间的摇摆不定。这并不由来于生命这一特别接近于人的尊严的法益与其他的基本权利法益之间的区别。因为即便是同样争论生命的判例之间也存在着不一致。

第二次堕胎判决向人的尊严的回归可否成为新确立的判例？这一点我们尚无法预测。因为我们可以对第二次堕胎判决作出这样的推断：该判决是后述的人的尊严的接近方法与客观法的接近方法相妥协的结果。〔13〕而且胎儿生命这一法益适合于这种妥协。

（2）为什么从基本权利的客观法层面中会产生这种法的义务？判决理由并没有阐明其实质理由。我们能否仅仅依据基本权利的双重性质就理所当然地得出基本权利保护义务这一结论？对此，学界指出，法院的理由建构中存在着"明显的缺陷"。〔14〕

〔12〕 Besch1. Der 1. Kammer des Ersten Senats vom 29. Nov. 1995, EuGRZ 1996, 120 f. 判决要旨参照前述第 83 页。

〔13〕 我们可以参考主张人的尊严接近方法的伯肯弗尔德法官的影响。关于伯肯弗尔德的见解，参照第 173 页。

〔14〕 K. Stern（前注 9）S. 945；E. Klein, Grundrechtliche Schutzpflichten des Sta-ates, NJW 1989, S. 1633 ff. （1635）；D. Murswiek, Die Staatliche Verantwortung für die Risiken der Technik, 1985, S. 101 FN 31；J. Dietlein, Die Lehre von den grundrechtlichen Schutzpflichten, 1992, S. 62.

二、学说

在学术上，学界依据各种论据建构了保护义务的基础。如果考虑到保护义务论获得不同学者的广泛支持（尽管学者们对基本权利有着不同的理解）；学者们围绕基本权利保护义务的内容有着理解上的分歧；联邦宪法法院没有提供实质论据，而在保护义务的基础建构上存在摇摆不定等因素，论据的多样性反倒是理所当然的。

学界主张的保护义务的根据大体包括：①《基本法》第1条第1款规定的保护人的尊严条款；②国家目的论、国家学上的保护义务的基础建构；③基本权利的客观法层面；④作为防御权的基本权利（不存在禁止、容忍义务）；⑤限制基本权利的条款；⑥社会国家原理等。从上述根据之间的关系而言，有的构成相互补充关系（比如，①②与③或④之间、①⑤与⑥之间形成相互补充关系），而有的构成相互排斥关系（③与④之间、④与⑥之间形成相互排斥关系）。

依据第四章的考察（该章讨论了基本权利保护义务与社会权的关系），我们可以排除社会国家意义上的保护义务的基础建构。因为它根本不适合保护义务法理。另外，我们在第四章中还考察了主张用防御权吸收基本权利保护义务的见解的合理性。尽管从观念上我们可以区分用防御权意义上的建构替代保护义务与以不存在禁止或容忍义务为依据建构保护义务的基础，但笔者认为没有必要对此重新讨论。因此，下面将讨论④与⑥之外的其他四种见解。

175

（一）各种学说概述

1. 保护人的尊严

如上所述，《基本法》第 1 条第 1 款规定的保护人的尊严义务曾是保护义务论的线索之一。[15]《基本法》第 1 条第 1 款第 2 项不仅禁止国家侵害人的尊严，而且赋予国家一项义务——通过采取积极措施来防止人的尊严被国家以外的主体侵害。对此，无论是判例还是学说都不存在异议。[16]

另外，在日本，也有人主张基于人的尊严的保护义务。这一点已在上面指出。[17]

2. 国家目的、国家学上的基础建构

第一，本学说主张基于国家目的论、国家学（而非基于基本权利论）建构保护义务的基础。[18]它强调近代国家学在成立之初即已承认：国家的对外、对内安全保障是国家的唯一目的或首要目的。[19]它主张国家的安全保障甚至先行于"不受国家侵犯的自由"［洛克（Locke）］。比如，J. 博丁（Bodin）曾

---

〔15〕　参照第一章第 16 页。

〔16〕　G. Hermes, Das Grundrecht auf Schutz von Leben und Gesundheit, 1987, S. 138.

〔17〕　参照田口精一：《论德国基本法中的人的尊严》，《基本权利理论》（田口精一）第 39 页、第 42 页（1997、初版 1960）。

〔18〕　有不少学者将保护义务的根据寻求于国家目的论。关于专门从国家学、国家目的论建构保护义务基础的学者，参照 J. Isensee, Das Grundrecht auf Sicherheit, 1983. 另外，关于日本的相关论文，参照铃木隆：《德国保护义务的基础——援引国家目的论的见解》，《早稻田大学大学院法研论集》第 76 号第 85 页以下（1996）。

〔19〕　以下论述参照 J. Isensee（前注 18）S. 3 ff., 17 ff.；G. Hermes（前注 16）S. 145 ff.；G. Robbers, Sicherheit als Menschenrecht, 1987, S. 27 ff；D. Murswiek（前注 14）S. 102 ff.；K. Stern（前注 9）S. 932 f.；M. Sachs, in：K. Stern, Das Staatsrecht der Bundesrepublik Deutschland, Bd. Ⅲ/1, S. 733；A. Bleckmann, Neue Aspekte der Drittwirkung der Grundrechte, DVB1. 1988, 938（940 f.）；E. Klein（前注 14）NJW 1989, 1633（1635 f.）；Chr. Starck, Grundrechtliche Schutzpflichten, in：ders., Praxis der Verfassungsauslegung, 1994, S. 46（47 ff, 52 ff.）.

把对市民的安全保护解释为国家的自明且必然的特性。而霍布斯将基于社会契约论的国家的正当化根据寻求于国家的安全保障义务。不受国家侵害的自由根基于这样一种认识：国家本应当终结万人对万人的斗争，保障每个人的安全，但国家反而过度侵害市民的自由。作为不受国家侵害的自由之理念及其具体化——市民意义上的法治国理论一方面承认国家独占权力、作为和平秩序的国家；但另一方面主张对其加以限制，而它并不否定国家的安全保障义务。此后，国家的安全保障义务得到普芬多夫（Pufendorf）、洛克、卢梭（Rousseau）、康德（Kant）、施亚雷斯（Suárez）、布伦奇利（Bluntschli）等人的一贯支持。保护的客体也由生命、身体（霍布斯）扩充至财产（洛克）、自由（康德）。[20]

176

也有人主张，从美国的《独立宣言》、法国的《人权宣言》中也能够解读出国家的安全保障观念。[21]

第二，以上的认识并不仅仅停留在单纯的政治哲学、一般国家学上的认识层面。一般认为，它进而适用于《基本法》这一具体的宪法秩序。也就是说，《基本法》也是将国家的权力独占作为其前提，并赋予国家保护公民个人免受他人侵害的义务。[22]

---

[20]　J. Isensee（前注 18）S. 4.

[21]　作为其例子，K. Stern（前注 9）S. 932 f. 列举出 1776 年的《维吉尼亚（Virginia）权利法案》第 3 条、1776 年的美国《独立宣言》、1789 年的法国《人权宣言》第 2 条、1793 年《法国宪法》第 8 款。关于法国，施特恩还参照了由西哀士（Sieyès）起草的 1789 年 7 月草案第 9、10 条。

[22]　一般认为，其条文上的根据是倡导法治国原理的《基本法》第 20 条。参照 D. Murswiek（前注 14）S. 103 f.；M. Sachs（前注 19）S. 732；K. Stern（前注 9）S. 950；J. Isensee, Staat und Verfassung, in: Isensee/Kirchhof（Hrsg.），HdbStR Ⅰ，1987，§13，Rdnrn. 74 ff. 关于第 20 条第 1 款，穆斯维克阐述如下："……有一个往往被人们忽略的事实是：德国联邦共和国并非仅仅是联邦国家、社会国家，而且还是一个国家。这一点尽管并不是规定宪法形态的要素，但却是宪法本身的前提。"（aaO, S. 104）另外，还可参照 J. Isensee, 同书 §13, Rdnrn. 12 ff.

在日本，也有人支持这种观点，即将保护义务的首要根据寻求于国家论而非基本权利论。[23]另外，一般认为，联邦宪法法院在正当化兵役义务问题上也援引了国家论上的基础建构。[24]

3. 基本权利的客观法层面

也有判例采用这个观点，但基本权利的客观法层面是一个内容模糊的概念。[25]因此，有时它被调侃成"在学问这一游戏

---

[23] 铃木隆（前注 18）。

[24] 1978 年 4 月 13 日的判决［BVerfGE 48，127（161）］指出，国家"把人的尊严、生命、自由、财产作为基本权利予以承认、保护"，国家在与市民的关系上负有宪法上的保护义务。尽管这种义务的根据并不明确，但或许是因为所设问题的特殊性——为了履行对市民负有的保护义务，国家能否要求市民服兵役——，在判决中展开的是民主国家的历史及逻辑，而非基本权利逻辑。

[25] 学界围绕基本权利客观法层面的意义及内容存在争议。积极评价客观法层面的援引并用"最适当的要求"来作出说明的文章有，R. Alexy, Theorie der Grundrechte, 2. Aufl. 1994, S. 71 ff.；罗伯特·阿历克西：《主观权利及作为客观法的基本权利（一）》，小山刚译，《名城法学》第 43 卷第 4 号第 179 页（1994）。关于阿历克西的基本权利论，参照小山刚：《基本权利客观法层面的诸问题》，《比较法研究》第 53 号第 152 页（1991）；井上典之：《基本权利的客观法功能与主观权利性》，《现代违宪审查论》（觉道丰治古稀论文集）第 273 页（1996）；中野雅纪：《基本权利能包含什么——以阿历克西的原理理论为中心》，《中央大学法学新报》第 103 卷第 2、3 号第 281 页（1997）；松原光宏：《基本权利的多元理解（三）（四）》，《中央大学法学新报》第 103 卷第 8 号第 61 页、第 103 卷第 9 号第 45 页（1997）。另外，尽管肯定客观法层面，但反对于"最适当"这一理解的有：A. Scherzberg, Grundrechtsschutz und "Eingriffsintensität", 1989, S. 183 ff. 强调客观法层面的危险性的有：E. -W. Böckenförde, Grundrechte als Grundsatznormen. Zur gegenwärtigen Lage der Grundrechtsdogmatik, in: ders., Staat, Verfassung, Demokratie, 1992, S. 159 ff. 关于伯肯弗尔德的基本权利论，参照桦岛博志：《自由主义基本权利理论的重构（一）（二）》，《自治研究》第 71 卷第 12 号第 106 页、第 72 卷第 3 号第 108 页（1995、1996）；松原光宏：《基本权利的多元理解（一）（二）》，《中央大学法学新报》第 103 卷第 6 号第 95 页、第 103 卷第 7 号第 75 页（1997）。从整体上阐述问题的是 K. Stern（前注 9）S. 890 ff., 907 ff. 从瑞士法的视角提出问题的是 J. P. Müller, Zur sog. Subjektiv- und objektivrechtlichen Bedeutung der Grundrechte. Rechtsvergleichende Bemerkung aus Schweizer Sicht, Der Staat Bd. 29（1990），S. 33 ff.

中能为你排除任何困难的小丑",[26]雅拉斯指出,"虽然不属于基于防御权的救济的情形,但在如果考虑到《基本法》上的基本权利的重要性,就不能拒绝基于基本权利的救济时",[27]联邦宪法法院就会援引基本权利的客观法层面。一般认为本学说也根基于这种认识。但如同后述,基于上述的实质根据不充分,权威观点主张应当用其他论据尤其是作为国家目的论的保护义务来补充其认识。

4. 限制基本权利的条款(Schranken der Grundrechte)

177

只要存在与他人的基本权利等宪法上同等重要的法益相冲突的可能,基本权利就不可能绝对不受限制。通常,《基本法》在条文中明确规定限制每个基本权利的可能性,并区分如下三种限制:宪法上的直接限制、列举特定的保护法益等特别的法律保留、单纯的法律保留。[28]另外,即便不存在此类规定也并不意味着其基本权利绝对不受约束。[29]

关于健康权(Recht auf Gesundheit),泽瓦尔特基于宪法上限制基本权利的可能性推导出立法机关的法定义务——为保护健康而限制该基本权利。[30]泽瓦尔特把限制基本权利(条款)理解为:"并非仅仅具有'消极的'限制权利的作用,它在'另一层面上'具有'积极的'法的作用,即受益性法的作

---

〔26〕　J. Schwabe(前注 3)S. 287.

〔27〕　H. – D. Jarass, Grundrechte als Wertentscheidungen bzw. Objektiv – rechtliche Prinzipien in der Rechtsprechung des Bundesverfassungsgerichts, AöR Bd. 110(1985), S. 363(365).

〔28〕　关于各自的意义,参照 M. Sachs, in: K. Stern, Das Staatsrecht der Bundesrepublik Deutschland, Bd. Ⅲ/2, 1994, S. 369 ff., 493 ff.

〔29〕　H. Dreier, in: H. Dreier(Hrsg.), Grundgesetz – Kommentar, Bd. 1, 1996, Vorbemerkung vor Art. 1 GG, Rdnr. 88 ff.

〔30〕　O. Seewalt, Zum Verfassungsrecht auf Gesundheit, 1981, S. 83 ff., 92 ff.

用"。[31]

另外，我们可以将依据有关国家机关组织、权限的宪法规定来建构保护义务基础的见解[32]视为同类于上述想法的一种尝试。因为该学说认为，《基本法》容许或授权某种国家活动并不仅仅包含着"其活动不被禁止"这种消极意义，还包含着国家的"任务"。迪特莱因把此类《基本法》规定称为"作为《基本法》旁论的保护义务"。[33]

（二）分析

上述见解并不与保护义务的基本定位（不同于社会权、防御权的独立的法作用）产生矛盾。那么，我们应如何评价这些有关保护义务的基础建构？

1. 保护人的尊严

首先，关于人的尊严，《基本法》第 1 条第 1 款可成为保护义务的根据。我们可以从该条款的文本中明确这一点。问题在于我们是否应把《基本法》第 1 条第 1 款看作保护义务的唯一根据，还是把它理解为例示规定。如果持前一种见解，基本权利保护义务的范围将变窄。的确，人的尊严是人权及基本权利的核心存在，[34]但《基本法》第 1 条第 1 款规定的人的尊严并不能涵盖所有基本权利侵害问题。因为尽管很难确定其保护领域（Schutzbereich）或规范意义上的范围，但人们通常从狭义上解释人的尊严概念。[35]

---

〔31〕　O. Seewalt（前注 30）S. 80.

〔32〕　例如 BVerwGE 82, 76; 87, 37. 后一个判决参照前述第 71 页。

〔33〕　J. Dietlein（前注 14）S. 31 f.

〔34〕　K. Stern, Menschenwürde als Wurzel der Menschen-und Grundrechte, in: Festschrift für Scupin zum 60. Geburtstag, 1983, S. 627 ff.

〔35〕　参照 G. Hermes（前注 16）S. 137 ff.；D. Murswiek（前注 14）S. 125；O. Seewalt（前注 30）S. 77 ff.

因此，认为应当把《基本法》第 1 条第 1 款视为保护义务唯一根据的理解中包含着如下主张：应当把基本权利保护义务的成立限定在人的尊严及人的尊严直接成问题的基本权利（如生命）。[36] 反过来，如果我们拓展保护义务的成立范围，《基本法》第 1 条第 1 款只是具有确认或补充论证意义。[37]

2. 限制基本权利的条款

试图从限制基本权利的条款中推导出保护义务的想法是有问题的。

的确，如果考虑到国家履行保护义务同时具有受益性层面和侵害性层面，保护与限制（侵害）基本权利如同硬币的正反两面。以《基本法》第 5 条第 1 款规定的言论自由与个人名誉之间的冲突为例，从保护义务论的视角而言，我们不能把这一冲突看作是基本权利（第 5 条第 1 款）与补充限制基本权利条款（第 5 条第 2 款）的单纯法律（刑法、侵权行为法）之间的冲突。我们不能将限制基本权利条款中列举的保护个人名誉的成立与程度委任于立法机关或民事刑事法官的任意判断。正确的理解应当是：对抗于第三人的言论自由而保护个人名誉属于基本权利保护，其国家措施必须满足禁止保护不足原则。[38]

但笔者认为，仅仅依据宪法允许限制基本权利这一点无法推导出限制基本权利义务等于基本权利保护义务。[39] 我们无法基于限制基本权利条款与基本权利保护义务的内在关联性得出前者为后者的根据这一结论。

179

---

〔36〕　参照后述的伯肯弗尔德的观点（本书第 173、174 页）。

〔37〕　与本书不同，A. Bleckmann, DVB1. 1988, 983（942）主张个别基本权利是"人的尊严的表现"，因此，专门用人的尊严建构基本权利保护义务的基础。

〔38〕　D. Grimm, Die Meinungsfreiheit in der Rechtsprechung des Bundesverfassungsgerichts, NJW 1995, 1697（1704）.

〔39〕　参照 G. Hermes（前注 16）S. 126 f.

持本学说的泽瓦尔特一方面主张限制基本权利条款可单独成为保护义务的根据，另一方面试图连接限制基本权利条款与社会国家原理来增强其论据，[40]但从上述理由来看，援引社会国家原理是不适当的。对于基本权利保护义务而言，限制基本权利条款的意义在于：首先，它是我们在分析国家的保护性介入界限时应考量的因素；其次，它使我们认识到基本权利冲突的源头，而在这种基本权利冲突中基本权利保护义务成为争论的焦点。

3. 国家目的论、国家学上的基础建构

一般认为，国家目的论是保护义务的重要论据。不过，仅凭这种国家学上的考察无法回答基本权利解释学上的问题——为什么保护义务把《基本法》的基本权利规定作为其根据。[41]实际上，人们往往把这一论据和基本权利客观法层面结合在一起，这一论据的作用在于补充基本权利客观法层面上的理由建构之不足。

赫尔梅斯试图通过援引作为国家目的的保护义务、德国的基本权利学术史，[42]承认《基本法》第 1 条第 1 款的解释准则意义[43]来赋予基本权利客观法层面上推导出保护义务的实质根据。克莱因指出，对于建构保护义务的根据，国家学视角与基本权利客观法层面的结合是不可或缺的。[44]施特恩则援引《基本法》第 1 条第 3 款（该条款规定：基本权利为直接约束三权

---

[40]　O. Seewalt（前注 30）S. 143 und ff.

[41]　关于这一点，参照 Closter-Meyer 对伊森泽的著作 Das Grundrecht auf Sicherheit 所做出的书评。C.-P. Closter-Meyer, VBIBW 1985, 279 f.（280）.

[42]　赫尔梅斯指出，尽管这些论据不能直接成为《基本法》上的保护义务根据，但至少会成为其"推定"。G. Hermes（前注 16）S. 188.

[43]　G. Hermes（前注 16）S. 194 ff.

[44]　E. Klein（前注 14）NJW 1989, 1633（1636）.

的法）作出如下阐述："基本权利规定中包含应当用保护义务予以保护的法益或'价值'。国家为特别重要的特定法益维持和平、保障安全，而基本权利规定将具体化国家的和平、安全目的（Friedens-und Sicherungszwecke）。依《基本法》第 1 条第 3 款的要求，国家直接受制于此类法益。"[45]

（三）小结——三种方法

综上所述，关于保护义务的基础建构存在如下三种权威的方法论：人的尊严方法、客观法方法、国家（目的）论方法。只要构成对人的尊严的侵害，我们就可以直接依据《基本法》第 1 条第 1 款确认基本权利保护义务。对于其他情形，我们可以依据基本权利的客观法层面、价值决定层面与国家目的论建构保护义务的基础。德国的通说主张依据基本权利客观法层面与国家论的保护义务的双重基础建构，但它被分类为基本权利优越型、国家论优越型、同格型等三种类型。

三、人的尊严方法

下面分析以上三种方法的特征与相互关系。首先要分析的是人的尊严方法。

（一）"人的尊严"特别含义说

下文中所谓的"人的尊严方法"是指将保护义务的实质根据寻求于《基本法》第 1 条第 1 款，且不把第 1 条第 1 款第 2 项解释为单纯的例示，而对其赋予特殊含义（限定性含义）的见解。

---

〔45〕　K. Stern（前注 9）Das Staatsrecht Bd. Ⅲ/1, S. 948.

181　　　1. 施塔克的见解

第一，关于基本权利保护义务的基础建构，施塔克指出了两种"解释学意义上稳妥的"手法。其第一种手法是指出《基本法》中已明确"保护"（如人的尊严）这一事实。在这种情形下，我们可以基于《基本法》的条文语句直接确认保护义务（保护请求权）。[46]但依据该手法，我们很难对其他的基本权利承认保护义务。尽管对于以人的尊严为前提的基本权利（如生命权），我们可以基于人的尊严建构其基础，但对于其他的基本权利，我们则需要明确基于人的尊严的基础建构所涵盖的范围（尊严的核心），而这是一项非常困难的操作。

第二种手法是从基本权利中解读出国家的一项任务，即国家负有保护基本权利不受第三人侵犯的义务。施塔克指出，我们对于从传统基本权利中解读出保护观点的做法"不能提出任何异议"。[47]依他看来，从包括《魏玛宪法》在内的基本权利目录的历史、保障市民安全是立宪国家的不变的任务这一视角而言，这种解释"甚至是容易理解的"[48]。

第二，那么，施塔克究竟批评哪种手法？他把上述两种手法称为"媒介"（Vehikel）概念与"突然变异"（Mutation）概念。

首先，"媒介"概念指的是如下的手法。[49]联邦宪法法院在

---

〔46〕　Chr. Starck（前注 19）S. 70. 作为保护的明文规定，除了《基本法》第 1 条第 1 款第 2 项之外，施塔克还列举出第 6 条。另外，如果要对于限制基本权利条款中提及的法益主张保护义务，作为其前提应当用某种方法说明限制基本权利条款并不只是允许立法机关作出限制。为此，施塔克提出国家的和平、安全作用。也就是说，"在民法、刑法、行政法中总是存在国家的这一作用，而人们总是把这一作用视为国家目的，并作为例外规定在政策条款和限制基本权利条款之中。"（S. 64）

〔47〕　Chr. Starck（前注 19）S. 71.
〔48〕　Chr. Starck（前注 19）S. 71.
〔49〕　Chr. Starck（前注 19）S. 72 f.

第二次堕胎判决中指出，基本权利保护义务的根据在于《基本法》第 1 条第 1 款，而保护义务的对象与程度则取决于第 2 条第 2 款。对此，施塔克指出，法院在此案判决中本应当说明《基本法》第 2 条第 2 款（生命）为人的尊严的前提。因为就判决理由的表述方式而言，我们可以用其他基本权利替代第 2 条第 2 款，人的尊严只是充当人们就其他基本权利法益主张保护义务及保护义务请求权的"媒介"。

其次，"突然变异"概念是在阐明宪法的客观法价值决定与从中生成的保护义务之后，在没有作出特别说明的情况下，突然宣布"对于懈怠其义务，要求保护者可提出宪法异议"的手法。[50] 也就是说，在没有作出特别说明的情况下，从国家的客观义务中推导出与此相对应的主观权利。

综上，在施塔克的学说中人的尊严条款的特殊意义在于划定市民要求国家采取积极的保护措施的主观权利——保护请求权的范围。也就是说，施塔克主张限于保护人的尊严的懈怠承认宪法诉讼救济。相反，如果限于国家的客观法意义上的保护义务，那么，我们就会基于基本权利目录的历史与立宪国家的恒久任务这一双重的基础建构，对所有的基本权利都承认这种义务。

2. 伯肯弗尔德的见解

限于主观保护请求权的成立与否，施塔克给人的尊严方法赋予特殊意义。相比之下，伯肯弗尔德的主张更加彻底。他是仅以人的尊严作为杠杆承认保护义务。

众所周知，伯肯弗尔德在分析基本权利理论 [他把基本权利理论界定为：系统说明基本权利的一般性质、规范性目的方向（Zielrichtung）、内容范围的见解] 时，在支持自由主义基本

182

---

〔50〕 Chr. Starck（前注 19）S. 72. 具体批评了如下的两个联邦宪法法院判例：BVerfGE 77，170（214 f.）；77，381（402 f.）；79，174（201 f.）.

权利理论的同时，以不符合《基本法》为由，驳斥了制度基本权利理论、基本权利价值理论、民主主义功能基本权利理论。[51]继而，他在讨论基本权利的双重属性（作为防御权的基本权利与作为客观性原则规范或价值决定的基本权利）的另外一篇论文[52]中指出作为客观性原则规范、价值决定的基本权利这种理解对基本权利论、国家论、宪法理论造成的消极影响，[53]并将其解释为不可避免，主张应当谦让于作为防御权的基本权利。[54]

183　　　尽管如此，这些所表明的是关于一般基本权利的观点，它并不意味着当个别基本权利规定作出其他规定时也要求限定于防御权。也就是说，《基本法》第1条第1款在其条文句子上构成重要的例外，因此，就该条款而言保护义务得以成立。可见，在伯肯弗尔德法官的主持下，联邦宪法法院赋予立法机关保护胎儿生命的义务（第二次堕胎判决）是并不矛盾的。可以说，当时联邦宪法法院将保护义务的根据寻求于《基本法》第1条第1款是受到了这种见解的影响。

（二）评价

人的尊严方法的实践意义在于限定作为基本权利保护义务（或者保护请求权）对象的基本权利。关注主观保护请求权（施塔克）还是国家的客观法意义上的保护义务（伯肯弗尔德）这种差异绝非细小，但本书中暂且忽略这种差异。

伯肯弗尔德把特定基本权利（基本权利目录中的某一条款[55]）区别于其他基本权利，并主张："一般而言，基本权利

---

〔51〕 E. -W. Böckenförde, Grundrechtstheorie und Grundrechtsinterpretation, in: ders., Staat, Verfassung, Demokratie, 1992, S. 115 ff.

〔52〕 E. -W. Böckenförde（前注25）Grundrechte als Grundsatznormen.

〔53〕 E. -W. Böckenförde（前注25）S. 175 ff., 185 ff., 187 ff., 189 ff.

〔54〕 E. -W. Böckenförde（前注25）S. 198 f.

〔55〕 需要指出的是，伯肯弗尔德并不把人的尊严解读为基本权利。

只是禁止国家的侵害，但仅就这个基本权利而言，也包含着对于私人侵害的救济。"实际上，日本宪法学界也有类似的观点。比如，有人主张，可以把选举中的投票不问责原则（第 15 条第 4 款）、禁止奴隶性拘束（第 18 条）直接适用于私人间关系。[56]也有人主张，在日本宪法之下，限于特定法益（比如，生命和健康）也可承认基本权利保护义务。[57]从这个意义上，对人的尊严方法的评价对于日本宪法也具有实践意义。我们可以将保护义务论作为日本宪法的解释理论予以考察。

1. 人的尊严方法的意义

笔者认为，无论在解释方法论上还是在实践上，德国的人的尊严方法都具有一定的合理性。

首先，人的尊严方法以《基本法》第 1 条第 1 款第 2 项的条文作为其根据。宪法条文是宪法解释的出发点，而只有《基本法》第 1 条第 1 款第 1 项明确规定国家对人的尊严的"保护"，其他规定并没有使用保护这一词汇（性质不同的《基本法》第 6 条姑且不谈）。可见，人的尊严方法是具有说服力的。

其次，如果考虑到基本权利论泛滥的德国的情况，人的尊严方法作为一种实践性提议也具有一定说服力。纵观德国的基本权利判例，自《联邦宪法法院判例集》第七卷的吕特判决实体上承认对所有法秩序的基本权利的照射效力之后，基本权利论与纯粹的法律论（违反基本权利与违反法律）之间的边界、基本权利解释与立法政策之间的边界逐渐变得模糊。从程序上而言，因判例集第六卷的埃尔费斯（Elfes）判决，人们提起宪法诉讼的难度显

184

---

〔56〕　芦部信喜：《宪法学 II 人权总论》第 291 页（1994）。

〔57〕　芦部信喜：《宪法（新版）》第 111 页（1997）；芦部信喜：《回顾人权论 50 年》，《公法研究》第 59 号第 13 页（1997）；栋居快行：《论幸福追求权》，《法学家》第 1089 号第 179 页（第 181 页、第 184 页脚注 15）（1996）。

著变小。[58]其结果，从程序上而言，导致了宪法诉讼的泛滥；从实体上而言，导致了基本权利论的滥用；从功能上而言，导致了宪法裁判权的过度介入。[59]，人的尊严方法对于这种基本权利论与宪法裁判权的过度介入具有反命题（Antithese）意义。

2. 日本宪法中的类似的方法

下面概观日本的类似于人的尊严方法的观点。

第一个观点是可称之为个人的尊重方法的观点。它主张用《日本国宪法》第 13 条规定的个人的尊重替代德国《基本法》第 1 条第 1 款规定的人的尊严，并将基本权利保护义务的根据及范围的指标寻求于个人的尊重或类似概念。[60]

关于个人的尊重方法，首先成为问题的是《日本国宪法》第 13 条仅仅明记"尊重"，并没有使用"保护"一词。因此，如果要把个人的尊重作为保护义务的根据，有必要提出实质理由。显然这是不同于德国的情况。

从个人的尊重这一指标，我们无法明确对什么权利与自由可承认保护义务。如果我们把个人的尊重限定在狭窄的范围，就会产生如何划定各自权利、自由的"个人的尊重意义上的内涵"的问题。相反，如果我们扩大个人尊重的范围，进而扩展基本权利保护义务得以成立的范围，那么，就等同于施塔克称之为"媒介"概念而进行批评的手法，产生相反于德国的人的尊严方法的结果。就日本宪法而言，关于个人的尊重的内涵，学界并没有形

---

[58] R. Wahl/J. Wieland, Verfassungsrechtsprechung als knappes Gut, JZ 1996, 1137 ff. 更为一般性论点，参照克劳斯·施特恩：《德国宪法诉讼制度》，小山刚译，《名城法学》第 46 卷第 3 号第 1 页（1997）。

[59] 围绕这一点的最新讨论，参照畑尻刚：《饱受批评的德国联邦宪法法院（上）（下）》，《法学家》第 1106 号第 74 页、第 1107 号第 79 页（1997）。

[60] 桑原勇进：《国家的环境保全义务（三）》，《自治研究》第 71 卷第 7 号第 104 页以下（1995）。

成合意。而德国的人的尊严方法是以判例、通说确立的限制性人的尊严理解作为前提,[61]因此,其成为具有重要意义解释论。

　　基于上述理由,我们必须承认:依据个人的尊重建构保护义务的基础、划定其成立范围是极其困难的事情。个人的尊重有利于消极定位保护义务的性质,即"不能违反个人的尊重而适用基本权利保护义务"。从这个意义上我们可以排除家长式(paternalistic)保护义务论,[62]但个人的遵照不能成为保护义务的根据或划定其成立范围的指标。

　　类似于人的尊严方法的第二个观点是限于基本权利目录中的特定法益承认国家的保护义务,而这些特定法益具有优先于"免受国家侵犯的自由"的价值。[63]栋居快行教授认为,此类法益包括生命、健康、安全。[64]

　　这一观点也不同于德国的人的尊严方法,即不能依赖于形式上的条文语句,而有必要就保护义务得以成立的特定法益区别于其他法益进行实质论证。

　　生命先行于其他各种权利与自由,是其他各种权利与自由的前提。对此恐怕没有人提出异议。在这个意义上,我们可以

186

---

　　[61]　人格权或个人的名誉即为其例子。联邦宪法法院及学界是从《基本法》第 2 条第 1 款中推导出人格权。作为言论自由的界限,《基本法》第 5 条第 2 款指出了"个人的名誉"。不过,无论是判例还是通说都不认为所有的宪法上的人格权、个人的名誉同时又是人的尊严的问题。在保护个人名誉的众多判例中采用违反人的尊严这一结构的只有施特劳斯(Strauss)讽刺事件［BVerfGE 73, 369(380)］。另外,就一般人格权而言,只有即便存在重大公益也不能侵犯的核心部分才涉及人的尊严。关于人格权保障的"领域理论",参照根森健:《人格权保护与当下"领域理论"》,《人权与宪法裁判》(时冈弘古稀论文集)第 75 页(1992)。

　　[62]　关于基本权利保护义务与家长主义的关联,参照第七章"基本权利保护与自我决定"。

　　[63]　栋居快行(前注 57)《法学家》第 1089 号第 181 页、第 184 页脚注 15。

　　[64]　栋居快行:《人权论的新构成》第 269 页(1992)。

把生命区别对待于其他权利、自由。[65]但可否基于同样的理由特别对待健康、安全？这一点会产生如下疑问：

首先，"健康"这一概念并不明确。如果从狭义上解释，我们可以把它与生命同等对待；但如果从广义上解释，横在它与其他权利、自由之间的围墙就会变矮。我们很难把广义的健康视为明显优先于"免受国家侵犯的自由"的价值，反倒是将其视为可与其他权利、自由进行衡量的一种基本权利法益。

"安全"概念的不明确性超乎上述程度。安全概念已超出"不明确"这一形容，伊森泽甚至将其称为"空白概念"。[66]

其次，就生命、狭义的健康之外的其他权利、自由而言，也有着不应当委任于与其他权利、自由或公益之间的平衡、调整的"某种价值"。尽管其操作非常困难（比如，《基本法》第19条第2款命令人们禁止侵犯基本权利的本质内容，但划定这个本质内容是极其困难的），但在生命、健康之外的其他基本权利中找出禁止通过平衡予以相对化的核心部分并不是不可能的。既然如此，合理的推理应当是：基本权利保护义务就特定法益更易于成立，但根据第三人的侵害形式与程度，基本权利保护义务就其他权利、自由也得以成立。

与伯肯弗尔德学说一样，这种情形下的保护义务论属于强势的保护义务论。[67]但如果我们采用弱势的保护义务论（如德国的通说），在保护义务的成立阶段则无需考量基本权利之间的区别（即该基本权利是先行于免受国家侵犯的自由的价值，还是服从于同他人的权利、自由的平衡的利益），而是到了平衡阶段之后才考虑这种区别。

---

〔65〕 应当指出，只要死刑制度被认定为合宪，有时生命也例外地服从于衡量。

〔66〕 J. Isensee（前注18）Das Grundrecht auf Sicherheit, S. 22.

〔67〕 关于强势的保护义务论与弱势的保护义务论，参照前述第122页。

3. 人的尊严方法的问题

下面重新讨论德国的人的尊严方法。这种方法一方面具有前述的合理性，但另一方面也有必要做出若干保留。

首先，施塔克学说关注的是在分别设有专门法院与宪法法院的法制度下可否就专门法院的判决向宪法法院提起宪法诉讼的问题。因此，我们不能把该学说直接适用于日本。施塔克本人在讨论"突然变异"概念时也指出，美国、瑞士等最高法院型的国家所面临的情况有所不同。[68]对于最高法院型的国家而言，无需借助突然变异概念而转向主观基本权利，可直接依据施塔克所称的在解释学上的第二种方法，即基本权利中包含着国家的任务——保护该权利不受第三人的侵犯。

其次，在伯肯弗尔德学说中成为问题的是：《基本法》第1条第1款中明记的"保护"是否当然意味着排除对其他基本权利的保护义务？对此，伯肯弗尔德以维持权力分立体系、基本权利论的自我抑制、确保宪法法院审查基准等为理由，主张向防御权的谦让。伯肯弗尔德在设定问题时采取二项择一的形式，即要么放弃保护义务论与基本权利的照射效力，要么接受所有的结果。在这里无法详述伯肯弗尔德主张必然采取二项择一形式的理由，[69]但至少我们应留意：通说并不主张必然要采取这种形式，而是认为有其他可能性。[70]

---

〔68〕 Chr. Starck（前注19）Grundrechtliche Schutzpflichten, S. 65 f.

〔69〕 作为详细的考察，参照桦岛博志（前注25）《自治研究》第71卷第12号第106页、第72卷第3号第108页。

〔70〕 参照第三章第118页以下。对这种二项择一问题设定方式持批判性意见的还有，栗城寿夫：《论最近德国的基本权利论》，《人权理论的新展开》（宪法理论研究会编）第93页（104页以下）（1994）。不过，栗城寿夫教授寻求第三条道路的方式是一方面肯定基本权利的私人间效力，但另一方面却否定基本权利保护义务。这种见解既不同于伯肯弗尔德学说，也不同于德国的通说。

188   ## 四、客观法、国家目的论方法

（一）双重基础建构的背景

如上所述，德国的通说主张保护义务的双重基础建构，即基于基本权利与国家目的、国家任务建构保护义务的基础。问题在于，为什么就基本权利保护义务进行双重的基础建构？在双重的基础建构中，基本权利论与国家论中的哪一个占据首要地位？下面先分析第一个问题。

1. 基本权利的客观法内容

第一，伊森泽在标题为《安全的基本权利》的学术论文中第一次关注基本权利保护义务，并以国家目的为重点建构保护义务的基础。这一点成为人们在保护义务的基础建构中援引国家目的、国家任务的理由之一。

人们提出基本权利的客观法层面旨在"强化基本权利的法作用"，[71]同时它又是超越防御权的法作用的母体。这一点也使基本权利论与国家目的论的结合成为可能。因为基本权利的客观法层面使基本权利不再只同法治国原理产生关联。如果考虑到防御权与法治国原理的结合、给付请求权与社会国家原理的结合这一情况，当时已经存在以宪法的整体化这一解释原理为背景，通过基本权利同国家目的结合来建构基本权利保护义务基础的条件。

另外，在1960年代后半期，德国宪法学中重新出现国家目的、国家目标、国家任务等观念。与此同时，还出现了一种权威的宪法解释：宪法不仅限制国家权力，而且还包含着积极活

---

[71]   BVerfGE 7, 198（204 f. ）.

动的指令。比如，塑伊纳就持这种见解。[72]

　　第二，尽管如此，上述理由尚不足以说明双重的基础建构。　189
如果说仅仅依据基本权利论就能够轻松建构保护义务的基础，
双重建构的意义就很小。把国家目的、国家任务置于保护义务
中反而有可能让保护义务背负多余的问题。因为在 19 世纪国家
目的、国家任务已经成为国家学概念（而非国法学概念），现把
它重新定义为宪法学课题并与基本权利相结合意味着国家目的、
国家任务向基本权利的本质性转换。这一转换不仅仅停留于国家
论的基本权利化，它还会带来基本权利论的国家论化，并会导致
国家机关的变更或追加。伯肯弗尔德正是关注了这个问题。[73]

　　因此，稳妥的做法是：仅仅依据基本权利论建构保护义务
的基础。

　　第三，阿历克西把基本权利视为一种原理，并赋予其"最
适当命令"内涵。[74]不过，即便是阿历克西也并不主张从基本
权利原理中直接推导出具体的基本权利客观法内容。的确，作
为最适当要求的基本权利原理要求尽可能在实际上和法律上达
到最高程度的实现。[75]但他也并不认为这个最适当要求直接生

---

　　〔72〕　关于这些内容，参照栗城寿夫：《德国国家目的论史小考》，《19 世纪德
国的宪法理论研究》（栗城寿夫）第 358 页以下（1997）。关于《基本法》上的讨
论，参照石村修：《当今宪法国家的国家目的》，《中央大学法学新报》第 103 卷第
2、3 号第 69 页以下（1997）。另外，尽管有时人们有意识地区别使用国家目的、国
家目标、国家任务等概念，但本书对这些概念不作区分。因为本书并非要讨论战后
德国的国家目的论或类似讨论本身的系谱、类型，而只是要指出曾存在过广义上的国
家目的论的复兴，该复兴提供了从国家论意义上建构基本权利保护义务基础的土壤。

　　〔73〕　E. -W. Böckenförde（前注 25）Grundrechte als Grundsatznormen, S. 187.

　　〔74〕　阿历克西（前注 25）《名城法学》第 43 卷第 4 号 179 页、第 44 卷第 1
号第 321 页；井上典之（前注 25）；中野雅纪（前注 25）。

　　〔75〕　R. Alexy（前注 25）Theorie S. 75 ff.；阿历克西（前注 25）《名城法学》
第 43 卷第 4 号第 184 页。

成基本权利保护义务（他称之为保护请求权）或狭义的给付请求权。在他看来，尽管基本权利原理为超出防御权的基本权利内涵打开了解释之门，但并非明确地建构每个法作用的基础。[76]基本权利原理只是容许推导出这种法作用，而非赋予其积极的指示或根据。如果要建构保护请求权或给付请求权这种具体作用的基础，需要进行进一步的实质论证。[77]因此，阿历克西并没有仅仅依据基本权利论建构保护请求权的基础，他还援引了"契约论的国家模式"。[78]

190

2. 与社会国家给付义务、给付请求权的相似之处

第一，人们曾尝试从自由权意义上的基本权利推导出社会权意义上的给付请求权、给付义务。在这里，我们也可以发现针对某一法作用的基础建构除了援引基本权利论之外还援引国家论的例子。如果说"基本权利不仅保障法意义上的自由，而且也保障现实意义上的自由"；或者"如果说基本权利的目的在于人格的自由发展，基本权利当然要保障行使法意义上的自由所需的前提条件"，这些命题是不证自明的，那么，作为其必然结果，给付请求权、给付义务当然得以成立。但实际上，通常的做法是，为这一命题本身的基础建构援引社会国家原理，或者为增强具体作用的论证而援引社会国家原理。

有关社会权意义上的给付请求权、给付义务的典型判例是1972年7月18日作出的入学定员制判决。[79]法院在该判决中提及基本权利"客观规范"层面，并指出："现代国家越是志向市民的社会安全与文化振兴越会强调复合性要求，即一方面要求

---

[76] 阿历克西（前注25）《名城法学》第43卷第4号第188页以下。
[77] 阿历克西（前注25）《名城法学》第43卷第4号第189页。
[78] R. Alexy（前注25）Theorie S. 414 f.
[79] BVerfGE 33, 303. 参照德国宪法判例研究会编（前注4）《德国的宪法判例》第234页以下（户波江二执笔）。

保障基本权利意义上的自由免受国家的侵犯；另一方面要求从基本权利意义上保障参与国家的给付。""从性质上而言，教育场所的选择自由旨在保障自由参与到教育制度中。因此，如果不存在可要求该自由的事实前提，该自由将不具有价值。"如果不考虑有关现代国家的阐述，我们可以将这一判决定义为基于基本权利论的基础建构。不过，联邦宪法法院接着使用"关联于《基本法》第12条第1款的平等条款及社会国家原理""关联于社会国家原理的《基本法》第12条第1款""社会国家意义上的宪法委托"等措辞援引了国家论。

第二，如果考虑到上述情况，对于德国的宪法学学界而言，在推导出基本权利保护义务、保护请求权时援引国家目的、国家任务或许是很自然且更具有说服力的事情。如同人们从作为客观法、价值决定的基本权利中推导出社会权意义上的给付权、给付义务时援引社会国家原理。

不过，我们也不应当忽略国家目的论与社会国家原理之间的显著差异。社会国家原理是《基本法》明文规定的原理，是无可争辩的宪法基本原理。但相比之下，"安全"这一国家目的是不成文的。当然，也有人从德国联邦共和国作为一个"国家"这一点中解读出"安全"这一国家目的。[80]但它终归是一种解释，不同于法律明文规定的社会国家原理。另外，如同后述，我们不应忽略的还有：国家目的背负着各种"过去"的概念。[81]

综上，我们即使基本肯定双重的基础建构，也有必要进一步分析其内容。

191

---

〔80〕　上述 BVerfGE 33, 303. 参照德国宪法判例研究会编（前注4）《德国的宪法判例》第234页以下（户波江二执笔）。

〔81〕　关于这一点，参照栗城寿夫（前注70）第79页以下；本书后述第186页。

（二）"双重的基础建构"的三种类型

根据双重基础建构的侧重点，我们可以把通说再细分为如下三种类型。本书中将分别称之为国家论优势型、同等地位型、基本权利论优势型。

（1）国家论优势型是从国家论出发赋予保护义务一定的根据，并基于某种需要，把它连接到基本权利论的手法。

伊森泽的论述[82]始于安全的"国家理论、理念史基础"，[83]接着阐述"立宪国家目的论上的安全"。[84]如果除去理念史中所讨论的"作为传统人权宣言对象的安全"[85]，"基本权利意义上的安全"实际所关注的是修正耶利内克的地位论的"自由主义意义上的积极地位"。[86]

（2）同等地位型是基于国家论和基本权利论分别建构保护义务的基础，并整合各自论证脉络中的保护义务手法。迪特莱因一方面以"国家的保护委托的国家论意义上的基础建构"为标题阐述国家的正当性根据；市民的服从、平稳义务与国家的权力独占；市民的、自由主义的国家理论中的保护义务；作为国家秩序的实现的国家的保护义务。[87]另一方面迪特莱因"从基本权利意义上建构国家的保护义务的基础"，从基本权利中推导出作为基本权利客观法内容要求的保护义务并建构了其基础。[88]最后，他指出："国家的保护义务不可分，不存在并列于

---

［82］　以下只提及有关保护义务的若干著作中的（前注 18）。Das Grundrecht auf Sicherheit, 1983.

［83］　J. Isensee（前注 18）S. 3 ff.

［84］　J. Isensee（前注 18）S. 17 ff.

［85］　J. Isensee（前注 18）S. 12 ff.

［86］　J. Isensee（前注 18）S. 22 ff.

［87］　J. Hermes（前注 14）S. 21 ff.

［88］　J. Dietlein（前注 14）S. 51 ff.

基本权利意义上的国家保护义务的抽象的国家保护义务，两个义务是同一个物。"[89]

（3）基本权利论优势型是把立论的起点置于基本权利论，在依据基本权利阐述国家与个人之间的保护关系时，援引国家论作为一种补充的手法。一般认为，上述阿历克西的观点属于这一类型。另外，重视"个人自律的概括性保障意义上的基本权利功能"的赫尔梅斯[90]的见解也属于这一类型。

（三）作为基本权利论的基本权利保护义务论

1. 两种保护义务论

第一，正如施塔克所指出"针对第三人保护基本权利中提及的法益是国家的基本作用，是在实施广义上的国家的和平作用"[91]，刑法上的禁止杀人不仅是生命这一基本权利的要求，而且是国家创造和维护内在和平与安全的功能之所在。从这个意义上而言，作为基本权利论的保护义务和作为国家论的保护义务相重叠。正如迪特莱因所称，两者是硬币的正反两面。

但不能把基于杀人罪这一具体规范得出的上述结论予以一般化。两种保护义务一致性限于法律或者国家的具体措施把个人的基本权利法益作为保护法益的情形，即限于这种情形国家的保护措施既出于基本权利保护又出于国家的和平作用。因此，我们不应当把基本权利保护与国家的和平作用画等号。国家维持安全与秩序可包含超出"基本权利"保护的内涵，国家论意义上的保护义务大于基本权利论意义上的保护义务。

因此，我们不能赞同迪特莱茵的观点，因为迪特莱茵把两种保护义务的不可分性、一致性视为不言自明的法理。我们应

193

---

〔89〕　J. Dietlein（前注14）S. 65.

〔90〕　G. Hermes（前注16）S. 201.

〔91〕　Chr. Starck（前注19）S. 75 f.

区分基本权利论意义上的保护义务与国家论意义上的保护义务。

第二，国家目的这一概念原本就是不确定概念。随着时代的变化，德国国家目的论的内涵也正在发生变化。栗城寿夫教授认为，就 18 世纪的国家目的论而言，在初期是把"公共福祉"作为其内容，"因为其作为原理的单一性，人们能够从理论上统一把握统治者的所有统治权限，又因其作为原理的概括性，人们能够从实践上无限扩大统治者的统治权范围"。[92]但到 18 世纪中叶，人们在其内容上突出了制约统治者权力的层面。而到了 18 世纪末，人们开始否定作为国家目的的公共福祉，而设定自由、人权为国家目的。不过，这里所说的自由、人权"并非一般意义上的自由、人权，而是特定的自由、人权"[93]。

那么，用于基本权利保护义务基础建构的国家目的究竟是什么样的概念？作为代表性学者的伊森泽所援引的国家目的、国家任务的历史系谱里面也无差别地包含着这些 18 世纪的国家目的论。[94]如果要把国家目的论嫁接于保护义务论，我们有必要讨论如下问题：（要嫁接）什么样的国家目的论？如何把它嫁接于保护义务论？

2. 国家论的补充性

如上所述，与建构给付请求权基础时的社会国家原理的援引相比较，建构保护义务基础时的国家目的论的援引中隐藏着本质上不同的问题。

国家目的论具有可变性。因此，我们可以通过恰当界定的手法把它改造成基本权利保护义务的根据。但国家论主导的基

194

---

〔92〕 栗城寿夫（前注 72）第 361 页以下。

〔93〕 栗城寿夫（前注 72）第 366 页。

〔94〕 就这一点栗城寿夫教授提出保护义务论中存在的问题。参照栗城寿夫（前注 70）第 98 页以下。但笔者认为，这是伊森泽的保护义务论中存在的问题，它并不波及基本权利论主导型的保护义务论。

础建构存在明显的缺陷。因为在这一基础建构的情形下，基本权利只是一个保护客体，它与其他保护客体（如"公共安全"）处于同等地位，而且决定保护义务的基本权利性质的是国家论逻辑，而不是基本权利逻辑。

总之，这一基本建构不仅服务于基本权利保护，同时也为具有独立逻辑的国家目的、国家任务的基本权利化铺平道路。[95]最终导致的后果是：基本权利解释将从属于学者的特定国家观。[96]

因此，我们应从基本权利论出发建构基本权利保护义务的宪法基础。尽管当国家论重叠于基本权利论时会增强和补充基本权利论的基础建构，但我们不能颠倒其关系，即不能基于国家论确定基本权利保护义务的性质和范围。

五、作为客观法、价值秩序的基本权利

（一）基本权利的非防御权性内涵

尽管基本权利论主导型的保护义务基础建构包括客观法方法和防御权方法，但如上所述，我们应当遵循以基本权利双重属性为前提的客观法方法。[97]

（1）如果宽泛界定基本权利的双重属性，我们可以将其理解为：基本权利的内涵并不穷尽于防御权的保障，即保障自由不受国家的侵犯。众所周知，在《魏玛宪法》之下，斯门德（Smend）把这种理解表达为"价值体系、法益体系、文化体系"的基本

195

---

〔95〕　E.-W. Böckenförde（前注25）Grundrechte als Grundsatznormen, S. 187.

〔96〕　Chr. Enders, Die Privatisierung des Öffentlichen durch die grundrechtliche Schutzpflicht und seine Rekonstruktion aus der Lehre von den Staatszwecken, Der Staat Bd. 35 (1996), S. 351 (353).

〔97〕　上述第137页以下。

权利。[98]后来，这个观点被生活在同时代的 H. 胡贝尔（Huber）
（瑞士）[99]、E. R. 胡贝尔（Huber）（德国）[100]等人继承下来。战
后瑞士宪法学界的扎拉丁（Saladin）[101]、J. P. 米勒（Müller）[102]
等学者的观点，德国宪法学界的黑塞的基本权利论，[103]黑贝勒
倾力论述的制度基本权利论[104]等也属于广义的双重性质论。

（2）尽管如此，联邦宪法法院的双重性质论成为以下情形
中的基准。

联邦宪法法院在基本权利私人间效力的典型判例——1958
年的吕特判决中指出：①基本权利的首要意义在于防御权；
②但与此同时，《基本法》在基本权利条款中确立一个客观价值
秩序，从而在原理上强化基本权利的作用力。对于后一个层面，
尽管法院在判例中采用"价值决定原则规范""客观法的价值决
定""客观原理""客观秩序的要素"等不同表述方式，[105]但正
是基于基本权利的这一层面展开了基本权利的照射效力，基本
权利保护义务，适合于基本权利的组织、程序要求，狭义的给

---

〔98〕 R. Smend, Verfassung und Verfassungsrecht, 1928, S. 163.

〔99〕 H. Huber, ZschwR n. F. Bd. 55 (1936), S. 1a ff.

〔100〕 E. R. Huber, Bedeutungswandel der Grundrechte, in：AöR Bd. 62 (1933), S. 1. 相关的研究，参照苋原明：《变革期的基本权利论——E. R. 胡贝尔研究》（1991）。

〔101〕 P. Saladin, Grundrechte im Wandel, 1970.

〔102〕 J. P. Müller, Elemente einer schweizerischen Grundrechtstheorie, 1982; ders., （前注 25）Der Staat Bd. 29 (1990), S. 33 ff.

〔103〕 K. Hesse, Bestand und Bedeutung, in：E. Benda/W. Maihofer/H. - J. Vogel (Hrsg.), Handbuch des Verfassungsrechts, 1983, S. 79 ff.；康拉德·黑塞：《德国联邦共和国的基本权利》，栗城寿夫译，《公法研究》第 42 号第 1 页（1980）。

〔104〕 P. Häberle, Die Wesensgehaltgarantie der Grundrechte des Art. 19 Abs. 2 Grundgesetz, 3. Aufl. 1993；佩塔·黑贝勒：《基本权利论》，井上典之编译（1993）。

〔105〕 关于判例所使用的各种标记，参照阿历克西（前注 25）《名城法学》第 43 卷第 4 号第 182 页。

付请求权等超越防御权的法作用。〔106〕

　　如上所述，直到 1970 年代人们批评联邦宪法法院的"确立判例"〔107〕——基本权利的客观法层面，将其称为宪法学上的笑柄。对此，本书不予评论。不管怎样，重要的是联邦宪法法院正是基于基本权利的客观法层面才使基本权利解脱于防御权这一固定而单一的内涵。而如何表述基本权利的第二内涵属于次要问题。如果考虑到"价值"、价值"秩序"概念关系到价值哲学或展示、认识"秩序"可能性的怀疑，〔108〕我们应当使用在判例、学说中正在成为主流的"客观法"概念或"超出防御权的内涵"〔109〕表述。

　　（二）基本权利的客观法层面

　　那么，人们是如何理解基本权利的超出防御权的层面呢？

　　对此，阿历克西作出了如下的说明：所谓基本权利的客观法层面无非就是对于作为防御权的基本权利作出的"三重的抽象化"。〔110〕如果以言论自由为例，作为防御权的言论自由保障的是市民 A 要求国家不干涉自我表达自由的权利。不过，不管这个权利有多么重要，它不可能涵盖私人相互间的法律关系，也

196

---

〔106〕　具体参照克劳斯·施特恩：《基本权利体系的理念与要素（一）（二）》，田口精一译，《庆应大学法学研究》第 60 卷第 4 号第 19 页、第 5 号第 26 页（1987）；栗城寿夫（前注 70）第 93 页以下。

〔107〕　BVerfGE 21, 362 (372).

〔108〕　相对而言，初期更多的是对"价值"秩序等价值概念的批评。对此，参照嶋崎健太郎：《基本权利的价值体系论及其问题》，《中央大学大学院研究年报》第 13 号 I－I 第 25 页以下（1983）。

〔109〕　尽管施特恩使用的是"超出主观权利的基本权利内涵"这一表述，但将其称为"超出防御权的内涵"或"非防御权内涵"更为准确。

〔110〕　以下内容参照阿历克西（前注 25）《名城法学》第 43 卷第 4 号第 179 页、第 44 卷第 1 号第 321 页；小山刚（前注 25）《比较法研究》第 53 号第 153 页。另外，讨论阿历克西的基本权利论的最新文献有：井上典之（前注 25）；中野雅纪（前注 25）。

不可能成为整个法秩序的客观原理。因为作为防御权的言论自由"太过于特殊"。所谓三重的抽象化是关于权利主体（权利人）、对象（义务人）、保障种类（这里指侵害不作为）的抽象化。依据这种三重的抽象化，市民 A 的言论自由即对国家的侵害不作为请求权就会转变为"言论自由是可命令的"这一内容的单纯命题。阿历克西把此类命题称为"根本原理"（Grundprinzipien）。

依这种三重的抽象化，基本权利能够从对抗于国家的个人的防御权这一固定思维模式中解脱出来，获得可阐述包括基本权利保护义务在内的多种法作用的灵活性和可塑性。阿历克西的说明至少可抵消关联于价值体系、价值秩序等概念的批评，尤其不可忽略的是：不同于黑贝勒的制度基本权利论，阿历克西的说明并不否定自我决定权、自律权的保障这一基本权利内涵。[111]尽管伯肯弗尔德主张初期的基本权利价值理论或制度基本权利理论为违宪，但对联邦宪法法院的双重性质论或阿历克西的基本权利论只是评价为不该从宪法上认可的基本权利论。当然，在他看来，基本权利获得可塑性是基本权利的液态化，而联邦宪法法院对基本权利的具体化是立法事项的基本权利化。[112]尽管如此，伯肯弗尔德明确区分制度基本权利理论等与客观法（或作为原理的基本权利）。因此，我们不能把对前者的批评直接转用于后者及其派生出的基本权利保护义务。[113]

（三）补论——主观的保护请求权

那么，基本权利保护义务是否仅仅停留在国家的法律义务

---

〔111〕 小山刚：《制度意义上的基本权利理论及其后》，《法学家》第 1089 号第 65 页（1996）；G. Koyama, Der Doppelcharakter der Grundrechte aus japanischer Sicht, Festschrift für K. Stern, 1997, S. 875.

〔112〕 E. -W. Böckenförde（前注 25）Grundrechte als Grundsatznormen, S. 189.

〔113〕 具体参照后述第七章第 288、289 页。

层面上？我们可否从中推导出对应于该义务的主观权利——保护请求权？这一问题也关联于保护义务的基础建构。

如果从防御权意义上建构基本权利保护义务的基础（如穆斯维克），就易于承认主观权利。[114]同样，以强势的保护义务论[115]为前提，基于人的尊严建构保护义务的基础，也易于承认主观权利。[116]但相反，如果基于基本权利客观法层面或国家目的建构基本权利保护义务的基础（判例、通说），主观保护请求权的成立与否本身就会成为一个争论点。

不过，有关主观权利的讨论关系到德国的宪法诉讼制度，我们可参考的空间很少。下面只是概述其讨论情况。

1. 判例、学说

第一，基本权利的"客观法"层面这一表述（或者类似的表述）并不排除主观权利。[117]德国基本权利论中的主观权利与客观法也不对应于一般意义上的权利与法。因此，在德国的基本权利论中目前仍使用着"具有客观法内容的基本权利的主观权利性"这一奇特表述。[118]

关于具有客观法内容的基本权利的主观权利性，学术界的倾向是：对各种不同的法作用，分别讨论其可能性及要件。[119] 198
但无论对哪一种法作用，判例、学说都没有得出决定性结论。对基本权利保护义务也不例外。关于基本权利保护义务的主观

---

〔114〕 D. Murswiek（前注 14）Die Staatliche Verantwortung, S. 107.

〔115〕 参照上述第 122 页。

〔116〕 参照 J. Dietlein（前注 14）S. 145 f.

〔117〕 K. Stern（前注 9）Das Staatsrecht Bd. Ⅲ/1, S. 978 ff.；小山刚：《基本权利客观法层面的诸问题》，《比较法研究》第 53 号第 152 页以下（1991）。

〔118〕 施特恩设定了称之为 "Die subjektiv-rechtliche Bedeutung objektiv-rechtlicher Grundrechtsgehalte" 的小项。K. Stern（前注 9）S. 978 ff.

〔119〕 关于每个法作用的主观化特征，参照 K. Stern（前注 9）S. 979 ff.（981 ff.）.

权利性的联邦宪法法院的阐述，施特恩评价称，它是极其矛盾的，联邦宪法法院一直没有解决此问题。[120] 同时，他又指出，化学武器储藏决定的启示是"倾向的转换"。

化学武器储藏决定指出："以公权力违反保护义务（该保护义务生成于《基本法》第 2 条第 2 款规定的基本权利）为理由提起的宪法诉讼中，为了使该宪法诉讼满足合法性要件，异议申请人应当充分阐明如下情况：公权力根本没有采取保护措施，或者所采取的保护措施完全不适当，或者公权力采取的保护措施不充分等。如果异议申请人主张只有公权力采取某一特定的措施才能满足保护义务，异议申请人应当充分说明这一点与应采取的措施种类。"[121]

本判决并不当然排除保护请求权，至少就明确不履行保护义务，该判决明确了宪法异议的合法性（zul ässig）。在这一点上本判决具有积极意义。不过，这是否意味着在不属于明确不履行保护义务的情形下宪法异议总是不合法？这一点并没有明确。因为本判决采用的是宽松的统制基准——"明显性控制"，而如果是采用更为严格的审查基准的案例，其合法性判断标准会有所不同。[122] 另外，作为技术性要件的宪法异议的合法性与主观权利性并不一定总是一致的。

最近的第二次堕胎判决中包含着似乎从人的尊严派生的生命保护承认保护请求权的阐述，[123] 但本案属于抽象的规范统制案，法院并没有详细讨论主观权利性问题。

第二，关于保护请求权，学界的意见也不统一，不存在所

---

[120]　K. Stern（前注 9）S. 984.

[121]　BVerfGE 77, 170（215）.

[122]　关于统制密度，参照第三章第 108 页。

[123]　BVerfGE 88, 203（252）中使用的是"生命权"这一表述方式。

谓的定说。

　　作为典型的积极说，阿历克西提出"主观化论题"（Subjek-tivierungsthese），[124] 即推定根基于基本权利的所有国家客观法义务都有相对应的主观权利。因此，只要不存在排除主观权利性的特别论据，原则上承认基本权利保护义务的主观权利性。[125] 作为消极说，施塔克仅就《基本法》第 1 条第 1 款的人的尊严承认主观权利性。[126] 不过，这些见解都没能成为通说。

199

　　另外，迪特莱因[127] 整理出传统学说中的保护请求权的基础建构，其具体包括如下类型：①基于《基本法》第 1 条第 1 款（人的尊严）的基础建构；②作为人权的"安全权"视角上的基础建构；③基于基本权利原理及其"最适当化"的基础建构；④基本权利保障"个人地位"，因此，不仅可以建构不作为请求权的基础，而且可以建构作为请求权的基础；⑤基于社会国家

---

　　[124]　R. Alexy（前注 25）Theorie, S. 414 f., 432 ff., 442 ff., 447 ff.；罗伯特·阿历克西（前注 25）《名城法学》第 44 卷第 1 号第 321 页以下。

　　[125]　作为主观化命题的根据，阿历克西举出：①基本权利个人主义，即基本权利的目的及根据在于保护个人，而不是保障客观秩序或公共财产；②最适当要求的基本权利，即只要有可能，就要求在实际上和法律上实现最高程度的基本权利。后者体现的观点是：与只承认同一内容的客观义务的情形相比较，承认主观权利意味着更高程度的实现。阿历克西以此为理由主张，我们暂且（prima facie）可以命令所有基本权利规范的主观化，同时，原则上可以排除基本权利的单纯的基本权利利益或基本权利的反射收缩。与此同时，阿历克西反驳了反对主观权利化的一些论据。这些论据包括：①宪法诉讼权的功能法意义上的界限论；②主张多数情形下客观的基本权利意义上的义务是以公共财产作为其对象的观点；③依据宪法诉讼视角——宪法诉讼数量的膨胀及联邦宪法法院的过度负担——的观点。参照（前注 25）《名城法学》第 44 卷第 1 号第 323 页以下。

　　[126]　参照上述第 172、173 页。另外，有人把施塔克的"突然变异"批评分类为"方法论上的批评"（P. Unruh, Zur Dogmatik der grundrechtlichen Schutzpflichten, 1996, S. 60），但如同上面已经指出，成为问题的并不只方法论。

　　[127]　J. Dietlein（前注 14）S. 144 ff., 149 ff., 154 ff., 156 ff., 159 ff., 161 ff., 163 ff., 168 ff.

意义上的基本权利解释的基础建构；⑥基于国家的权力独占建构保护请求权的基础；⑦基于国家赋予具体动因（Ingerenzen）的保护请求权；⑧参照行政法上的保护规范说的基础建构，即基于基本权利保护义务包含个人保护性方向的基础建构。

迪特莱因本人支持上面的⑦⑧学说。但对于⑦学说，限于如下两种情形承认保护请求权：一是国家通过高权活动扩大私人侵害的可能性；[128] 二是国家通过具体保护规定等给予基本权利主体对国家的信任，使其相信规范能够得到贯彻。[129] 对于⑧学说，他认为，尽管保护规范说并不建构概括性保护请求权的基础，但如果国家的不作为本质上体现为等同于国家侵害的"行为无价值"，仍可以承认其主观权利性。[130]

2. 讨论的特殊性

关于主观权利性问题，我们没有必要做进一步的讨论。因为在德国主观权力性只在有限范围内才会成为现实问题，而且这一讨论涉及很多德国固有的情况（如上所述）。

首先，从基本权利救济这一视角而言，至少在实务上，主观权利性的成立与否及其要件并不属于那么紧迫的问题。主观权利性在抽象规范统制（如第一次、第二次堕胎判决）上根本不会成为问题。在需要作出临时命令予以救济的案件（如施莱尔决定）中主观权利性也不会成为重要的问题。[131] 主观权利性成为问题的是宪法诉讼程序。不过，即便在这个程序中，当基本权利保护义务表现为基本权利照射效力形式时，联邦宪法法

---

[128]　J. Dietlein（前注 14）S. 163 ff.

[129]　J. Dietlein（前注 14）S. 166 ff.

[130]　J. Dietlein（前注 14）S. 168 ff.

[131]　K. Stern（前注 9）Staatsrecht Bd. Ⅲ/1, S. 984 f.

院仍相当宽松地承认宪法异议。[132]因为就基本权利照射效力成为问题、针对专门法院的判决提起的宪法诉讼而言，经吕特判决和埃尔费斯判决，主观权利性已丧失宪法诉讼屏障的功能。[133]

因此，如果赋予这一讨论某种实践意义，那就只能是限制已得到扩张的基本权利救济实务。施塔克的讨论就属于此类。[134]

其次，有关主观权利性的论证本身很大程度上受制于德国的宪法诉讼制度与宪法诉讼实务。例如，阿历克西提出主观化论题的论据之一是：在抽象规范统制程序之下，既然立法机关违反客观法意义的保护义务要接受联邦宪法法院的审查，即便将其主观性权利化，也不会扩大联邦宪法法院的权限。[135]

主观权利的保护请求权强调的是可否对立法不作为提起宪法诉讼。关于这一点我们也有了如下的合意："联邦宪法法院的判例已承认：在《基本法》的支配之下，在法体系视角上，

〔132〕　例如，联邦宪法法院在米尔海姆－卡利希决定中详细阐述了宪法诉讼的合法性。其论述重点在于如何判断核能设施宪法诉讼中的个人的、现实的、直接的合理性问题，而不是对应于国家客观法义务的主观权利成立与否的问题。BVerfGE 53, 30（48 ff.）.另外，与民事审判权的关系上，自吕特判决以来，一直到最近的代理商决定、连带保证决定，法院不问其主观权利性受理了宪法诉讼。

〔133〕　上述第 175、176 页。因为经这两个判决，人们已无法明确区分法律上的权利侵害与基本权利侵害、法律解释错误与基本权利解释错误，而且通过把违反客观宪法命题（如比例原则、法治国原理）视为违反《基本法》第 2 条第 1 款，打开了提起宪法诉讼的通道。

〔134〕　不过，这个问题并非当然要求压缩基本权利论。这个问题也可通过把联邦宪法法院的宪法诉讼受理程序变更为裁量上诉（certiorari）程序的方式加以解决。倡导引入裁量上诉程序的最新文献有 R. Wahl/J. Wieland（前注58）JZ 1996, 1137 ff. 当然，不同于日本最高法院的情况，会产生一个根本性问题：联邦宪法法院究竟是宪法诉讼的第一审法院，还是第四审法院（实际如此）。

〔135〕　阿历克西（前注25）《名城法学》第 44 卷第 1 号第 323 页。

每个基本权利主体具有要求立法机关制定给予保护性质的法规范的主观权利。"而且,"在实体法视角上不存在任何合理异议"〔136〕。

〔136〕　J. Dietlein（前注 14）S. 175.

第六章
私法关系上的基本权利保护

本章讨论国家的基本权利保护义务与基本权利私人间效力之间的关系。

通常，日本的宪法学体系书把基本权利私人间效力列入人权规定的效力所涵盖的范围问题，并列于公务员、囚犯等的人权。其结果，给人们的印象是：私人间效力问题及作为其解决方案的间接适用说脱离原来的内在联系，变成对极其特殊问题的极为特殊的处方。

所谓基本权利的私人间效力无非就是私法规定的基本权利适合性解释，而这是基本权利保护义务所要求的。本章将基于这一视角重构间接适用学说。

一、问题的提出

宪法保障的基本人权不仅会受到国家的侵犯，而且会受到其他私人的侵犯。这是宪法学界公认的事实。私人侵犯基本权利的形式是多种多样的。关于解释和适用私法的基本权利的作用及其手法问题，日本学界也以"基本权利的私人间效力（第三人效力）"展开讨论，[1]并已积累相当丰富的学说和判例。

---

〔1〕 初期的重要研究成果有，芦部信喜在 1963 年公法学年会上发表的论文

213　　　权威学说包括依据德国法的直接适用说和间接适用说、依据美国判例法理的国家行为（state action）理论[2]。但一般认为，限于传统的自由权、平等权，间接适用说为通说。[3]对于日本最高法院的三菱树脂事件判决等判例，也有人评价为"无限接近无效力说"，但一般认为，基本上仍立足于间接适用说。[4]

可见，日本学界似乎把间接适用说确立为判例、通说，但并非对间接适用说不存在争论。

（1）首先，有人对间接适用说的有效性提出了如下的批评：①间接适用说是以契约法领域为前提的理论，因此，不能充分（更为正确的说法是——忠实于理论）应对基于事实行为的人权侵犯。[5]②间接适用说立足于尊重个人自律，因此，根据价值

《人权保障规定的私人间效力》，《现代人权论》（芦部信喜，1974）；田口精一：《私人相互关系中的人权保障》，《基本权利理论》（田口精一，1997）；阿部照哉：《私人间的基本权利效力》，《基本人权的法理》（阿部照哉，1976）；竹内重年：《私法关系中的基本权利界限与侵害》；稻田阳一：《宪法与私法的临界点》（1970）；稻田阳一：《宪法与私法的临界点（续）》（1975）。

　　〔2〕　关于学说的现状与各学说的概要，参照芦部信喜：《私人间的人权保障》，《宪法Ⅱ人权（2）》（芦部信喜编）第39页以下（1978）；田上穣治编：《体系宪法事典》第110页以下、第284页以下（田口精一、阿部照哉、芦部信喜执笔，1968）；佐藤幸治：《私人间的基本权利效力》，《宪法、判例与学说Ⅰ》（阿部照哉编）第65页以下（1976）；初宿正典：《宪法2基本权利》第165页以下（1996）。

　　〔3〕　主张至少限于古典自由权、平等权间接适用说为日本的通说的文章有：芦部信喜（前注2）第49页；田口精一（前注1）《基本权利理论》第292页；中村陆男：《人权与私法关系》，《演习宪法》（芦部信喜、池田政章、杉原泰雄编）第159页（1984）。

　　〔4〕　关于最高法院及下级法院的判例概述，参照芦部信喜（前注2）第49页以下；田口精一（前注1）第68页以下；佐藤幸治（前注2）第81页以下。

　　〔5〕　芦部信喜：《宪法学Ⅱ人权总论》第300页（1994）。

填充的幅度，有时无法实施应当做出的救济。[6]

（2）其次，即便不考虑上述批评，也很难说间接适用说这一理论本身是十分明确的。用何种理论结构应对私人的人权侵犯这一点最直接体现讨论人对基本权利的理解。[7]尽管我们不能断言所有对间接适用说的批评都指出该学说内在的问题，但至少如下几点直接关联于作为一种理论的间接适用说的明确性与可视性。[8]

第一，德国的间接适用说所依据的客观价值秩序、作为价值体系的基本权利等概念缺乏明确性。这并不是德国的学说、判例所固有的问题。即使在日本，学界也在没有作出任何说明

----

〔6〕　参照三并俊克：《基本权利的第三人效力——以西德的直接效力说的分析与对迪里希学说的批判性讨论为中心》，《立命馆法学》第 116、117、118 号第 538 页以下（1974）。

〔7〕　战后德国基本权利解释论的显著功绩与最大争论点之一是承认和适用所谓基本权利的客观法、价值决定意义上的内容。其典型判例是联邦宪法法院的吕特判决。

〔8〕　对间接适用说提出质疑的重要的最新文献有，三并俊克（前注6）；木村俊夫：《论"基本权利的内容变化"（一）》，《八幡大学论集》第 35 卷第 1 号第 47 页以下（1984）；栋居快行：《人权论的新构成》第 1 页以下（1992、初版 1988—1991）。三并俊克的论文立足于原则规范说型直接适用说，而木村俊夫的论文则立足于施瓦贝的直接适用说，并引用德国的文献批评了间接适用说。栋居快行的论文指出已有讨论的不合理之处，并批评了间接适用说。以栋居快行的论文为先河，近年来出现了不少重新讨论基本权利私人间效力的研究。例如，山本敬三：《现代社会的自由主义与私立自治（一）（二）》，《京都大学法学论丛》第 133 卷第 4 号第 1 页、第 5 号第 1 页（1993）；山本敬三：《宪法与民法的关系》，《法学教室》第 171 号第 44 页（1994）；户波江二：《国家的基本权利保护义务与自我决定的缝隙》，《法律时报》第 68 卷第 6 号第 126 页（1996）；藤井树也：《私人侵犯宪法上的"权利"（1）（2）》，《民商法杂志》第 110 卷第 1 号第 1 页、第 2 号第 321 页（1994）；君塚正臣：《所谓宪法的第三人效力论再考》，《东海大学文明研究所纪要》第 17 号第 8 页（1997）等。另外，《公法研究》第 59 号刊载了芦部信喜教授对私人间效力问题（包括对基本权利保护义务的批判性观点在内）的概括性考察（芦部信喜：《回顾人权论 50 年》）。需要指出的是，由于时间关系，作为本书原型的笔者的论文中并没有讨论包括栋居快行的论文在内的这些学术成果，本书也只是补充了其部分不足。

的情况下使用"宪法精神"等概念。[9]

第二，依不同的学者，间接适用说的内涵并不完全一致。尤其是作为代表性学者的迪里希学说的内容极为深奥，我们很难准确理解其趣旨。而且我们也不能预判：吕特判决与迪里希学说为同一个理论。那么，日本学界究竟继承了"各种"间接适用学说中的哪一个学说？[10]

第三，为了突出私法的独立性与尊重个人自律，间接适用说只是强调私人之间效力问题的特殊性。其结果，我们无法看到：基本权利对相邻人保护意义上解释、适用行政法的作用；与刑法保护生命、身体、财产等法益之间的连接点。因此，给人们的印象是：私人间效力只是针对基本权利理论中占据极其特殊位置的问题而提出的极其特殊的处方。

第四，如果把契约自由置于立论的中心，我们无法从这一理论中找到针对合同之外侵害的处方。假设这个理论对于合同之外侵害也有效，为什么必须把契约自由置于核心地位？这一点并不明确。

第五，尽管间接适用说强调立法的首要责任，但并没有阐明民事立法与基本权利的关系、民事立法与审判的关系。

第六，日本的私人间效力争论一直受困于"设定问题的模

---

〔9〕 名古屋地裁判昭 45・8・26 判第 613 号第 91 页指出，《结婚退职惯例》"因违反《日本国宪法》第 14 条、第 13 条、第 24 条的精神，进而最终违反《日本民法典》第 90 条而无效"。另外，类似的概念有"保障人权的宪法精神"（福冈地决昭 36、2、15 劳动民集例第 12 卷第 1 号第 63 页）。

〔10〕 关于这一点，笔者认为，日本的间接适用说在引入阶段已经存在模糊之处。尽管本书无法详细阐述，但在理由建构上，迪里希的私人间效力论与吕特判决的私人间效力论之间存在相当大的差异，我们无法将两者同等看待。另外，芦部信喜教已授意识到"客观价值秩序论"中存在的问题，展开了既不同于迪里希学说也不同于吕特判决的私人间效力论。参照芦部信喜（前注 8）《公法研究》第 59 号第 12 页。

糊性（这一点集中体现在'适用''效力'等概念的不明确性）及由此而产生的论点的错位"〔11〕。这一点也使我们难以理解一般意义上的私人间效力论和间接适用说。

（3）基于这些问题，本章从基本权利私人间效力是国家的基本权利保护义务的一个局面这一视角，讨论间接适用这一理论结构的合理性。

在德国，占据判例、通说地位的也是间接适用说。对其做出巨大贡献的是迪里希的一系列专著和联邦宪法法院的吕特判决。不过，即使在德国，人们也并不认为私人间效力问题已完全得到解决。而相反，一般认为，"尽管积累了不少判例，但联邦宪法法院仍没有就私法与基本权利关系找出牢固的构想。"〔12〕基本权利保护义务不仅作为基本权利的客观法内容之一在德国的判例、学说中得以确立，而且在与私人间效力的关联上受到学界的关注。在后述的代理商决定〔13〕中，联邦宪法法院也是通过明确引用保护义务来建构私人间效力。

人们在阐述私人间效力时受制于各国的宪法条文与宪法制度上的各种条件。例如，对于美国的国家行为理论，有人指出，它受制于美国宪法所采用的联邦制。〔14〕对于德国的私人间效力论，也有人指出，它的前提是对民事法院判决的宪法异议申请制度，体现了德国所固有的问题。〔15〕

宪法法院并不是联邦一般法院、联邦劳动法院的上诉法

215

〔11〕　栋居快行（前注8）第8、9页。

〔12〕　G. Hermes, Grundrechtsschutz durch Privatrecht auf neuer Grundlage? NJW 1990, 1764.

〔13〕　BVerfGE 81, 242.

〔14〕　木下智史：《私人间人权保障与法院》，《神户学院法学》第18卷第1、2号第149页（1990）。

〔15〕　栋居快行（前注8）第54页以下。

院。因此，①联邦宪法法院控制民事法院判决的范围自然受到
限定〔16〕；②根据现行法，要想通过宪法异议申请寻求联邦宪
法法院的救济，必须主张民事法院判决侵犯的是主观性基本权利
（《基本法》第 93 条第 1 款 4a、《联邦宪法法院法》第 90 条第 1
款）。在与后者的关系上，保护义务也是一种适合于回答过去疑
问〔17〕的理论，它成为推动私人间效力关联上的保护义务论的力
量。不过，保护义务论的意义并不仅仅限于异议申请的要件，
保护义务是适合于在更为明确、更为广泛的关联上建构基本权
利对私法关系的实体作用的理论。

　　基于上述理由，笔者认为，既然日本学界也把间接适用说

---

　　〔16〕　栋居快行（前注 8）强调了这一点（例如第 52 页以下）。相关判例参照
BVerfGE 42, 143（148）；54, 129（135）. 有人把联邦宪法法院对专门法院的管辖权视
为适用间接适用说的重要理由之一，但笔者对此持怀疑态度。因为无论是在与民事
审判权、劳动审判权的关系上，还是在与刑事审判权、行政审判权的关系上，联邦
宪法法院都不是超上级审法院。这一点同样也得到承认。而且在与刑事法院判决、
行政法院判决（对于这些判决而言，不存在私人间效力问题）的关系上，联邦宪法
法院也不是超上诉审法院。暂且不论联邦宪法法院在实务中是否成功实施这一点，
联邦宪法法院实际上并没有用"间接适用"来解决超上诉审问题，而是采用违反
"宪法固有内涵"这一统制方式回应了超上诉审问题。的确，吕特判决似乎在同一
个桌面上讨论基本权利的间接适用（照射效力）与联邦宪法法院、最上级民事法院
的权限分配问题〔BVerfGE 7, 198（207）〕，但这是因为人们把忽略照射效力视为违
反宪法固有内涵的一种类型〔关于违反宪法固有内涵的类型，参照克劳斯·施特恩：
《德国的宪法诉讼制度》，小山刚译，《名城法学》第 46 卷第 3 号第 1 页、第 17 页以
下（1997）〕。另外，最新判例〔第一法庭第一部门会议决定 Beschl. v. 30. 7. 1996,
DVB1. 1996, 1369）〕在公法规定的基本权利适合性解释意义上使用了照射效力这
一术语。关于这一决定，参照冈田俊幸：《禁止对残疾人的不利益处置与向特殊学校
的转校处理》，《自治研究》第 73 卷第 12 号第 108 页以下（1997）的解说。

　　〔17〕　其疑问是：为什么违反客观宪法原理的民事判决同时又侵害作为申请人
的主观权利的基本权利？如果援引保护义务论，可以作出如下解释：①民事法官负
有保护申请人基本权利的义务；②对应于这一义务，申请人具有要求民事法官保护
自己基本权利的请求权（保护请求权）；③因此，民事法官违反自己所承担的保护
义务的同时也侵害了申请人的保护请求权。

作为其通说，那么日本学界也应当讨论间接适用说与保护义务
的关联问题。[18]

当然，本章无法解答有关私人间效力的所有问题。下面将
以基本权利保护义务为核心，通过分析制定、解释和适用私法
上的基本权利的作用，获取明确间接适用说内涵，更准确地把
握间接适用说与相邻问题位置关系的线索。

二、间接适用说与保护义务

（一）间接适用说

1. 要点

展开讨论之前先简单概括一般意义上的间接适用说的要点。
如果抽象、简化学者之间的细微差别，其主张可概括如下：[19]

（1）如果把特定基本权利的例外情形排除在外，宪法的基
本权利规定并不直接适用于私人相互间的法律关系。基本权利
对私法关系的作用是间接的，基本权利是通过需要价值填充的
私法的一般条款对私法关系产生影响。人们适用私法规定解决
私法上的纠纷。"即便在普通法院限制基本权利意义上得到保障
的私人地位……并在解释一般条款时引用基本权利进行论证，
该法院适用的仍然是私法。"[20]

---

〔18〕另外，提及保护义务与私人间效力关系的日本文献包括，栋居快行（前
注 8）第 91 页以下；山本敬三（前注 8）；中野雅纪：《对第三人侵害的基本权利保
护》，《中央大学大学院研究年报》（法学研究科编）第 22 号第 2 页（1992）；户波
江二（前注 8）等。

〔19〕介绍德国学说概要的文献不胜枚举。关于以下的要点，主要参照三并俊
克：《基本权利的第三者效力（1）》，《立命馆法学》第 96 号第 148 页以下（1971）
及前注 1、后注 23 所列举的各文献。

〔20〕BVerfGE 42, 143（148）；BVerfGE 7, 198（205 f.）。

（2）在私人间的相互关系上，私人并不受基本权利的约束（私人并不是基本权利的对应主体）。宪法保障的基本权利是公法上的权利，人们不能直接援引基本权利而避开私法上的义务。基本权利中"并不存在对应于'对国家性'的'第三人对向性'（Drittgerichtetheit）"[21]。

（3）民事法官作为公权力主体受制于基本权利（《基本法》第 1 条第 3 款），但我们无法从这种约束中推导出——对于私人间关系的基本权利的直接适用。民事法官受到的这种约束只是在法律框架内，尤其是在解释、适用需要价值填充的一般条款时间接产生。

2. 间接适用说的"间接"性

那么，间接适用说的"间接"性究竟体现在哪里？为了明确上述概括，下面通过比对直接适用说阐明间接适用说的理论特征。[22]

（1）德国的直接适用说大体上分为：着眼于宪法观念的本质性转换学说；通过把私人的侵害归责于国家推导出宪法的直接适用的学说等两种类型。最初出现的是第一种学说，它由尼佩代（Nipperdey）进行理论化，并由赖斯纳（Reissner）批判性地继承和展开。[23]众所周知，这一学说并没有成为联邦宪法法院的判例法理，而且在宪法学说上也没有得到认同（尽管有一

---

　〔21〕　BVerfGE 66, 116 (135).

　〔22〕　另外，笔者并不认为"直接、间接"这种单纯的分类方式是合理的（参照后述的 251 页）。以下的阐述是在分清这一点基础上的准备工作。

　〔23〕　关于尼佩代说及赖斯纳说的概要，参照木村俊夫：《"基本权利的第三人效力"理论再考》，《九大法学》第 34 号第 38 页以下（1977）；三并俊克（前注 6）《立命馆法学》第 116、117、118 号第 521 页以下；中山勋：《人权保障规定对私人间关系的效力》，《阪大法学》第 55 号第 73 页以下（1965）。另外，即便是这一类型的直接适用说，其内容、论据并不固定。尼佩代本人也曾更改过其结论、论据，但本书对此不予展开讨论。

些例外）。[24]不过，就学说史的视角而言，这一学说仍然具有一些不能忽略的重要意义。

因为间接适用说批评直接适用说首先着眼于基本权利作用于民事关系的"方法"，而对其基本权利理解给予了一定的肯定评价。正如施特恩评论称，正是因为直接适用说打破了过去仅仅考量不受国家侵犯的自由这种一元性基本权利理解，才开启了"间接意义上的第三人效力论"的道路。[25]因此，我们可以肯定，关于宪法理论上的前提即肯定基本权利对民法的作用，直接适用说与间接适用说（至少是德国的间接适用说）之间存在共同之处。

田口精一教授指出，直接适用说的起点在于"宪法观念的本质性转换，即认为宪法是规范人们所有社会生活的基础法"[26]。不过，这一点并非该学说所固有的。吕特判决的基本权利理解明显不同于过去的基本权利理解（伯肯弗尔德所称的自由主义、法治国意义上的基本权利理解），而且迪里希置于私人间效力起点的人的尊严的"法秩序中的最高层次的构成原理"这一性质，以及人的尊严的"全方位性"也属于不同于自由主义基本权利理论的要素。[27]不过，间接适用说并没有从这里归结出基本权利的直接适用，而是强调私法原理的独立性，只是要求基本权

218

［24］包括德国及日本的文献，参照三并俊克（前注6）《立命馆法学》第116、117、118号第513页以下。该论文主张，基于原则规范说的直接第三人效力（第525页）。最新的德国学说中 A. Bleckmann, Neue Aspekte der Drittwirkung der Grundrechte, DVB1. 1988, 938 ff 采用了类似于该类型的直接适用说。

［25］K. Stern, Das Staatsrecht der Bundesrepublik Deutschland, Bd. Ⅲ/1, 1988, S. 1552.

［26］田口精一（前注1）《基本权利理论》第273页。关于联邦劳动裁判所的基本权利理解，参照 BAGE 1, 185（193）.

［27］关于迪里希的私人间效力论的重要线索——人的尊严条款的解释，参照田口精一（前注1）《基本权利理论》第1页以下。关于迪里希的人的尊严条款的援引，参照上述第15、16、168页。

利的间接适用。

如果比较两个学说，间接适用说之所以被称为"间接"的理由在于其并不把私人解释为基本权利的对应主体。[28]依间接适用说，基本权利的对应主体只是《基本法》第 1 条第 3 款所明记的"所有国家权力"，基本权利命令的侵害不作为的对应主体只能是国家权力，我们不能因对抗私人的侵犯而主张基本权利（防御权）。

（2）直接适用说的第二类型由施瓦贝所主张。施瓦贝学说与间接适用说的主要区别在于：如何理解基本权利对民事法官的约束？

施瓦贝[29]直接从《基本法》第 1 条第 3 款[30]（该条款规

---

〔28〕 参照三并俊克（前注 19）《立命馆法学》第 96 号第 155 页；C. -W. Canaris, Grundrechtswirkungen und Verhältnismäßigkeitsprinzip der richterlichen Anwendung und Fortbildung des Privatrechts, JuS 1989, 161（161 f.）. 关于与此不同的直接适用说的理解，参照 R. Alexy, Theorie der Grundrechte, 2. Aufl. 1994, S. 490. 阿历克西指出，如果着眼于没有宪法就无法产生的私人之间的权利、义务的成立，我们可以把所有的第三者效力视为直接的第三人效力。关于这一见解，参照栋居快行（前注 8）第 76 页以下。

〔29〕 J. Schwabe, Die sogenannte Drittwirkung der Grundrechte, 1971; ders. , Probleme der Grundrechtsdogmatik, 1977. 作为其详细的解说，参照木村俊夫：《施瓦贝的基本权利效力理论》，《九大法学》第 40 号第 1 页（1980）。该论文第 63 页指出了施瓦贝说与美国的国家援助理论、特权或赋予权限理论、司法执行理论、日本的鹈饲信成说的类似性。指出施瓦贝说与美国的判例法理的类似性的文献还有：K. Stern（前注 25）S. 1522 FN 51, 1549 FN 229; G. Lübbe-Wolff, Grundrechte als Eingriffsabwehrrechte, 1988, S. 171; I. v. Münch, in: v. Münch, GG-Komm. , 4. Aufl. 1992, Vorb. Rdnr. 33. 关于施瓦贝说的问题，参照木村俊夫（前注 8）《八幡大学论集》第 35 卷第 1 号第 46 页。关于与基本权利保护义务的关联，参照本书第四章第 138、139 页。指出司法执行的问题的文献有：芦部信喜（前注 1）《现代人权论》第 40 页以下。

〔30〕 这个论据也曾被尼佩代作为基本权利的绝对性第三人效力（旧说）的论据所主张。H. C. Nipperdey, Gleicher Lohn der Frau für gleiche Leistung, RdA 1950, 121（125）指出，既然依《基本法》第 1 条第 3 款裁判权受制于基本权利，对于违反基本权利的契约等，法官具有将其视为违法的义务。如果容许相关行为，裁判本身就将违反《基本法》第 1 条第 3 款。不过，这个论据后来被尼佩代所放弃。参照 ders. , Freie Entfaltung der Persönlichkeit, in: Bleckmann/Nipperdey, HGrR Ⅵ/2, S. 740 f. FN 36.

定，所有国家权力受制于基本权利）中推导出解决私法关系中的
人权侵犯的方案。施瓦贝重视的一点是：即便是私法也是由受制
于基本权利的国家来制定的，并由国家来实施和保障。即便是基
于私人请求权而作出的对自由的制约，之所以我们承认这种制约，
实际上也是因为国家法律允许这种制约，而且法院在具体案件中
确认了这种制约。私人的人权侵犯的背后总会有国家的命令和禁
止。一般认为，对于私人的侵害，国家不可能保持中立，相反，
国家消极或积极地对其进行干预。因此，我们把私人的人权侵犯
归责于国家，从本质上转换成国家（立法、裁判）的基本权利侵
害。当然，我们把这种基本权利侵害作为防御权问题予以处理。

　　也就是说，该学说展现的是如下的逻辑：不存在国家不参
与的私人间侵害问题，所有的人权侵害即为国家的基本权利侵
害。如果把第三人效力理解为"私人是否也是基本权利的对应
主体"这一问题，该学说否定第三人效力概念本身（这一点显
然不同于第一类型）。[31]另外，如果着眼于适用基本权利的方
式，该学说把所有的人权侵犯都看作是民事立法机关、民事法
官的侵害，并对其直接适用基本权利（防御权）。就这一点而
言，该学说属于直接适用说。

　　不过，即便是间接适用说也把民事审判权视为国家权力之
一。因此，也承认依《基本法》第 1 条第 3 款民事审判权受制
于基本权利。这一点两者（间接适用说与直接适用说）是一致
的。两者的区别在于约束的含义和范围。联邦宪法法院的某一判
决[32]指出："'民事'法官受制于基本权利……并非直接的。
《基本法》在基本权利条款上同时确立客观秩序，这一点作为宪

219

────────────

　　〔31〕　因此，该学说也被称为第三人效力概念否定说。木村俊夫（前注 23）
《九大法学》第 34 号第 38 页。

　　〔32〕　BVerfGE 73, 261 (269).

法上的基本决定适用于法的所有领域。因此，只是在对私法产生影响的限度内才会予以考虑。"这是吕特判决以来确立的理解。吕特判决指出："法官应当审查应适用的实体民法规定是否以上述方式（以一般条款为媒介的间接适用）受基本权利的影响。这是宪法要求的。如果符合这种情形，在解释、适用民事规定上，法官应考虑由此产生的私法的修改问题。这一点体现了民事法官受制于基本权利（《基本法》第1条第3款）的趣旨。"〔33〕

可见，民事审判权受制于基本权利（准确而言是实体基本权利）并非直接的（unmittelbar）。〔34〕这是"间接的"或"以法律为媒介的"〔35〕约束。的确，《基本法》第1条第3款规定民事审判权受制于基本权利，但我们无法从这一规定中推导出基本权利对私人的实体法律关系的作用。这是应单独解决的问题。相反，这一先行问题决定民事法官受制于实体基本权利的范围与性质。对此，德林（Doehring）称，"法官应当考量基本权利，但这一点限于基本权利妥当的情形。基本权利并非因法院作出裁决而变得妥当。"〔36〕

因此，在与施瓦贝学说的关系上，间接适用说之所以具有

〔33〕 BVerfGE 7, 198（205）. 括号内的内容由小山刚补充。

〔34〕 G. Dürig, Grundrechte und Privatrechtsprechung, in：Festschrift für Nawiasky, 1956, S. 156（157 f. ）; ders. , in：Maunz/Dürig, Art. 1 Abs. Ⅲ Rdnr. 119 ff. 另外，间接适用说也并非不承认民事法官直接受制于基本权利。不过，如同本文所述，与应适用于法律争论当事人的私法规定在何种程度、范围上受基本权利的影响问题相比较，这属于完全不同的范畴。参照 G. Dürig, Festschrift für Nawiasky, S. 158; G. Hermes （前注12）NJW 1990 S. 1764. 关于程序性基本权利违反成为问题的判例，参照 P. Krause, Die Rechtsprechung des Bundesverfassungsgerichts zum Privatrecht, Teil Ⅲ, JZ 1984, 834 f.

〔35〕 K. Stern（前注25）S. 1578, 1582. 在日本，木村俊夫（前注23）《九大法学》第34号第57页正是用"媒介"这一表述方式说明间接适用的内容。

〔36〕 K. Doehring, Das Staatsrecht der Bundesrepublik Deutschland, 3. Aufl. 1984, S. 209.

"间接"特征是因为实体基本权利对民事法官的约束是间接的。

（3）概括上述内容，间接适用说的间接性体现在如下两点：

第一，私人并非基本权利的对应主体。

第二，实体基本权利对民事法官的约束是间接的。

基于上述两点，间接适用说解释称：

第三，对于私人间效力问题，不能直接适用对抗国家的权利——防御权。

我们可以暂且把上述三点定格为传统的间接适用说的理论特征。

（二）基本权利保护义务

国家的基本权利保护义务是以 1975 年的第一次堕胎判决[37]作为先例得以确立的基本权利的法作用。它的核心内容在于"为了保护每个人的基本权利法益免受第三人的侵害，基本权利命令国家采取积极措施"。在联邦宪法法院层面上，保护义务被确认为"已确立的判例"[38]；而在学说层面上，其理论得到广泛的支持。同时，学界在保护义务与各种个别问题的关联方面开展了具体的讨论。[39]

保护义务是不受特定基本权利、特定法领域限定的一般性、概括性的理论，而且它适用于国家的三权。因此，虽然保护义务应对的是各种问题，但它们都有一个共同的结构——基本权利法益的侵害并不是由国家造成的，而是由私人（准确而言是广义上的第三人）引起的。[40]人们期待国家发挥这样一种作用：在要求保护者——侵害人——国家三者关系（被称为"法的三极关系"，在私人间效力的情形中也是形成这种关系）中，保护

221

---

[37] BVerfGE 39, 1. 作为介绍与解说，参照宫泽浩一：《关于西德联邦宪法法院的堕胎罪规定违宪判决》，《法学家》第 587 号第 83 页以下（1975）。

[38] BVerfGE 77, 170（214）.

[39] 参照上述第 38 页脚注 85。

[40] 参照上述第 44~45、49~50 页。

遭受私人侵害的要求保护者的基本权利法益。[41]

（三）保护义务与私人间效力

从上述内容中我们不难理解如下一点：作为保护义务对象的案件结构极其相似于私人间效力案件的结构。两者均关注如下的内容：作为基本权利主体的私人对同样作为基本权利主体的其他私人的基本权利法益的侵害；对该侵害的国家机关的应对；在这种情形下的基本权利的意义及作用。

1. 学说的动向

尽管存在这些共同点，但学界并非总是注意到保护义务与私人间效力之间的关联性。[42]

（1）迪里希着眼于保护义务与第三人效力之间的关系，把间接适用说的起点定格在：《基本法》第 1 条第 1 款规定的人的尊严的意义即"法秩序的最高层级的构成原理"和该款第 2 项规定的国家对人的尊严的"保护义务"。[43]迪里希认为，这些对于民事法律不可能无任何关联。他指出："如果说宪法试图通过每个基本权利最为实效性地在实定法上实现这种价值的保护（Wertschutz），我们可以得出结论：在与国家权力的关系上基本权利所保护的价值遭受个人或社会团体的侵害时，也应当予以防御。"[44]迪里希的私人间效力论的基础是这样一种意识：[45]"……审判权是否应当通过把违反基本权利的第三人的行为视为

222

---

〔41〕 K. Stern（前注 25）S. 946. 参照上述第 44、45 页。

〔42〕 关于这一阐述，参照 A. Bleckmann, Staatsrecht Ⅱ, Die Grundrechte, 4. Aufl. 1997, S. 346; W. Rüfner, Drittwirkung der Grundrechte, in: Gedächtnisschrift für W. Martens, 1987, S. 215（216）FN. 8.

〔43〕 G. Dürig（前注 34）in: Maunz/Dürig, Art. 1 Abs. Ⅲ Rdnr. 102, 131; ders., Der Grundrechtssatz von der Menschenwürde, AöR Bd. 81（1956）, S. 117（123 f.）.

〔44〕 G. Dürig（前注 34）in: Maunz/Dürig, Art. 1 Abs. Ⅲ Rdnr. 131.

〔45〕 尼佩代也着眼于《基本法》第 1 条第 1 款的人的尊严保护义务。H. C. Nipperdey, RdA 1950, 121（125）.

违法行为来履行《基本法》第 1 条第 1 款第 2 项赋予国家的保护义务？这是宪法上极其坦诚的问题。”[46]

（2）不过，这一线索并没有在学说上得到深化。联邦宪法法院在私人间效力判决中也没有考量保护义务。[47]

在判例中，联邦宪法法院主要围绕刑法、行政法领域中的立法不作为阐述了基本权利保护义务。另外，私人间效力论设定的问题是“私人是否也是基本权利的对应主体”，而保护义务论一开始就把私人的人权侵犯建构为国家的义务以及要求保护者对国家的请求权问题（即国家与私人的关系）。或许这些就是我们主张保护义务与私人间效力讨论极其类似的问题但因“提出问题的方式不同”[48]而区分两者的理由之一。[49]另外，还应当指出的是，吕特判决与迪里希学说之间存在着微妙的区别，也就是说，因为该判决承认基本权利（条款）本身的价值秩序因素，所以无需回到人的尊严“保护义务”。

（3）在学说方面，以卡纳里斯[50]和诺瓦克（Novak）[51]于 1984 年发表的详细论文作为契机，运用保护义务把握私人间效力论的观点逐渐占据了支配地位。

例如，巴杜拉（Badura）认为，“从本质上而言两者的关联是必然的”，并指出：“……同其他的法领域一样，基本权利的保护命令作用在私法中也有归结，基本权利成为影响私法主体

---

〔46〕　G. Dürig（前注 34）in：Maunz/Dürig, Art. 1 Abs. Ⅲ Rdnr. 102.

〔47〕　另外，在此之前，关联于医生的医疗责任，BVerfGE 52, 131（168）也曾引用第一次堕胎判决，指出“《基本法》第 2 条第 1 款、第 2 条第 2 款规定的基本权利是否命令立法者通过民事赔偿法维护包含在这些宪法规定的法益”？不过，法院称“在本案中无需回答这个问题”，没有对此进行具体讨论。

〔48〕　康拉德·黑塞：《西德宪法纲要》，阿部照哉等译，第 181、182 页（1983）。

〔49〕　R. Novak, Zur Drittwirkung der Grundrechte, EuGRZ 1984, 133（139）.

〔50〕　C. -W. Canaris, Grundrechte und Privatrecht, AcP 184, S. 201 ff.

〔51〕　R. Novak（前注 49）EuGRZ 1984, 133 ff.

行为的基础。"〔52〕赫德根（Herdegen）明确指出："所谓基本
权利的间接第三人效力是根基于基本权利保护义务的一个特
殊例子。"〔53〕加尔瓦斯〔54〕并没有在他的专著——《基本权利总
论》——中特别设置"私人间效力"章节，而是在"基本权利
中的第三人"这一概括性标题之下，以救济起因于第三人行为
的基本权利侵害的一个例子提到了私人间效力。〔55〕

除此之外，强调保护义务与私人间效力之间的关联性的学
者还有很多。〔56〕

---

〔52〕 P. Badura, Persönlichkeitsrechtliche Schutzpflichten des Staates im Arbeitsrecht, in:
Festschrift für Molitor, 1988, S. 1 (9); ders. , Festschrift für Eichenberger, 1982, S. 481 ff.

〔53〕 M. Herdegen, Objektives Recht und subjective Rechte, in: Heckmann/Messer-
schmidt (Hrsg.), Gegenwartsfragen desöffentlichen Rechts, 1988, S. 161 (176).

〔54〕 H. -U. Gallwas, Grundrechte, 2. Aufl. 1995, S. 66 ff.

〔55〕 与此相反，在早期，米勒曾使用"广义的第三人效力"概念，并将其界定
为"不管是私法上的问题，还是刑法、警察法的问题，涵盖私人相互间的所有社会关
系"。J. P. Müller, Die Grundrechte der Verfassung und Persönlichkeitsschutz des Privatrechts,
1964, S. 345 ff.

〔56〕 R. Alexy（前注 28）S. 483, 487 ff. ; P. Krause（前注 34）Teil I, JZ 1984,
656 (663) m. FN 95; Chr. Starck, in: Mangoldt/Klein/Starck, Das Bonner Grundgesetz,
3. Aufl. 1985, Art. 1 Abs. 3 Rdnr. 198; H. D. Jarass, Grundrechte als Wertentscheidungen
bzw. Objektiv-rechtliche Prinzipien in der Rechtsprechung des Bundesverfassungsgerichts,
AöR Bd. 110 (1985), S. 363 (378) FN 77; ders. , in: Jarass/Pieroth, Grundgesetz für die
BRDeutschland, 4 Aufl. 1997, S. 19 f. ; Chr. Steinbeiß - Winkelmann, Grundrechtliche
Freiheit und Staatliche Freiheitsordnung, 1986, S. 164 FN 68; F. Kirchhof, Private Rechtsset-
zung, 1987, S. 522 ff. ; W. Rüfner（前注 42）S. 215 (216) FN 8; G. Robbers, Sicherheit als
Menschenrecht, 1987, S. 201; A. Bleckmann（前注 24）DVBl. 1988, 938 (939); K. Hesse,
Verfassungsrecht und Privatrecht, 1988, S. 29, 40 f. ; E. Klein, Grundrechtliche Schutzpflicht des
Staates, NJW 1989, 1633 (1639 f.) ; P. Lerche, Zur Bindung der Tarifnormen an Grundrechte,
insbesondere an das Grundrecht der Berufsfreiheit, in: Festschrift für Steindorf, 1990, S. 897
(903); R. Mackeprang, Ehrenschutz im Verfassungsstaat, 1990, S. 193 ff, 207 ff. ; J. Pietzcker,
Drittwirkung-Schutzpflicht-Eingriff, Festschrift für Dürig, 1990, S. 345 ff. ; B. Pieroth/
B. Schlink, Grundrechte, Staatsrecht II, 7. Aufl. 1991, Rdnr. 212; M. Bender, Die Befugnis
des Bundesverfassungsgerichts zur Prüfung gerichtlicher Entscheidungen, 1991, S. 388 f. ;

2. 共同的理论结构

笔者认为，我们可以把德国的通说理解为这样的观点：私人间效力与保护义务"不仅在内容上有关联，从概念上也可以把两者联系在一起"。[57]需要指出的是，之所以两个概念的关联性成为许多学者的共通理解，不仅是因为两者的问题结构上具有共同性，而且是因为其理论结构也有共同性。

根据间接适用说，私人相互间也应当尊重宪法确立的基本权利法益。不过，该学说不能放弃的一个重要前提是：基本权利的对应主体仅仅是国家的各种权力，基本权利并不直接赋予其他私人尊重、不可侵犯的义务［前述（一）2］。而基本权利保护义务论的前提也是：基本权利法益不能被第三人侵害，但私人并不是基本权利的对应主体（基本权利法益的全方向性与基本权利的对国家性）。[58]依照这一前提，我们无法用防御权应对私人的侵害，因为防御权对应的是国家的侵害不作为。要解决这个问题，我们有必要设计出不同于防御权的其他法作用，而这就是保护义务。

保护义务论是通过设计出应保护每个人的基本权利法益免受第三人侵害这一国家义务，在不扩张基本权利对应主体的情况下，使我们能够解决私人的人权侵犯问题。不同于把基本权利的对应主体扩张至私人的直接适用说，保护义务论在坚持基本权利为直接规制国家与私人关系的法这一前提之下，在国家与私人之间设定基本权利保护关系（它并列于"基本权利尊重关

U. Preis, Grundfragen der Vertragsgestaltung im Arbeitsrecht, 1993, S. 37 ff.

　〔57〕　R. Novak（前注49）EuGRZ 1984, 133（139）.

　〔58〕　关于基本权利与基本权利法益（或基本权利所保护的自由）的区别，参照 D. Murswiek, Die Staatliche Verantwortung für die Risiken der Technik, 1985, S. 95; J. Pietzcker（前注56）S. 345（352）.

系"），从而把基于基本权利的救济对象扩张至私人的侵害。[59]

另外，基本权利保护义务是从基本权利的客观法、价值决定层面推导出来的法作用。这一点采用基本权利照射效力（Ausstrahlungswirkung）手法的间接适用说一样，体现了无法用防御权应付私人的基本权利侵害的认识。因此，不同于施瓦贝学说。

可见，间接适用说与保护义务论之间不仅在问题的结构上，而且在理论结构上也存在共同之处。因此，一般认为，即使结合两个理论也不会产生解释论上的矛盾或阻碍。

3. 相互关系

那么，在保护义务与私人间效力中，哪一个是概括性作用？

诺瓦克指出："……'第三人效力'是国家的保护义务这一更广泛的问题领域的一部分。它是适用私法尤其是评价基于个人自律的法的形成时产生的问题。"[60] 如果考虑到保护义务是适用于所有法领域、以所有国家权力为对象的法作用这一点，诺瓦克的理解是适当的。[61] 施特恩也基于同样的趣旨，把私人间效力定格为基本权利保护义务这——般问题的"下位案例"（Unterfall）。[62]

根据基本权利保护义务，立法、行政、裁判等各种权力将对应于其职责承担防止第三人的基本权利（法益）侵害的义务。这一点也适用于民事法律。制定、解释和适用民事法律的立法机关、法官将承担保护义务。"特别是立法机关或者法官应当通过制定充分的保护规定应对生成于个人自律的基本权利危

---

〔59〕　H. –U. Gallwas（前注54）S. 67.

〔60〕　R. Novak（前注49）EuGRZ 1984, 133（139）.

〔61〕　M. Herdegen（前注53）S. 161（176）.

〔62〕　K. Stern（前注25）S. 1560.

机。"[63]

在私法学中积极倡导这种方法的是卡纳里斯。卡纳里斯甚至明言：保护义务才是"解释基本权利对私法主体活动的'间接'影响，并对'照射效力'这一不明确的学说给予更加牢固的理论基础的'缺失的连接点'"。[64]另外，在公法学上，施特恩指出："基本权利的保护命令作用才是立足于基本权利的本质及内容，解决有关私法秩序中的基本权利作用问题的最为清晰的解释学上的线索。"[65]于是，施特恩基于保护义务论重构了间接适用说。

225

正是在这些学说的影响之下出现了联邦宪法法院的代理商决定。该决定立即受到学界的关注。

三、案例——代理商决定

下面考察具体事例，即联邦宪法法院第一法庭于 1990 年 2 月 7 日作出的代理商决定（BVerfGE81，242）。该决定的要旨如下：

第一，尤其是当事之间的力量关系出现失衡时，为了从契约的制约中保护职业自由，《基本法》第 12 条第 1 款有时命令立法机关在民事法律上采取预防措施。

第二，《商法》第 90a 条第 2 款第 2 项规定的对竞争业务规避义务的停业补偿之一般性排除……违背《基本法》第 12 条第 1 款。

本案所争论的是代理商合同中的竞争业务规避义务条款与作为相关规定的《商法》第 90a 条第 2 款第 2 项的合宪性。本案展现了人们讨论私人间效力问题的典型情形——用私人之间

[63]　C.‑W. Canaris（前注 50）AcP 184, 201（227）.
[64]　C.‑W. Canaris（前注 28）JuS 1989, 161（163）.
[65]　K. Stern（前注 25）S.1572.

的合同限制职业自由（《基本法》第 12 条第 1 款）。

另外，需要指出的是，法院在作出该决定时，立法机关已修改《商法》第 90a 条第 2 款第 2 项。

226

（一）案件事实

申请人是第一审原告——酒类制造、贩卖者（以下称之为"本人"）的代理商。根据代理商合同中的竞争业务规避义务条款，本人基于归责于代理商的重大事由解除合同时，代理商两年内不得从事任何竞争业务活动，并且得不到任何补偿。

1953 年修改的德国《商法》第 90a 条第 1 款对代理商合同中的竞争业务规避义务的合意增加了一定的限制。作为强行规则，该条第 1 款规定：竞争业务规避义务以 2 年为限（第 2 项），并应做出适当补偿（第 3 项）。但与此同时，作为任意规则，该条第 2 款第 2 项规定了第 1 款第 3 项的例外："本人基于归责于代理商的重大理由解除合同时，代理商不具有补偿请求权。"本案中的双方当事人正是基于这个规定就合同中的竞争业务规避义务条款达成合意。

本案申请人在没有解除代理商合同的情况下开始了竞争业务。于是，本人立即解除合同，并向地区（Land）法院提起诉讼，请求法院禁止其开展竞争业务。在第一审中本人败诉，但在追加损害赔偿的上诉审（上级地区法院审理）中包括禁止请求在内的本人的所有请求得到法院的支持。后来，巴伐利亚（Bayern）州最高法院命令暂停强制执行，但联邦普通法院却以决定方式确认基于上级地区法院判决的临时执行，并在接下来的判决中驳回了本案申请人的上诉。于是，本案申请人以上级地区法院及联邦普通法院的判决侵犯了《基本法》第 1 条、第 2 条、第 12 条、第 14 条规定的基本权利为由提起了宪法诉讼。这就是本案的来龙去脉。

（二）判决要旨

联邦宪法法院指出：①以上级地区法院、联邦普通法院的判决为对象的宪法诉讼是合法的。②本诉讼的直接对象是课予申请人的、无补偿的竞争业务规避义务，但本案间接关涉《商法》第90a条第2款第2项的异议。③《商法》第90a条第2款第2项违反《基本法》第12条第1款。同时，联邦普通法院和州高等法院的判决也违反《基本法》第12条第1款。据此，宪法法院撤销了下级法院命令竞争业务不作为的部分，并把案件退回至州高等法院。

下面，我们从宪法法院的决定理由C中抽出私人间效力论的要点。该决定理由C在明确阐述如下结论的基础上，从1至3，分别阐述了其理由。

以下是笔者从宪法法院的决定理由C中抽出的私人间效力论的要点。法院在决定理由C中指出："本宪法诉讼以命令申请人竞争业务不作为的判决为对象，其诉讼理由成立。在这个意义上，该争议判决侵害了申请人的《基本法》第12条第1款规定的基本权利。……《商法》第90a条第2款第2项的例外规定无限制地允许竞争业务规避义务。这一点违反了《基本法》第12条第1款。州高等法院忽略了这个问题，而联邦普通法院也并没有解决这个问题。"对于这个结论，法院阐述了如下的三个具体理由。每个理由的标题是由笔者所附加的。

1. 个人自律与基本权利保护

（1）民事判决的基本权利制约。

"争议判决制约申请人的职业自由（第12条第1款）。这些判决应接受宪法上的审查，因为包括审判在内的所有国家权力均受基本权利的约束（《基本法》第1条第3款）。"

"申请人的职业自由受到争议判决的制约，其程度达到对选择职业自由的侵害。申请人的职业因命令竞争业务不作为判决而遭到禁止，而这关系到申请人的生存。……"

（2）制约基本权利的法律根据、个人自律。

尽管如此，"这种对职业的广泛制约的首要（primar）法律根据并不在于国家行为。反倒是申请人自己通过合同同意了这个义务。这种通过法律行为的自我约束……同时也是一种个人自由的行使。"

职业自由的意义不仅在于社会中的自我发展，而且在于确保生存基础。因此，我们有必要对此作出一定期限的约束。我们在民事法律上通过合同作出这种约束。"双方当事人通过合同互相制约职业上的行为自由。……合同当事人基于自由社会模型的结构要素——个人自律，依自我责任建构自身的法律关系。……国家原则上应当尊重个人自律框架内形成的规律。争议判决也起始于这一线索。这是合理的。"

（3）个人自律的界限、依据保护义务的立法与司法的干预。

不过，我们无法只是依据对合同内容的尊重正当化命令竞争业务规避义务的判决。"个人自律只是在现行法律的框架内得到承认，而法律受制于基本权利。《基本法》并不是价值中立性秩序，它在基本权利条款中作出了客观性价值决定。这一价值决定适用于包括民事法律在内的法的所有领域。任何民事法律规定均不得违反《基本法》的各种原理。这里的民事法律规定尤其包含强制规则。因此，制约个人自律的私法规定也不得违反《基本法》的各种原理。"

之所以作出这种制约，是因为"个人自律依赖于自我决定原则，以现实中存在作出自我决定的各种条件作为其前提"。当事人一方处在事实上能够单方面地决定合同内容的强硬立场时，另一方当事人处在他者决定（fremdbestiminung）之中。当事人之间的力量关系失衡时，我们无法用合同法手段保障利益的适当调整。因此，当事人的基本权利地位被处置时，为了确保基本权利保护（Grundrechtsschutz），国家应作出调整性干预。"对抗于社会、经济上的不均衡的法律规定一方面实现基本权利的客观基本决定，另一方面实现《基本法》的社会国家原理。"

尽管如此，我们无法直接从宪法中找出判断在哪个阶段不均衡达到要求国家干预程度的基准。我们只能从类型上把握必要的保护规定所依据的指标，"而此时，立法机关将拥有广泛的裁量空间"。不过，立法机关一方面不能忽略（事情的）明显错误的进展，另一方面还应当考量：为保护一方当事人所作出的制约变成对另一方当事人的契约自由的侵害。"立法机关应当同时考量两个竞合的基本权利地位。在这个意义上，立法机关拥有宽泛的裁量自由。"

另外，"即使立法机关没有就特定生活领域、特定合同形式（Vertragsform）制定出特定的强制规则，《德国民法典》第138条、第242条、第315条等民事法律的一般条款仍会起到补充作用。这些条款的功能在于禁止过度。而我们具体化及适用这些一般条款时应尊重基本权利。当合同的对等性受到阻碍时，宪法的保护委托（Schutzauftrag）将要求法官用私法手段激活基本权利客观性价值决定的合理性，并以多种方法实现这一任务。"

2. 省略

3. 基本权利地位的比例性调整

在本案中双方争论的全面排除竞争业务规避义务补偿请求权违反《基本法》第12条第1款。

（1）保护经济上处于从属地位者与立法机关的裁量空间。

成为出发点的是立法机关的评价（Einschätzung）。依其评价，大多数代理商处于经济上的从属地位。与本人的关系上，代理商并不处在能够自由交涉的地位，在缔结合同时往往被迫接受竞争业务规避义务。可以说，这种认识是主张可能的。它存在于立法机关的评价优先权的框架之内。

因此，立法机关应当在制定有关代理商竞争业务规避义务法律时，一方面要为维护本人利益留下充分的空间，另一方面要使代理商的交涉能力得到提升。之所以立法机关的广泛的裁量空间受到上述两个方面的限制，是因为基本权利保护的地位无论对本人还是对代理商都会成为问题。"无论是自由的制约还是自由的保护，在这一相互关系中都不能失去比例性。"

（2）一般性解决的禁止。

第一，《商法》第90a条以法律作为媒介命令竞争业务规避义务情形下的补偿。这是在没有过度干预双方的契约自由之下，调整相互对抗利益的合理手段。

第二，如果考虑到成为问题的案例的多样性，我们很难说该条第2款第2项的例外规定准确考量了职业自由。

为了正确评价每个利害关系的特殊性，我们可以提出各种各样的解决方案，比如，导入灵活的一般条款、制定细化了的规定等。相比之下，我们不应对归责于代理商的所有解约情形，而且最长期间（2年）的竞争业务规避义务，一律排除补偿。这种做法并不是"处置本人遭受的营业竞争法上不利益所必要（erforderlich）的制裁。这种制裁会带来严重的后果，无法让代理商承受。制裁具有一般性质，欠缺比例性。"

（三）决定的意义与问题

1. 评释中的评价

关于本案，已有卡纳里斯、赫尔梅斯、施瓦贝、维德曼（Wiedemann）、希尔格鲁贝尔（Hillgruber）等学者的评析与解说。[66]

如上所述，本案中私人间效力论的最大意义在于指出了私人间效力与国家的基本权利保护义务的关联。但如果详细阅读决定理由，就会发现一部分暗示基本权利直接适用的阐述。下面，我们将以这两点作为中心整理评析。

（1）赫尔梅斯做出如下的肯定评价：一是本案决定连接了间接适用说与保护义务；二是明确立法保护与裁判保护之间的关系（这一点在过去的讨论中不明确），并强调立法机关的责任。另外，他还指出，决定中关于国家、基本权利主体及第三人之间关系的部分阐述缺乏理论上的一惯性。[67]

所谓缺乏一贯性指的是判决要旨中同时存在暗示直接适用说的表述与保护义务论。宪法法院在理由 C 的开头中指出，争议判决约束申请人的职业自由。判决同所有国家权力一样也受基本权利的约束，因此，这些判决也受违宪审查。关于这一点，赫尔梅斯认为，这并不是间接适用说，反而让人联想到施瓦贝的直接适用说。不过，法院继而指出，"制约的首要法律根据"并不是国家的行为，而是申请人自身的合同上的合意。于是，最终又回到了间接适用说与保护义务论。赫尔梅斯把归责理论与保护义务论视为相互排斥的理论，[68]并支持关联于保护义务

231

---

〔66〕　C. - W. Canaris, Anmerkung, AP（Hueck/Nipperdey/Diez, Nachschlagwerk des BAG, Arbeitsrechtliche Praxis）Nr. 65 zu Art. 12 GG, B1. 458 ff.；G. Hermes（前注 12）NJW 1990, 1764 ff.；J. Schwabe, Anmerkung, DVB1. 1990, 477 ff.；H. Wiedemann, Anmerkung, JZ 1990, 695 ff.；Chr. Hillgruber, Grundrechtsschutz im Vertragsrecht, zugleich：Anmerkung zu BVerfG NJW 1990, 1469, AcP Bd. 191（1991），S. 69 ff.；M. Sachs, Rechtsprechungsübersicht, JuS 1990, 930 ff.；P. Schwerdtner, Anmerkung, EzA § 90a HGB Nr. 1；U. Preis（前注 56）Grundfragen, S. 42 f.

〔67〕　G. Hermes（前注 12）NJW 1990, 1764（1765, 1767）.

〔68〕　G. Hermes, Das Grundrecht auf Schutz von Leben und Gesundheit, 1987, S. 71 ff.，79 ff.

的间接适用说。他批评宪法法院在理由 C 的开头中所做的论述以及对《基本法》第 1 条第 3 款的解释，并把它称为脱离以往判例的"骇人之物"。[69]

另外，萨克斯[70]也指出，法院究竟持保护义务论还是归责理论，这一点是不明确的。

（2）从完全相反的立场，施瓦贝批评称，联邦宪法法院在没有充分展开"民事法院的基本权利侵害"这一开头的说明以及对《基本法》第 1 条第 3 款的理解的情况下，援引了作为客观基本决定的基本权利和基本权利保护义务。如果"争议判决侵害了申请人的基本权利"，我们可依据防御权予以处理，而无需援引"暧昧模糊的"基本权利客观法内容或者与此相关联的保护义务。[71]

同时，施瓦贝还批评了通说。依照以施特恩为代表的通说，法律行为所贯彻的并不是法律命令、国家行为，而是当事人的自我决定。联邦宪法法院也指出，本案中制约职业自由的"首要"法律根据并不是国家行为。对此，施瓦贝提出了如下两个问题：第一，国家不是对职业自由的"首要"侵害者是否意味着国家是"次要"侵害者？如果是这样，对于职业自由的国家的次要侵害，我们为何不能用防御权的法理予以应对？[72]第二，即便我们不能把所有的私人侵害行为全部归责于立法机关，但对于本案情形——国家用《商法》第 90a 条这一极为具体的规定允许侵害自由，我们可否视为立法机关的责任（从而把它视为防御权问题）？[73]

---

〔69〕 G. Hermes（前注 12）NJW 1990, 1764（1766）.

〔70〕 M. Sachs（前注 66）JuS 1990, 930（931）.

〔71〕 J. Schwabe（前注 66）DVBl. 1990, 477（477, 478 f.）.

〔72〕 J. Schwabe（前注 66）DVBl. 1990, 477（478）.

〔73〕 J. Schwabe（前注 66）DVBl. 1990, 477（478）FN 4.

可见，尽管施瓦贝和赫尔梅斯都指出宪法法院的判决要旨中存在逻辑上的矛盾，但两个人所持的立场不同，施瓦贝所持的立场正好相反于赫尔梅斯。

（3）卡纳里斯称，无论是在结论还是在得出结论的理由部分，本案的判决都具有充分的说服力。[74]

卡纳里斯认为，本案包括如下两个问题：一是基本权利对私人间法律行为——竞争业务规避义务之合意的作用；二是私法规范（《商法》第90a条第2款第2项）的合宪性。尽管这些都是有关基本权利与私法关系的重要问题，但有必要从解释学上明确区分两者。因为对于前一种关系，我们无法直接适用基本权利，但对于后者，我们所关注的是立法机关的行为，而依照《基本法》第1条第3款，立法机关的行为直接受制于基本权利（后述四、五）。卡纳里斯认为，宪法法院的判决要旨合理区分了这一点。[75]

关于保护义务的援引，卡纳里斯认为，保护义务是一种适合于从解释学上说明基本权利对于包括法律行为在内的、某一私法主体对另一个私法主体的一般行为之作用的思考方式。进而，他指出，本案"推动了解释学的发展"[76]。

（4）希尔格鲁贝尔和维德曼基本上赞同本案中有关合同法领域中的私人间效力的判决要旨。

希尔格鲁贝尔认为，①间接适用说存在缺陷。根据《基本法》第1条第3款，民事审判权也应当直接受制于基本权利。[77]②但我们应从禁止侵害和保护义务两个层面上承认这一约束。[78]

----

[74]　C. -W. Canaris（前注66）AP B1. 458.
[75]　C. -W. Canaris（前注66）AP B1. 458.
[76]　C. -W. Canaris（前注66）AP B1. 458.
[77]　Chr. Hillgruber（前注66）AcP 191, S. 69（71）.
[78]　Chr. Hillgruber（前注66）AcP 191, S. 69（71 f. ）.

233 ③当合同当事人之间缺乏均衡关系，一方当事人处在压倒性的强硬立场时，保护义务要求民事立法机关及民事法官进行干预。[79]他指出，本案的判决要旨对上述要点采用了合理的理论结构（不过，希尔格鲁贝尔反对在本案中适用该理论）。

维德曼指出，"宪法对法官的保护委托"——应当在私法中实现宪法的客观基本决定——在本案中获得了时机。[80]其并称，本案是"法官审查合同内容的模范（richtungsweisend）判决"[81]。

另外，维德曼指出，尽管本案并没有引用有关私人间效力的法院的理论结构，但依据了卡纳里斯的观点。[82]

2. 考察的线索

首先，赫尔梅斯、卡纳里斯、希尔格鲁贝尔着眼于决定理由中提及的保护义务，并对此做出肯定评价。相反，施瓦贝对此进行批评，认为无需援引基本权利的客观法层面或保护义务论。

其次，赫尔梅斯、萨克斯、施瓦贝等三人指出，法院决定中存在逻辑上的矛盾，而其他学者对此没有提出疑问。

基于以上内容，如果限定于私人间效力的理论层面，我们可以把上面提到的评论者分类成如下三组。第一小组的代表性人物是赫尔梅斯。他在没有改变以往间接适用说内容［上述二（一）］的前提下，展开了基于保护义务的理论基础建构。第二小组的代表性人物是施瓦贝。如上所述，他基于独立的归责理论，把私人的人权侵犯重构为国家的侵害问题，并依据防御权

---

[79] Chr. Hillgruber（前注66）AcP 191, S. 69（77 f.）.
[80] H. Wiedemann（前注66）JZ 1990, 695.
[81] H. Wiedemann（前注66）JZ 1990, 695（697）.
[82] H. Wiedemann（前注66）JZ 1990, 695（196）.

的法理处理此类问题。第三小组的代表性人物是卡纳里斯。在援引保护义务这一点上，他与赫尔梅斯站在同一个立场上。但如果限于《基本法》第 1 条第 3 款的解释，他与施瓦贝一样主张基本权利对民事立法权甚至民事审判权的直接约束。 234

通过上述的整理，我们不仅明确了代理商决定的意义和问题，同时还获知学界并没有就保护义务的理论结构达成完全一致的意见。代理商决定通过提及保护义务吸取了最新的学说成果。如上所述，援引保护义务的私人间效力论已成为学界的大潮流。不过，如上述评析所示，我们通过具体案例的考察也发现了学者之间的差异。即使忽略施瓦贝的观点，赫尔梅斯和卡纳里斯之间的意见分歧也绝不是细小的。因此，我们有必要对保护义务意义上建构私人间效力这一支配学说进行更为深入的考察。

基本权利对私法关系的作用是否止于间接性？与保护义务的连接是否意味着我们应当对间接适用说的指标进行修改？尤其是我们应当如何解释基本权利对民事审判权的约束？从这里能够推导出什么样的解释论上的结论？关于私人的人权侵犯，防御权在什么范围内具有有效性？联邦宪法法院是否在本案中尝试过判例法理的变更？

下面从私法的制定与私法的解释和适用这两个不同视角继续讨论保护义务论对私人间效力问题的意义。在讨论过程中当然要确认学者之间的共同观点，但与此同时也要有意识地指出学者之间的不同观点。

四、私法的制定与基本权利 235

（一）宪法与私法上的评价分歧
关于私人相互间的纠纷，当宪法上的评价与私法上的评价之间存在分歧时，就会出现基本权利的私人间效力问题。[83] 当然，如果私法上的评价更符合于人权尊重的趣旨，将不会产生问题。但如果评价的分歧以相反的形式发生，将产生以作为上位法的宪法为杠杆修改私法上的评价的动因。此时，间接适用说的解决方案是通过把私法规定（尤其是一般规定）解释成符合宪法的保障基本权利之趣旨来消除评价上的分歧。

不过，当引起评价上的分歧的私法规定极为具体，无法通过解释来修改该规定，或者无法通过援引一般条款修改该规定时，我们不能用间接适用说得出合宪结论。在代理商决定中，成为争论点的《商法》第 90a 条第 2 款第 2 项正是属于此类规定。[84] 只要以这一规定为前提，民事法院就不得不把双方当事人就竞争业务规避义务达成的合意判定为有效。可见，间接适用说具有其局限性。因此，我们有必要探究私法规定本身（及私法的制定）与基本权利之间的关系，而这一点恰恰是我们过去所忽略的问题。[85]

（二）私法规定受制于基本权利

关于任何私法规定都不得与基本权利相矛盾、相抵触，无论是判例还是学说都不存在异议。吕特判决曾指出："任何民事法律规定都不得同'基本权利的'价值体系相矛盾。"[86]

问题在于，在此类情形下，基本权利是直接约束立法机关还是间接约束立法机关？

（1）如果考虑到间接适用说强调私法的独立性这一点，我们

---

〔83〕　W. Rüfner（前注 42）Drittwirkung, S. 215（217）.

〔84〕　C.-W. Canaris（前注 65）AP Bl. 458（459）；G. Hermes（前注 12）NJW 1990, 1764（1767）.

〔85〕　参见 K. Hesse（前注 56）VerfR und PrivR, S. 27 的阐述。这一点也直接适用于日本的宪法学说。参照丰田悦夫：《基本权利的第三人效力》，《世界各国的宪法制度》第 157 页（1966）中明确的考察范围限定。

〔86〕　BVerfGE 7, 198（205）.

可以理解为：基本权利约束私法规定的解释和适用是间接的，同时基本权利对立法的约束也是间接的。事实上，科普（Kopp）[87]指出："对于民事领域中的立法具有意义的是存在于基本权利背后的、可认知于基本权利内部的一般性基本决定，而不是基本权利本身。"

另外，尽管并不像科普的表述那样明确，迪里希使用"对私法的基本权利的间接影响"[88]这一表述说明了基本权利作用的间接性。[89]

（2）卡纳里斯、施特恩及其他学者主张，同公法、刑事法律的立法一样，民事立法直接受制于基本权利。（卡纳里斯称之为通说。）[90]

他们的依据首先在于德国《基本法》第 1 条第 3 款。该条款规定立法、执法、司法等各种权力直接受制于基本权利。[91]

---

〔87〕　F. O. Kopp, Fiskalgeltung und Drittwirkung der Grund-und Freiheitsrechte im Bereich des Privatrechts, Festschrift für Wilburg, 1975, S. 141 (149).

〔88〕　G. Dürig（前注 34）in：Maunz/Dürig Art. 3 Abs. Ⅰ Rdnr. 510 (1973). 在日本，芦部信喜教授指出："人权规定并不直接意味着具有直接约束私法关系的效力。"〔芦部信喜（前注 2）《宪法Ⅱ人权（1）》第 43 页〕

〔89〕　基于这一点，C. -W. Canaris（前注 50）AcP Bd. 184, S. 201 (210) 认为，与私法制定的关系上，迪里希仍采用"间接约束说"。施特恩指出，尽管无法从这里直接推断出迪里希在否定私法规定本身直接受制于基本权利这一趣旨，但这至少是容易招致误解的表达方式。K. Stern（前注 25）Staatsrecht Ⅲ/1, S. 1566 f.

〔90〕　C. -W. Canaris（前注 50）AcP Bd. 184, S. 201 (212)；ders., Verstoße gegen das Übermaßverbot im Recht der Geschäftsfähigkeit und im Schadensersatzrecht, JZ 1987, 993；R. Novak（前注 49）EuGRZ 1984, 133 (136)；K. Stern（前注 25）S. 1563 f., 1578 f.；K. Hesse（前注 56），VerfR und PrivR, S. 27 FN 42；A. Bleckmann（前注 42）Die Grundrechte, S. 239 ff.；P. Badura, Staatsrecht, 1986, Rdnr. C 21；G. Lübbe-Wolff（前注 29）S. 164；J. 皮茨克（Pietzcker）（前注 56）Festschrift für Dürig, S. 345 (350)；P. Lerche（前注 56）Festschrift für Steindorf, S. 897 (905) FN30；P. Krause（前注 34）Teil Ⅰ, JZ 1984, 656 (657).

〔91〕　C. -W. Canaris（前注 50）AcP 184, S. 201 (212)；ders., （前注 28）JuS 1989, 161；K. Stern（前注 25）S. 1563, 1565 f.

如果重视《基本法》第 1 条第 3 款的字面意思，只有存在足以正当化限定解释的特别理由时，我们才可以把民事立法排除在基本权利的直接约束范围之外。问题在于，私法的特殊性、独立性是否修正《基本法》第 1 条第 3 款的原则？

私法的特殊性在于：一是私法是规范同样作为基本权利主体的私人相互间关系的法；二是尤其在合同法领域里，私法是基本权利所保障的个人自律的舞台。而这一点无法成为我们把私法排除在基本权利直接约束的范围之外的理由。[92] 因为私人利益的冲突与调整并不是私法所固有的课题，在警察法（危险防御法）、刑法中也会产生同类课题。[93] 私法的特殊性确实是我们在说明基本权利对私法规定的作用时所不能忽略的内容，但我们只是在如下两个层面上考虑私法的特殊性：一是基本权利的什么样的法作用具有关联性（是防御权，还是保护义务）？二是立法机关是否拥有裁量空间？如果我们考虑到私法规定有可能制约基本权利，而且现实中有不少私法规定制约基本权利这一情况，我们很难认定公法与私法之间围绕基本权利的制约存在本质上的区别。[94][95]

（3）因此，如果立足于此学说，在分析基本权利对私法的

---

[92] C. -W. Canaris（前注 50）AcP 184，S. 201（212）；K. Stern（前注 25）S. 1563；K. Hesse（前注 56）VerfR und PrivR，S. 27.

[93] W. Rüfner（前注 42）S. 217（221）；C. -W. Canaris（前注 50）AcP 184，S. 201（212）；ders.，（前注 28）JuS 1989，161（163）.

[94] C. -W. Canaris（前注 50）AcP 184，S. 201（213）；ders.，（前注 28）JuS 1989，161（163）；K. Stern（前注 25）S. 1567；P. Krause（前注 34）Teil I，JZ 1984，656（662）指出了私法与公法的替代可能性。

[95] 私法的制定也属于作为基本权利对应主体的立法权的启动这一论据看似只具有形式意义，但这实际上产生于批评尼佩代型直接适用说的相反结论。也就是说，《基本法》第 1 条第 3 款规定的"基本权利的对国家性"一方面拒绝依基本权利约束私人，另一方面把民事立法权纳入这一约束中。

作用时，有必要区分基本权利对国家机关（基本权利的对应主体）活动成果的作用与基本权利对私人（不直接受基本权利的约束）活动的作用［前述三（三）1（3）］。与后者不同，前者是我们能够在"基本权利的对国家性"框架内处理的问题。排除在基本权利的直接控制之外的是私法主体，而不是私法本身。私法规定及私法的制定直接受制于基本权利。宪法法院可以依照基本权利审查私法规定及私法的制定。[96]

（三）防御权与保护义务

不过，这一学说并不认为，有关私法规定的基本权利适合性问题都可以用防御权加以解决。"基本权利的对国家性"问题这一认识并不直接被归结为防御权问题这一理论结构（这一点不同于施瓦贝的主张）[97]。

于是，接下来的问题是：①立法机关究竟受制于谁的基本权利？②立法机关究竟受制于什么样的法的作用？

（1）在私法中，受其规范的当事人双方均为基本权利主体，因此，在同国家的关系上，当事人双方均可以主张基本权利。在这个意义上，私法规定划定两个当事人的基本权利领域，[98]私法规定应与基本权利内容相符合。从结论上而言，我们只有通过比照两个当事人的基本权利，并"结合基本权利的各种法作用"，才有可能作出私法规定的基本权利适合性判断。[99]

（2）毫无疑问，在这里成为问题的法的作用之一就是防御

[96]　C.-W. Canaris（前注90）JZ 1987, 993；ders.,（前注28）JuS 1989, 161.

[97]　C.-W. Canaris Erwiderung, AcP 185（1985），S. 9ff.；ders.,（前注90）JZ 1987, 993 FN 5.

[98]　K. Stern（前注25）S. 1579；C.-W. Canaris（前注50）AcP 184, S. 201（215）.

[99]　C.-W. Canaris（前注50）AcP 184, S. 201（208）；ders.,（前注28）JuS 1989, 161；K. Stern（前注25）S. 1565.

权。当法律过分制约某一私人的基本权利（法益）时，我们应把它看作国家对该基本权利的侵害，并依据自由权的第一内涵——防御权，把它予以排除。而这一点不仅适用于公法，同时也适用于私法。

另一个是基本权利保护义务。也就是说，立法机关在建构私法秩序的过程中要注意防止某一私人毫无防备地暴露于他人的侵害。在保护义务的典型判例——第一次堕胎判决中，联邦宪法法院指出，立法机关有义务保护胎儿免受堕胎侵害，而立法机关应当通过强化堕胎罪规定实现此项义务。[100]刑法是最能体现侵害人们自由性质的法律。如果考虑到就连这种性质的刑法也产生基本权利保护视角上的立法义务，对于私法，我们当然也可以承认此类义务。因为就第三人的侵害性质而言，私法显然比刑法轻一些。对此不存在宪法解释论上的障碍。法院在代理商决定中首次从正面讨论这种认识，并予以贯彻。

（3）从实体上看，防御权与保护义务处在相互矛盾的关系中。在合同关系中，为了保护一方当事人的基本权利法益而进行的干预，对于另一方当事人而言是一种对其自由的侵害。[101]这一点无论是在合同法领域还是在合同之外的领域都是一样的。因此，承担调整基本权利法益任务的国家机关有义务适当调整相互对立的基本权利法益。换言之，如同法院在代理商决定中所指出，依据双方当事人的地位，立法机关的裁量空间受到两个层面的制约：一是"制约自由"层面上的约束；二是"保护

[100]　关于该判决，参照宫泽浩一（前注37）。

[101]　G. Robbers（前注56）Sicherheit, S. 203；G. Lübbe-Wolff（前注29）Grundrechte, S. 167.；P. Badura（前注52）Festschrift für Molitor, S. 1（18）；R. Wahl/J. Masing, Schutz durch Eingriff, JZ 1990, S. 553 ff.；H. -U. Gallwas（前注54）S. 68[国家的困境（dilemma）]；K. Stern（前注25）S. 1513, 1570. 详细参照上述第62页以下。

自由"层面上的约束。[102]

（四）违反保护义务与违反防御权

239

我们把何种私法规定建构为违反保护义务，把何种规定建构为违反防御权？这是形式上、技术上的问题。它不同于上述的实体问题。关于这一点，同样持有保护义务论的学者之间也存在着理解上的分歧。

（1）就这个问题而言，代理商决定仍是个很好的例子。鉴于代理商与本人的不对等关系，为了保护代理商，《商法》第90a条修正了契约自由。而在本案中双方争论的是《商法》第90a条第2款第2项（旧规定，下同）。它规定了第90a条的例外情形。也就是说，第90a条细化了《基本法》第12条的职业自由中派生的保护义务，而该条第2款第2项是限于特定情形阻止了这种保护。

如果将案件作为一个整体来把握，本案提出要从社会强者的侵害中保护弱者——代理商。这无疑是保护义务的问题。但如果从微观上着眼于第90a条第2款第2项这一具体规定及其作用，我们也可以把本案解读成违反防御权的问题。

如上所述，卡纳里斯区分基本权利不约束私法主体和基本权利直接约束国家制定的私法。卡纳里斯把这一区分直接连接于违反防御权与违反保护义务的区分。也就是说，如果合同关系中的基本权利法益的侵害起因于私法主体的活动，这会是违反保护义务的问题；而如果起因于国家制定的私法规定，这将成为违反防御权的问题。[103]本案看似属于前一种情形，但卡纳

---

〔102〕　在这种情形下，首先想到的是不同基本权利主体之间的关系，但矛盾关系并不局限于不同主体之间。例如，"如果把民法上的行为能力提升至25岁以上，就会导致对自由的过度制约；相反，如果过分降低年龄，就会导致对自由的保护不足。"［C.-W. Canaris（前注90）JZ 1987, 993（995）.］

〔103〕　C.-W. Canaris（前注50）AcP 184, S. 201（228）；H.-U. Gallwas（前注54）S. 68.

里斯认为，后一种情形中的私法规定不仅包括强行规则，也包括像《商法》第 90a 条第 2 款第 2 项这种任意规则。[104] 因此，卡纳里斯认为，《商法》第 90a 条第 2 款第 2 项 "直接侵害" 了代理商的职业自由，[105] 这一规定违反了防御权。

240　　　（2）赫尔梅斯主张，本案关涉的并不是国家侵害问题，而是私人侵害问题即保护义务的问题。其理由在于：本案中对职业自由的制约既不是国家命令的，也不是从设权（konstitutiv）意义上依据国家行为作出的。[106]

上述的两个见解都把私人行为与国家行为的区别作为其前提。不过，我们从上述讨论中可以看出：区分私人行为与国家行为并不那么简单。赫尔梅斯建构的违反保护义务的范围远大于卡纳里斯建构的范围。对于卡纳里斯的见解，施瓦贝提出了如下的质疑：[107] 假设在合同中双方当事人达成三年的竞争业务规避义务的合意，按照卡纳里斯的观点，这就意味着任意规则允许的最初两年构成的是国家侵害（因此属于防御权问题），而最后一年构成的是无关于国家的私人侵害（因此属于保护义务的问题）。另外，就《商法》第 90a 条而言，根据该条第 3 款，超过两年的合意将无效，因此，将不会产生此类问题。不过，施瓦贝的质疑仍具有普遍意义。

（3）另外，在解释和适用私法层面上也会产生此类问题。对此，将在后面予以阐述。[后述五（三）]

（五）他人的决定与保护义务

在采用保护义务理论结构的学者之间广泛达成一致意见的

---

[104]　C. -W. Canaris（前注 50）AcP 184, S. 201（214 f.）.

[105]　C. -W. Canaris（前注 66）AP B1. 459.

[106]　G. Hermes（前注 12）NJW 1990, 1764（1766, 1767）；H. Wiedemann（前注 66）JZ 1990, 695.

[107]　J. Schwabe, AcP 185, 1 ff.

是：在合同法领域中，尤其是当事人之间不具有对等关系、个人自律实际上沦落为他人决定的情形下，保护义务将具有实践意义。[108]

（1）在合同法领域中，当一方当事人的自由受到限制时，我们可以从：①国家法律秩序；②当事人的自我约束；③其他合同当事人的强制等三个方面考虑其法律原因。根据上述的分析，对于第一种情形，我们可以适用防御权法理。第二种情形的制约基于自我决定、自我约束。对于这种自我危险情形的权威解释是：基本权利原则上不给予任何法律救济。[109]如果合同是依双方当事人的合意而成立的，不允许援引基本权利保护义务避开基于合同的自由制约。在此类情形下，只有一方当事人没有履行合同义务时，保护义务才会成为问题。希尔格鲁贝尔称："在合同法领域中，国家原则上是通过在审判中确认、贯彻合同上的请求权来履行保护义务。"[110]也就是说，只有尊重个人自律、强制当事人遵守合同内容，才能实现与债权人的关系上的保护义务。

（2）第三种情况则完全不同于上述情形，它是本案判决的基础。只有合同双方当事人具备能够自由作出自我决定的实质性前提条件时，基于合同制约自由才不会成为宪法问题。形式上是合意但实际上一方当事人处于压倒性的优势地位，合同实

241

[108]　K. Hesse（前注56）VerfR und PrivR, S. 37 f.；E. Klein（前注56）NJW 1989, 1633（1640）.

[109]　G. Hermes（前注12）NJW 1990, 1764（1766）；Chr. Hillgruber（前注66）AcP 191, S. 74（74, 85）；E. Klein（前注56）NJW 1989, 1633（1640）. 作为与此不同的见解，参照 H. Wiedemann（前注66）JZ 1990, 685（687）；C. -W. Canaris（前注66）AP Bl. 459. 联邦宪法法院使用"尤其是"（namentlich）这一表述，并不把基于保护义务的救济仅限定于不均衡的情形［BVerfGE 81, 242（242）］。另外，D. Murswiek（前注58）Die Staatliche Verantwortung, S. 126 指出了例外允许干预的情形。在第七章第257页以下中也会提及这一问题。

[110]　Chr. Hillgruber（前注66）AcP 191, S. 74.

为事实上的"他人的决定"时，履行合同的要求就会成为对另一方当事人自由的不正当侵害。

联邦宪法法院在代理商决定中指出，尊重个人自律即为尊重基本权利，并强调个人自律立足于自我决定原理。[111]一般认为，国家尊重基于合同制约自由的限于合同为双方当事人自由的自我决定之情形。如果双方当事人处在不对等关系上处置基本权利，国家"应当进行干预，从而确保基本权利保护"[112]。

也就是说，在这种情况下，"合同双方当事人转换基本权利上的三极关系中的自身'角色'。"[113]他人决定便成为保护义务论视为问题的、对基本权利法益的"第三人侵害"。此时，基本权利将不再要求国家尊重个人自律、强制履行合同，相反，要求国家用强行法（或者其他手段）干预他人决定。[114]在这种情形下，如果国家没有作出任何立法，或者尽管作出立法但其内容不充分，而且法官不可能将其补正，德国宪法法院就会作出立法不作为违反保护义务的判决。[115]

（3）在何种情形下存在这种他人决定？这是一个解释问题。关于这一点，将在后文加以阐述。[116]

---

〔111〕 BVerfGE 81, 242 (254 f.).

〔112〕 BVerfGE 81, 242 (255).

〔113〕 Chr. Hillgruber（前注66）AcP 191, S. 74 (75).

〔114〕 G. Hermes（前注12）NJW 1990, 1764 (1767)；Chr. Hillgruber（前注66）AcP 191, S. 74 (76).

〔115〕 不过，即便是在德国，法院也很少把立法不作为的保护义务违反判定为违宪。尽管在这里无法讨论应赋予立法机关广泛裁量空间的理由［参照 K. Stern（前注25）S. 991, 1285 f., 1316；本书上述第53、54页，第88页。］但联邦宪法法院实际认定立法机关违反保护义务的仅是两次堕胎判决，而且此种情形下的立法不作为是因缓和刑法中的堕胎罪规定而产生的，不同于纯粹的立法不作为。笔者认为，因存在《商法》第90a条第2款第2项而生成的保护的空白状态也不同于纯粹的立法不作为。

〔116〕 后述第七章"基本权利保护与自我决定"第281页。

（六）小结

（1）上述内容可概括如下：

第一，依《基本法》第 1 条第 3 款的规定，私法规定直接受制于基本权利。

第二，在与受该私法规定影响的双方当事人的基本权利的关系上，基本权利的约束得以成立。为保护一方当事人而实施的干预，对另一方当事人而言构成侵害。立法机关原则上拥有广泛的裁量空间，但其裁量空间受到两个方面的限制：一是对双方当事人的保护义务；二是对双方当事人的侵害不作为义务。

第三，何种私法规定构成违反防御权的问题？何种规定成为违反保护义务的问题？对此学界存在争论。

第四，在合同法领域中尤其是签订合同当时双方当事人之间存在巨大的力量差异，且所谓的自我决定实际上是他人决定时，我们应当考量立法机关的保护义务。在这种情形下，保护义务有时会要求立法机关采取强行规则、一般条款的导入等适当的立法措施。

（2）一般认为，上述内容经必要的修改也可适用于合同之外领域中的私人侵犯。关于这一点，后面予以阐述。

243

五、私法的解释、适用与基本权利

（一）立法保护和司法保护

（1）私法关系上的基本权利保护性干预包括立法干预和司法干预。采用间接适用说的日本学者一致认为，首先由立法机关承担协调私人之间人权的责任。比如，田口精一教授指出，"由议会制定法律是必要的第一条件"，这也是间接适用说的趣旨。在没有制定法律的前提下，直接适用和执行宪法违反宪法

的立宪主义、法治主义原则。[117]阿部照哉教授呼吁人们关注
"在不存在具体立法的前提下，经法官之口直接从宪法中推导出
无法预测范围的义务之危险"[118]。而芦部信喜教授称："一般而
言……首先是立法机关的课题。"[119]

可见，解决私人之间人权冲突首先寻求于立法不仅是间接
适用说的要素，也是法治主义的要求。这一点从保护义务的视
角而言也是如此。基于《基本法》第 1 条第 3 款，作为保护义
务的基本权利直接约束国家的各种权力。但它并不要求行政权、
司法权直接执行保护义务。因为如前所述，[120]无论是实质上还
是形式上，保护义务并非赋予国家的各种权力新的权限。在法
的三极关系中的保护性干预同时又是对第三人基本权利的制约。
保护义务既不允许对第三人基本权利的过度侵害，也不允许轻
易脱离法治主义。保护义务只是要求国家的各种权力合理行使
宪法和法律所赋予的权限。因此，主张保护义务的德国学说也
认为，承担实现私法关系上保护义务首要责任的是立法机关，
而不是裁决个案的民事法院。[121]

因此，就基本权利对私人的人权侵犯的作用而言，原则
上间接适用说是合理的。即便从保护义务的视角而言也是如

---

[117]　田口精一（前注 1）《基本权利理论》第 297 页。

[118]　阿部照哉（前注 1）《基本人权的法理》第 89 页。

[119]　芦部信喜（前注 1）《现代人权论》第 62 页。

[120]　第二章"基本权利保护的理论"第 71 页。

[121]　K. Stern（前注 25）Staatsrecht Ⅲ/1, S. 1578；K. Hesse（前注 56）VerfR
und PrivR, S. 27 m. w. N.；C. － W. Canaris（前注 50）AcP 184, S. 201（227）；
G. Hermes（前注 12）NJW 1990, 1764（1767）；P. Badura（前注 53）Festschrift für
Molitor, S. 1（5, 12, 16 f.）；G. Lübbe-Wolff（前注 29）S. 153 f.；H. D. Jarass（前注
56）AöR Bd. 110, S. 363（377）；E. Klein（前注 56）NJW 1989, 1633（1640）；
P. Krause（前注 34）Teil Ⅰ, JZ 1984, 656（659 f.）；F. Kirchhof（前注 56）Private
Rechtssetzung, S. 525.

此。[122]

（2）不过，正如很多有关私人间效力的判例所示，仅仅强调立法机关的责任是无法解决问题的。因为一方面立法往往具有滞后性，另一方面我们对私法规定明确性的要求并不高。

即使是私法，我们也可设计出十分明确而详细的规定。如果考虑到法治主义要求的私法秩序信赖性、可预测性，有时需要制定出这种规则。[123]另外，我们对于法律（限制基本权利法益的法律）的明确性要求因法领域的不同而不同，尤其是对刑法严格要求明确性。但就私法规定而言（宪法学界也没有提出批评），从过去的实践来看，明确性要求相对宽松一些，至少并不排除一般条款。[124]不可否认，导入一般条款不仅为宪法所允许，而且有时被人们所期待。因为我们不可能事先用法律详细而具体地规范所有私法关系，而且从宪法上而言这种做法意味着个人自律的终结。联邦宪法法院在代理商决定中也没有对制定具体规则与导入一般条款进行排位，而是并列了两者。[125]

另外，应当指出，即便是这种一般条款，本质上仍区别于——在没有制定法律的前提下，法院直接执行宪法。[126]

---

　　〔122〕　不过，并非保护义务论者毫无例外地都支持间接适用说。例如，A. Bleckmann（前注 24）DVB1. 1988, 938 ff.；山本敬三（前注 8）；户波江二（前注 8）。

　　〔123〕　K. Hesse（前注 56）VerfR und PrivR, S. 25；P. Krause（前注 34）Teil Ⅰ, JZ 1984, 656（660）指出："私法秩序的信赖性与预测可能性建构个人自律的基础。"

　　〔124〕　J. Pietzcker（前注 56）S. 351；P. Krause（前注 34），Teil Ⅰ, JZ 1984, 656（661）；K. Hesse（前注 56）VerfR und PrivR, S. 28. 相关判例，参照 BVerfGE 59, 104 114 ff.

　　〔125〕　BVerfGE 81, 242（262）.

　　〔126〕　K. Hesse（前注 56）VerfR und PrivR, S. 28. 栋居快行（前注 8）第 10 页、第 68 页指出，间接适用说属于一种侵害保留意义上的想法，而且把公序良俗这种一般概念视为法律上的根据违背间接适用说的前提——法律保留原则。不过，本书中反复指出的是——基本权利保护属于依侵害的保护（第 62、63 页）。关于一般概念批评，笔者认为，把其他法律领域中的法律保留内涵直接适用于私法是不当的，尽管在危险防御法中有时也使用一般条款。相关判例参照 BVerfGE 84, 212（关于要点，参照本章的后注 172）。

245　　我们课予立法机关首要责任的同时，委任法官承担实现保护义务的重要责任，法官被委任为具体救济的承担者。[127]

（二）间接适用说与保护义务

（1）间接适用基本权利的典型情形是法律中存在的一般条款。在这种情形下，法官通过合理解释一般条款推导出符合基本权利的结论。法院在吕特判决中把这一法理称为"照射效力"，并指出了如下理由：[128]

基本权利首先是防御权，是针对国家的市民的防御权。同时，《基本法》在基本权利条款中确立了客观价值秩序。这个价值体系作为宪法上的基本决定适用于法的所有领域。立法、行政及司法要接受它的指导和冲击。这个价值体系当然也影响民事法律。民事法律的任何规定都不得与这一价值体系产生矛盾，我们应按照这个价值体系的精神来解释所有规定。在私法中，作为客观规范的基本权利内容以直接规制该法律领域的规定为媒介得以展开；而在审判中，基本权利以"一般条款"（如《德国民法典》第826条）为媒介影响审判。一般条款是基本权利进入民事法律的"入侵通道"（Einbruchstellen）。

（2）其次，法院在代理商决定中阐述这一法理如下：[129]

当立法机关还没有制定出特别强行规则时，发挥禁止过度功能的民事法律上的一般条款就会具有补充意义。在具体化、适用这种一般条款时，我们应当考虑基本权利。当合同的对等性受阻碍时，宪法就会委托法官用私法手段来盘活基本权利客

〔127〕　H. D. Jarass（前注56）AöR Bd. 110, 363（377）；J. Pietzcker（前注56）S. 345（351）.

〔128〕　BVerfGE 7, 198（205 f.）. 另外，伯肯弗尔德就吕特判决可以认可哪个学说的影响做出了意味深长的介绍。E. -W. Böckenförde, Grundrechte als Grundsatznormen, in: ders. , Staat, Verfassung, Demokratie, 1992, S. 159（164）.

〔129〕　BVerfGE 81, 242（255 f.）决定理由C13.

观基本决定的合理性，并采用多种方法实现该项任务。

依据上述观点，法官只有基于保护委托（保护义务），才可以运用一般条款干预合同关系。的确，法院在本决定中也提到了基本权利的客观基本决定，但它是作为干预私法解释、适用的实质内容而被提及的，而不是作为其法律根据被提及的。本案决定的宪法上（基本权利解释论上）的根据是法官的基本权利保护义务。

（3）可见，我们可以通过添加保护义务，从法院义务这一切口中考察到私人间效力。从理论上而言，我们可以把作为国家机关的法院干预双方当事人基本权利法益的方式分为如下两种：[130]

第一，法院本应当考量一方当事人基本权利法益，但法院并没有这么做，其结果，判决造成对该当事人基本权利法益的侵害。从该当事人的视角而言，这违反防御权。

第二，法院本应当考量一方当事人基本权利法益，但法院并没有这么做，忽略掉其他当事人对该当事人基本权利的侵害，其结果，判决造成对该当事人基本权利法益的侵害。这是私人间效力论所考量的情形。在这种情形下，法官不能忽略相关私人的侵害，而应当把关联私法规定解释成符合宪法上基本权利保障的趣旨。但就防御权而言，不可能提出这种要求。

在民事纠纷中当事人双方是基本权利主体，而不是基本权利的对应主体。因此，只要坚持基本权利对国家性这一前提，私人的人权侵犯就不能立即成为基本权利问题。确切地讲，私人能够侵害的并不是基本权利，而是存在于其背后的基本权利法益。另外，只要不采用施瓦贝的归责理论，就无法把私人侵

---

〔130〕　H. -U. Gallwas（前注54）Grundrechte, S. 69f.；R. Alexy（前注28）Theorie, S. 484 ff.

害解读成国家侵害。因此，依据防御权（即对抗于国家侵害的权利）不仅无法禁止相关私人侵害，也无法赋予法官排除其侵害的义务［前述二（一）1（3）］。这就要求我们在保护者与法官之间设定不同于防御权关系的基本权利保护关系。

247　　（4）如果这样考虑，我们就会理解联邦宪法法院采用基本权利客观价值秩序或类似观念的理由。如同雅拉斯[131]指出，"不属于依防御权的救济对象……但又不能拒绝基于基本权利的救济时"，宪法法院就会援引这一观念。我们无法把上述的第二个情形看作防御权问题。我们有必要先把问题还原为具有全方向性的、私人的基本权利法益侵害。然后，以不同于防御权的形式连接于基本权利对应主体——国家，从而将其重构为基本权利问题。由此而获得的基本权利的法作用即为基本权利保护义务。

　　（5）尽管对于照射效力（间接适用说）存在如上的批评，但我们可以用民事法官的基本权利保护义务进行阐释，从而获得比其过去的说明更为明确的边界。例如，施泰因拜-温克尔曼（Steinbeiß-Winkelmann）对间接适用说持批评的观点，但他指出，连接于保护义务论的间接适用说并非如过去的批评学说所想到的那样模糊不清。[132]

　　（三）民事审判权与基本权利

　　代理商决定一方面给予间接适用说保护义务论这一理论基础，但另一方面同时提出了新的问题——实体基本权利对民事法官的约束方式［前述三（三）2］。

　　（1）如上所述，依照间接适用说，民事法官只是间接受制于基本权利。一般认为"法院应考量基本权利，但限于适当的

---

　　〔131〕　参照 H. D. Jarass（前注 56）AöR Bd. 110, S. 363（365）.

　　〔132〕　Chr. Steinbeiß-Winkelmann（前注 56）Grundrechtliche Freiheit, S. 155 FN 51.

基本权利。基本权利并非因法院的裁决而变得适当。"

卡纳里斯批评传统的判例、通说[133]称：既然《基本法》第1条第3款中明确指出司法权，民事审判权也直接受制于基本权利。[134]另外，代理商决定指出："争议判决制约申请人的职业自由。这些判决应接受宪法上的审查，因为同其他所有国家权力一样，审判也受制于基本权利（第1条第3款）。"我们可以把这种有关《基本法》第1条第3款的解释区别于过去的判例法理。事实上，希尔格鲁贝尔将上述引用部分解读为对民事审判权的基本权利的直接约束，并评价其为修补传统间接适用说的缺陷。[135]

尽管施特恩也同样基于保护义务重构间接适用说，并熟悉《基本法》第1条第3款的法意，但他却主张民事审判权只是间接受制于基本权利。也就是说，他的主张与传统的判例、通说相一致。[136]同样，赫尔梅斯并不认为在这一点上保护义务修正过去的间接适用说，相反，他批评决定理由的上述引用部分具有直接适用说意义。[上述三（三）1（1）]除此之外，还有不少学者采用保护义务论的同时理解为间接约束。[137]

（2）不管怎样，成为出发点的是《基本法》第1条第3款。下面就这一点具体考察卡纳里斯的理解。

卡纳里斯认为，既然《基本法》第1条第3款明确规定司

---

〔133〕　C. -W. Canaris（前注 28）JuS 1989, 161（162）.

〔134〕　C. -W. Canaris（前注 28）JuS 1989, 161（161, 162）.

〔135〕　Chr. Hillgruber（前注 66）AcP 191, S. 69（71 f.）. "联邦宪法法院在本案中不仅在文字上，而且在内容上均借鉴了这一新学说（即对民事审判权的直接约束肯定说——小山刚补充）"。

〔136〕　K. Stern（前注 25）Staatsrecht Ⅲ/1, S. 1578, 1582; W. Rüfner（前注 42）Drittwirkung, S. 215（220）.

〔137〕　W. Rüfner（前注 42）S. 215（220）; E. Klein（前注 56）NJW 1989, 1633（1640）.

法权，民事审判权也直接受制于基本权利。就私法制定做出的阐述，原则上也适用于审判。法院在审判时通过法律的解释或裁量也同样制定（审判）规范，对此，宪法法院应依据基本权利予以直接审查。同立法情形一样，无法承认以私法的特殊性作为根据修正《基本法》第 1 条第 3 款。[138]

（3）施特恩指出："民事审判权受制于基本权利并不是因为审判是权力行为、其本身是受制于基本权利的国家活动。"[139] 施特恩认为，法官受制于基本权利并不是因为他作出判决、行使公权力。法官只是在"作为判决基准的规范要求法官在审判时要考虑基本权利"这一限度内受制于基本权利。[140] 在这一点上，施特恩与德林持相同观点。不同于民事立法机关，民事法院要直面私人间效力所固有的问题——基本权利对于私人（并不是基本权利的对应主体）相互间法律关系的作用。[141] 在这一点上，民事审判权也不同于行政审判权。[142] 因此，从施特恩的观点来看，我们无法事先判断民事审判权是否受制于基本权利，而应根据个案和具体适用的私法规定进行判断。[143]

另外，根据《基本法》第 20 条第 3 款、第 97 条第 1 款，法官受制于法律。因此，民事法官无法直接实现保护义务，他先是受制于法律，只能通过法律的基本权利适合性解释这一形式实现保护义务。相比之下，立法机关可以通过立法形式直接

---

[138] C.-W. Canaris（前注 28）JuS 1989, 161（162）.

[139] K. Stern（前注 25）S. 1486.

[140] K. Stern（前注 25）S. 1486.

[141] K. Stern（前注 25）S. 1563, 1577, 1582.

[142] K. Stern（前注 25）S. 1481 f. 因此，依施特恩的观点，因基本权利作为行为规范适用于执行权，行政审判权将直接受制于基本权利。

[143] K. Stern（前注 25）S. 1486 指出，应当以"审判行为在法律确定的内容上如何受制于基本权利规范"为基准（而不是以"审判行为本身"为基准）作出判断。

实现保护义务。换言之，法官是"借助于"（mediatisiert）法律实现保护义务。[144]如果忽略这一点，就会无视法官受制于法律，最终威胁法治主义的权力分立原则。[145]

（4）当然，有一点是明确的，那就是卡纳里斯和施特恩的私人间效力论在其基本结构上是一致的。两个学说均立足于：区分国家（基本权利对应主体）活动与私人（非基本权利对应主体）活动。两个学说都否定基本权利对应主体的扩张，也都否定归责理论。当基本权利法益的侵害起因于其他私人时，具有关联性的是保护义务，而不是防御权。保护义务的实现首先是立法责任。不管施特恩还是卡纳里斯都主张民事法官原则上只能在法律框架内实现保护义务。

在这里，我们有必要确认《基本法》第 1 条第 3 款中的"约束"的含义。施特恩围绕基本权利是否为民事法院的"判断基准"（Beurteilungsmabstab）这一问题讨论了约束性。[146]如果我们把"约束"限定于这种意思，就可以将其理解为间接意义。对此，卡纳里斯也不会提出异议。卡纳里斯也认为，如果我们着眼于"基本权利作用方式"，只能是间接性作用论。[147]另外，250 对于民事法官的裁量，施特恩也承认基本权利的直接约束。[148]尽管如此，我们仍不能把两者的差异仅仅作为用语方法上的差异、说明方式上的差异而做出定论。

（5）对《基本法》第 1 条第 3 款的理解上的具体差异体现于划定防御权范围问题。

---

〔144〕　K. Stern（前注 25）S. 1578, 1582 f；P. Krause（前注 34）Teil Ⅰ，JZ 1984, 656（659 f.）m. w. N.

〔145〕　K. Stern（前注 25）S. 1578. 不过，这一点适用于所有的司法权与行政权。

〔146〕　K. Stern（前注 25）S. 1473 f.

〔147〕　C. -W. Canaris（前注 50）AcP 184, 201（227 f.）.

〔148〕　K. Stern（前注 25）S. 1477 f.

依据《基本法》第 1 条第 3 款推导出民事审判权直接受制于基本权利是施瓦贝学说的特征 [前述二（一）2（2）]。关于在私法关系上所有国家机关也都直接受制于基本权利这一点，卡纳里斯明确采纳了施瓦贝的观点。[149]但不同于施瓦贝，卡纳里斯并不认为依据《基本法》第 1 条第 3 款最终能够解决私人间效力问题，而是作为约束的内容之一援引国家的基本权利保护义务。在这个意义上，我们可以把卡纳里斯学说（恐怕代理商决定也是如此）视为：对于施特恩等人所主张的通说向施瓦贝学说方向的修正（卡纳里斯本人认为是否把这种见解称为"间接适用说"是一种"兴趣问题"）。[150]这一修正把"是保护义务还是防御权"这一问题具体化为如下形式：

吕特判决是间接适用基本权利的代表性判决，但卡纳里斯认为这原本是防御权案。卡纳里斯指出，本案争执的民事法院判决（法院认可了禁止抵制倡议的诉讼请求）错误解释本案所涉及的私法规定，其结果侵害了吕特的言论自由。因此，联邦宪法法院本应当用作为防御权的基本权利处置该侵害。[151]相反，民事法院本应认可禁止等诉讼请求而没有认可，导致忽略私人对当事人自由、名誉的侵害的结果时[如布林克富尔（Blinkfüer）案[152]]，联邦宪法法院应当审查民事法院是否违反保护义务。[153]

---

[149]　卡纳里斯做出了明确的阐述。C. -W. Canaris（前注 28）JuS 1989, 161（162）FN 7.

[150]　C. -W. Canaris（前注 50）AcP 184, S. 201（227 f.）.

[151]　C. -W. Canaris（前注 28）JuS 1989, 161（162, 167）。另外，有不少学者主张可以把吕特案建构为违反防御权问题。除了卡纳里斯、施瓦贝之外，还可参照 R. Alexy（前注 28）Theorie, S. 486 f.；Chr. Steinbeiß-Winkelmann（前注 56）Grundrechtliche Freiheit, S. 157 ff.；J. Pietzcker（前注 56）S. 345（359）.

[152]　BVerfGE 25, 256.

[153]　C. -W. Canaris（前注 50）AcP 184, 201（229）；ders.，（前注 28）JuS 1989, 161（168）.

依据通说，上述案件都属于照射效力（即保护义务）案，而根据施瓦贝学说，上述案件都属于防御权案。[154]

（6）可见，从卡纳里斯的论述来看，修正说倾向于拓宽用 251 防御权处理的领域，而缩小固有的私人间效力问题领域。[155]卡纳里斯认为，采用不同的理论结构（防御权或保护义务）所带来的实际效果是：联邦宪法法院审查民事法院判决的严格程度不同。[156] 不过，笔者对这种"实际效果"持怀疑态度。笔者认为，不仅在日本（采用最高法院模式）很难找出其根据，而且在德国（采用联邦宪法法院制度）也很难找出其根据。

（7）本书无需进一步深入讨论防御权与保护义务的边界问题。过去的讨论也没有忽略《基本法》第1条第3款与民事审判权之间的关系，但卡纳里斯学说的出现迫使判例、学说从区别于过去讨论（尼佩代、施瓦贝的主张；基于间接适用说对这些主张的反驳）的视角解释《基本法》第1条第3款。

代理商决定是否改变判例？对此，笔者不做出评论。但笔者认为至少不能轻易得出代理商决定周密且有意识地改变了判

---

〔154〕 J. Schwabe, Bundesverfassungsgericht und "Drittwirkung" der Grundrechte, AöR Bd. 100 (1975), S. 442 (443 ff., 459 ff.).

〔155〕 因此，卡纳里斯学说有可能遭到来自传统通说与施瓦贝学说的批评。首先有可能成为问题的是，防御权问题与私人间效力问题之间的区别不明。在这里除了本文已介绍的吕特、布林克富尔森之外再举出一个例子。我们可否把法院作出的契约的"补充解释"认定为法院积极干预该私人的人权侵犯？卡纳里斯认为，如果补充解释是基于该契约固有的特殊性而作出，该补充解释只是停留在消极干预；但如果是把问题予以一般化，并基于典型的利害状况而作出，该补充解释是积极干预属于国家侵害（而非固有的私人间效力问题）〔前注 50，AcP 184，201（216）m. FN 52〕。这里出现的是相同于民事立法权情形〔前述四（四）〕的问题，尽管其形式以更为复杂。另外，对于施瓦贝曾作出的界限不明这一批评，卡纳里斯反驳称，界限事例的模糊性随附于所有的大型理论（grand theory）。〔C. -W. Canaris（前注 97）AcP 185, 9 (10).〕。

〔156〕 C. -W. Canaris（前注 28）JuS 1989, 161 (163).

例的结论。众所周知，有不少联邦宪法法院的判决理由体现的是各种学说的合意（consensus）。代理商决定的判决要旨究竟是妥协的产物还是始终一贯性逻辑的展开？对此，我们需要一个慎重的分析。

（四）合同之外的侵害与间接适用说

不管怎样我们可以确认如下两点：①应当区分作为基本权利对应主体的国家机关的活动与作为非基本权利对应主体的私人相互间的关系；②基本权利保护义务是解释私人间效力问题的钥匙。

我们在合同关系中确认的法理也适用于合同外的侵害。

（1）间接适用说一方面强调基本权利对所有法秩序具有意义（因此，私法也并不是无关于基本权利的法领域），另一方面反对在形式和内容上损害私法独立性的基本权利干预。在这个意义上，我们并不把间接适用说理解为迫使我们"改革"有关基本权利的传统理解和私法结构的学说，而理解为带来"改革意义上的发展"的学说；[157] 间接适用说是"用私法上的一般条款这一杠杆缓和基本权利（公权）所具有的严格性，使保障人权的宪法精神渗透到私法关系"的学说。[158]

的确，合同侵害是适合我们简要理解间接适用说的领域。众所周知，当合同侵害成为问题时，我们依基本权利实施救济的首要屏障是契约自由。事实上，间接适用说一直密切关注个人自律、契约自由原则。这一点集中反映在迪里希的如下一句话中："《基本法》第2条第1款的自由权中包含不受国家的妨碍

〔157〕 K. Stern（前注25）Staatsrecht Ⅲ/1, S. 1556.
〔158〕 阿部照哉：《私法关系与基本人权》，《宪法的基本判例（第三版）》第7页。

而存在于对等私人之间关系的、脱离于基本权利的自由。"[159]

问题在于，是不是只有在"存在于对等私人之间关系、脱离于基本权利的自由"这一前提下，间接适用说才得以成立？

（2）之所以间接适用基本权利，是不是因为我们可以推定私人自觉同意了侵害？如果是这样，一方面我们无法将间接适用说适用于无法作出这种推定的合同之外的侵害；而且，另一方面即便就合同关系而言，如果以可以推定这种同意为理由间接适用基本权利，从而修改合同，就会妨碍自我决定。间接适用说也会变成存在于当事人之间合意之外的、向当事人强加客观准确性的法理。

不过，如同在上述的论述中所明确的那样，基本权利对私人间关系的作用为间接的主要理由有两个。第一个理由是，引起私人的人权侵犯的私人为"基本权利主体，而不是基本权利对应主体"。因为侵害的主体不是基本权利对应主体，所以我们无法用防御权排除私人的人权侵犯。如同迪里希指出的那样，私人间效力论中的个人自律论的要点在于——当事人之间签订的合同本身就是当事人行使国家应尊重的自由之结果。有人指出，在传统的间接适用说中，人们只是在合同约束直接体现"合同当事人为基本权利主体，而不是基本权利对应主体"这一事实时强调了契约自由。这种想法并非毫无道理。重要的是，契约自由只是"双方当事人为基本权利主体，而不是基本权利对应主体"的情形的一个方面而已，而不是该情形的全部内容。

关于这一点，迪里希在《基本法》第 3 条第 1 款的注释中指出："即使在合同之外的领域中，我们也要面对两个私法主体

---

〔159〕　G. Dürig（前注 34）Festschrift für Nawiasky, S. 158 f.；ders.,（前注 34）in：Maunz/Dürig, Art. 1 Abs. Ⅲ Rdnr. 130.

相互对峙，而这两个私法主体都能够援引基本权利这一无法忽略的事实。这种情况在市民与国家的关系上是不存在的。它所正当化的是：即使在合同之外的法律关系中，基本权利的意义仍区别于与国家关系上的基本权利的意义。"〔160〕

可见，即便是合同之外的侵害，只要侵害主体为私人，也同样存在无法直接适用作为防御权的基本权利的情况。相反，以在合同之外的侵害无法推定要求保护者的同意为理由而主张直接适用基本权利，〔161〕这显然是逻辑上的飞跃。

（3）间接适用的第二理由是：即便是为了救济私人的人权侵犯而实施的干预，对第三人而言仍是一种基本权利制约，因此，这种干预必须有法律根据。

对此，栋居快行教授批评称："……人们基于'作为侵害行为的判决'对'作为自由的各自自律'这一次要观点重构了双方争执的实体利益状况。其结果，上述的判决被视为侵害行政行为。"这无疑是弄错原来实体利益状况的"侵害保留"观念。〔162〕

的确，私人间效力具有受益性层面，但同时它还具有侵害性层面。我们不应忽略这一点。国家应当在所有的私人（基本权利主体）相互间对峙并要求国家调整其关系的情形中考量双方当事人（包括主张遭受侵害的一方，也包括其相对方）的基本权利地位。这一点不仅适用于合同法、侵权行为法，也适用于兼具相邻人保护性质的行政法、刑法。即便是为了实现保护义务，我们也不能允许在行政法中脱离为确保不受国家

254

〔160〕 G. Dürig（前注 34）in：Maunz/Dürig, Art. 3 Abs. I Rdnr. 513.

〔161〕 三并俊克（前注 6）《立命馆法学》第 116、117、118 号第 539 页展开了这样的论述。

〔162〕 栋居快行（前注 8）第 10 页、第 68 页。对此也参照前注 126。

侵害的自由，继而规制侵害行为的发生而建构的各种法治国家原则。[163]同样，在民事法律中，不管对于合同侵害还是合同之外的侵害，我们却应当坚持法治主义要求——立法的首要责任。基本权利保护义务与法的三极关系是我们为阐述要求保护者与国家之间的关系而提出的观念。这一点不仅适用于宪法也适用于行政法。不过，这并不排除国家（位于三角形的另一边）与私人侵害者之间的基本权利关系。[164]

（4）在保护义务论意义上建构的间接适用说有效于私人的合同之外侵害。因为保护义务论原本就不是我们立足于合同法而设想出的理论。德国的经验告诉我们：保护义务论所关注的是基于堕胎、恐怖分子绑架政府要员等事实行为的侵害。[165]因此，从保护义务论而言，保护义务这一理论结构不仅对合同之外的侵害有效，而且对合同侵害也有效。

尽管代理商决定是对合同侵害援引保护义务的案件，但从该案的判决要旨中也能够确认上述内容。也就是说，法院在代理商决定中并不是因为个人自律而援引保护义务。在该案中，个人自律反而被定格为：原则上不允许基于保护义务进行干预的、所谓的保护义务的禁猎区。基于保护义务的干预得到正当化，进而要求这种干预的情形是：由于缺失个人自律存在的条件，双方当事人的行为实质上是自我决定伪装下的"他人决定"。这里所说的他人决定是第三人侵害的一个例子（对于合同

255

〔163〕　Chr. Enders, Neubegründung des öffentlich-rechtlichen Nachbarschutzes aus der grundrechtlichen Schutzpflicht?, AöR Bd. 115（1990）, 610 ff.；P. Peru, Freiheitsgefährdung durch die Lehre von der grundrechtlichen Schutzpflichten, JZ 1991, S. 265 ff.；R. Wahl/J. Masing（前注 101）Schutz durch Eingriff, JZ 1990, S. 553 ff.

〔164〕　不过，笔者并不要求私法具有与行政法中的意思相同的法律保留。参照后注 172。

〔165〕　本书第 19 页以下。

之外的侵害而言，这种特征更为明显），而命令排除相关侵害是
保护义务的内涵。

六、概括考察

（1）综上，我们反复强调：国家的基本权利保护义务是我
们理解基本权利对私人的人权侵犯的作用的有效理论。而在过
去我们一直把基本权利对私人的人权侵犯的作用作为私人间效
力问题进行讨论。基本权利私人间效力试图以自由权意义上的
基本权利规定（这个规定旨在课予国家禁止侵害的义务，确保
不受国家侵害的自由）作为线索应对私人的基本权利侵害。因
此，如果我们要肯定上述一点，有必要提出特别理由。另外，
不管采用何种私人间效力论，只要它是基本权利解释论，其理
论本身应当是明确的，而且应当确保与相邻问题的整合性。在
这个意义上，我们把私人间效力论连接于基本权利保护义务进
行考察是合理的。

尽管围绕私人间效力存在学说的对立，但从保护义务论而
言间接适用说是合理的。因为间接适用说的代表性学者——迪
里希很早就关注《基本法》第 1 条第 1 款规定的国家的人的尊
严保护义务［前述二（三）1］。间接适用说与保护义务不仅
在关注问题的结构上具有共同性，而且在理论层面上也具有共
同性。

另外，上述理论囊括的范围并不限于合同法领域。当存在
私人的人权侵犯时，不管它是合同的还是合同之外的，我们都
可以基于基本权利逻辑（基本权利的对国家性、私人的基本权
利主体性）和法治主义逻辑，将其归结为立法的首要责任。原
则上法官应借助法律实现保护义务。

256

（2）我们可以把本章中重构的间接适用说归结为如下两点：①说明的合理化；②复原间接适用说原本具有的丰富的内涵。

作为说明的合理化，我们在本章中首先关注的是法院针对私人的人权侵犯所承担的救济义务。也就是说，传统的讨论关注的是国家—侵害人—要求保护者这一法的三极关系中的侵害人与要求保护者之间的关系，并倾向于讨论基本权利是如何作用于两者之间的私法关系这一问题。相比之下，本章聚焦于要求保护者与国家之间的关系（即国家与私人之间的关系），并讨论了对私人的人权侵犯的宪法干预方式。为此，提出国家的基本权利保护义务这一观念。通过引入这个观念，我们发现了私人的人权侵犯与民事立法机关之间的关联性，私人的人权侵犯与行政法、刑法、其他法领域的关联性。

合理化的另一个视角是剖析间接适用说经常援引的价值秩序、作为价值体系的基本权利或类似概念。本章只是简单介绍了这些概念的内涵。笔者曾在其他场合简单讨论过这些概念。[166] 不可否认，对于价值秩序或类似概念，我们还有一些问题没有解决。不过，笔者认为，我们已通过如下两点暂且做出了回应：①我们注意到有人曾尝试合理说明价值秩序等概念；[167] ②我们反复强调，本章的立论并非直接依据于价值秩序等概念，而是直接依据于其具体化的法作用——保护义务。

257

（3）其次，关于间接适用说的"丰富内涵的复原"，笔者

---

〔166〕 小山刚：《基本权利客观法层面的诸问题》，《比较法研究》第 53 号第 152 页以下（1991）；小山刚：《译者后记》，《名城法学》第 44 卷第 1 号第 331 页（1994）；小山刚：《制度意义上的基本权利理论及其后》，《法学家》第 1089 号第 65 页（1996）。

〔167〕 尤其参照在小山刚（前注 166）中引用的 R. Alexy；A. Scherzberg；K. Stern 的文献。

主张如下：我们原本就无法用"公序说"这一术语表达间接适用说。的确，公序说这一表述展现了间接适用的主要舞台，但公序说这一名称把间接适用的内涵限定在特定情形。这在如下的三重意义上带来不合理之处：

第一，这会给我们带来这样的印象：合同之外的侵害似乎是在间接适用说的范围之外。

第二，从方法论上而言，间接适用的手法不外乎是要求所谓的合宪性解释。[168]也就是说，法官在解释和适用法律时要充分考量宪法，尤其是基本权利，使其解释符合宪法、符合基本权利。关于私法规定的解释，我们不应限于一般条款考量基本权利，而应当就具有解释空间的所有条款考量宪法。[169]即便把问题限定为合同侵害，我们也不能认为只有把私人间的合同确认为"无效"才符合宪法趣旨。[170]

第三，如果再向前推进一步合宪性解释，我们也可以肯定基本权利对法的继续形成的作用。间接适用说也承认这一点。比如，迪里希[171]很早就指出——通过法官作出的法的继续形成

---

〔168〕 K. Stern（前注 25）S. 1556，1578，1583.

〔169〕 卡纳里斯以并不一定总是存在合适的一般条款，以及有时作为保护义务的要求会制定出具体规定为由，批评限定于一般条款的见解［前注 50，AcP 184，S. 201（223）］。体现相同趣旨的还有：W. Rüfner（前注 42）；K. Stern（前注 25）S. 1584. 不过，关于具体规定，大多争论的是该规定的合宪、违宪问题，如同代理商决定。

〔170〕 参照 C. -W. Canaris（前注 50）AcP 184，S. 201（232 ff.）；ders.，（前注 28）JuS 1989，161（164 ff.）. 具体内容参照山本敬三（前注 8）《京都大学法学论丛》第 133 卷第 5 号第 21 页以下。

〔171〕 "价值欠缺的补充"就属于此种类型。G. Dürig（前注 34）Festschrift für Nawiasky，S. 157（179 ff.）；ders.，（前注 34）in：Maunz/Dürig，Art. 1 Abs. Ⅲ Rd-nr. 133.

适用基本权利。[172]

即使我们忽略基本权利对私法立法的直接约束，基本权利对私法关系的作用也并不局限在"间接"或"公序"的字面含义上。[173] 即使我们可以把某一法作用称为间接适用，也不能基于间接适用说、公序说这一名称进行逆向推理，把某一法作用的内容缩减至间接这一用语所涵盖的范围。实际上，间接适用说的代表性学者——迪里希的见解也超出了字面意义上的"间接"适用。因此，我们不能将其称为所谓的"公序说"。[174]

（4）在基本权利论中，私人间效力问题具有何种程度的独立性？对此，赫尔梅斯[175]指出："看似在间接第三人效力这一独立的旗帜下航行，但其实与其他的保护手段（比如，相邻人保护意义上的行政法）相比较，并不具有特别之处。"我们暂且不论使"间接适用说"这一用语从解释学概念隐退至学说史领

[172]　笔者并不认为法的继续形成意味着本文所持观点的破产。的确，就法的继续形成而言，不同于法的解释，民事法官会以更为直接的形式把基本权利用作判断基准。不过，它所依据的并不是基本权利适用对象向私人的扩张这一设想。也就是说，即便是在这种情形下，基本权利适用对象仍只是国家机关（法院）。保护义务约束的是作为国家机关的民事审判权。法官应接受这一约束，并用所谓法的继续形成方法应对私人的人权侵犯。作为其判例，参照 BVerfGE 84, 212（226 f.）。该判决指出，适用本质性理论（有关法律保留的理论）范围限于国家与市民的关系成为问题的情形。在此基础上，该判决就基本权利主体相互间关系指出，"在法律规定并不充分的情形下，法院应使用已被认知的发现法的方法从作为该法律关系基准的一般意义上的法基础（Rechtsgrundlagen）中推导出实体性法律"。进而，该判决引用代理商决定指出："这一点也适用于宪法上的保护义务需要法律规定支撑的情形。"

[173]　以不同于扩大基本权利适用对象的形式肯定防御权的直接适用也并不与本文的见解产生矛盾。因为尽管行政法学上的私人受托高权是属于一种极端例子，但依据国家干预形式，我们有时不得不把该私人的人权侵犯看作国家行为。当然，这种情形已不属于固有的私人间效力问题。

[174]　也可以指出，限于私人间效力论，直接、间接这一对应概念很容易引起误解，其程度超出其整理上的优点。

[175]　G. Hermes（前注 12）NJW 1990, 1764（1768）.

域是否合理，[176] 但可以肯定的是：私人间基本权利（法益）冲突这一点在所谓行政法的三极（三面）关系、刑法对表达自由与名誉权之间冲突的调整等情形中同样成为问题。保护义务是能够在捕捉这些共同点的同时，基于法领域特殊性实现基本权利保护的、具有灵活性的理论。笔者在本章中只就私法关系尝试提出其理论架构，其他问题的讨论，特别是衡量问题的讨论只能再寻找其他机会。不过，以上论述显示：在保护义务这一视角下，从立法机关及法官的宪法义务这一入口进行考察是重新讨论私人间效力问题的有效方法。于是，我们还获得了重构间接适用说的线索。

---

〔176〕 例如，卡纳里斯〔（前注 50）AcP 184, 201（228）〕主张应把间接适用说隐遁于学术史中。

第七章
基本权利保护与自我决定

在日本，也有部分学者采用国家的基本权利保护义务法理，或用基本权利保护义务重构所谓的基本权利私人间效力的见解。[1]此外，如同本书的开头所提及的，有人批评一般意义上的基本权利保护义务为家长主义。尤其是就契约关系适用保护义务指出了与自我决定权的紧张关系这一新的课题。[2]在德国，人们也意识到保护与自我决定之间的紧张关系，讨论了"保

---

[1]　山本敬三：《现代社会的自由主义与私立自治（一）（二）》，《京都大学法学论丛》第 133 卷第 4 号第 1 页、第 5 号第 1 页（1993）；山本敬三：《宪法与民法的关系》，《法学教室》第 171 号第 44 页（1994）；中野雅纪：《对第三人侵害的基本权利保护》，《中央大学大学院研究年报》（法学研究科编）第 22 号第 1 页（1993）；桑原勇进：《国家的环境保全义务（三）（四）》，《自治研究》第 71 卷第 7 号第 87 页、第 8 号第 100 页（1995）；户波江二：《国家的基本权利保护义务与自我决定的缝隙》，《法律时报》第 68 卷第 6 号第 126 页（1996）。另外，栋居快行：《论幸福追求权》，《法学家》第 1089 号第 179 页、第 181 页以下、第 184 页脚注 15（1996）仅就《日本国宪法》第 13 条之保护法益中的生命、健康承认国家的保护义务。

[2]　户波江二（前注 1）第 129、130 页中讨论消除基本权利保护与自我决定权之间紧张关系的三个理论上的可能性，并得出如下结论："应当指出，自我决定与保护义务之间的调和性理解存在局限性……最终无法否定的是自我决定对立于保护义务。"另外，根森健教授把基本权利保护义务与家长主义视为同一物，批评了保护义务论。参照《公法研究》第 58 号第 126 页（1996）。还可参照小林伸一：《有关美国宪法上"要求政府保护的权利"与"政府的保护义务"的序论性考察》，《清和法学研究》第 3 卷第 1 号第 107 页（1996）。

护人与自己"（Schutz des Menschen vor sich selbst）〔3〕的问题。

　　的确，我们不应认为基本权利保护义务本来就无缘于那种担忧。关于保护义务这一作用，我们无法持乐观态度。因为如果概观德国的判例、学说，无论是家长式的保护义务论，还是压制自我决定的保护义务适用都有可能在现实中出现。

　　为此，本章将讨论基本权利保护与被保护者的自我决定的问题。

一、问题的不同层面

　　基本权利保护义务是否阻碍或干预自我决定？笔者认为，首先应当区分几个问题层面，分别展开讨论。

276　　第一，国家能否以基本权利保护义务为根据，违反基本权利主体的意志而限制其行为自由？例如，禁止自杀、强制带上安全带、禁止使用药物等是否因基本权利保护义务而得到正当化（进而被要求）？

　　第二，尤其对私人之间契约关系适用基本权利保护义务时，我们应如何考量自我决定权与基本权利保护之间产生的（紧张）关系？这种情形显然不同于第一个问题：首先，是被保护人本人寻求保护；其次，如果抛开理论结构，多数学说会从原理上肯定依基本权利（或者社会国家原理）的干预。

　　因此，在第二个问题的设定中，我们应讨论如下问题：基本权利保护义务可否成为使他（她）摆脱因其自身的过去行为而产生的义务之根据？这种假设在什么条件下成为可能？这可否成为对个人自律的干涉？

---

〔3〕 Chr. Hillgruber, Der Schutz des Menschen vor sich selbst. 1992. 其书评有 W. Schmidt, JZ 1993, 833; J. Würkner, NJW 1993, 1968.

第三，更为根本的问题是基本权利保护义务及作为其母体的基本权利客观法层面（作为客观原则规范的基本权利）与自我决定的关系。关于基本权利的客观法层面，有人指出，它会导致基本权利所保障的自由观念的本质性变化。如果这种观点正确，基本权利客观法层面所具有的自我决定相对化倾向必然会波及基本权利保护义务。也就是说，从自我决定修正性的法原理中只能生成自我决定修正性的法作用。

二、危险行为与基本权利保护

（一）禁止危险行为

公权力能否规制基本权利主体自身做出的危险行为？对此，日本宪法学界也进行过讨论。其讨论点之一是可否实施家长式干预。[4]

另外，就特定的危险行为（比如，自杀等重大的自我加害行为）而言，存在一个先行问题：该行为可否成为自我决定的对象？[5]还有，就有些危险行为而言，存在另一个先行问题：有些危险行为缺乏人格利益或人格关联性（比如吸烟），这种危险行为是否属于基本权利的保护领域？[6]不过，本书并不讨论这些先行问题，而是以广义的自我决定权为前提，仅讨论基本权利保护义务可否成为规制危险行为的根据。

---

〔4〕　佐藤幸治：《宪法（第三版）》第 405、406、460 页（1995）；竹中勋：《自我决定权的意义》，《公法研究》第 58 号第 28 页（1996）及该论文中刊载的诸文献。另外，芹泽齐教授在 1997 年的日本公法学年会中做出了详细的报告。

〔5〕　例如，土井真一：《"对生命的权利" 与 "自我决定" 的观念》，《公法研究》第 58 号第 92 页；竹中勋（前注 4）。

〔6〕　有关一般（行为）自由说与人格利益说之间对立的最新研究，参照户波江二：《幸福追求权的结构》，《公法研究》第 58 号第 1 页（1996）。

1. 判例中的限制危险行为论

德国判例的结论是：规制危险行为并不是不可能。联邦行政法院通过两次透视秀判决[7]支持了透视秀的禁止，而且联邦宪法法院对于汽车安全带[8]和摩托车头盔[9]的着装义务、禁止大麻（cannabis）类药物的使用[10]均作出合宪判决。[11]不过，如下所述，其推理是多种多样的。

（1）在第一次透视秀判决中规制正当化逻辑正是援引了基本权利保护义务。根据《营业法》（Gewerbeordnung）第33a条第2款第1项的规定，当透视秀等营业违反"良俗"时得不到许可。在透视秀营业许可申请没有被许可而提起的行政诉讼中，行政法院以及上级行政法院均认可了原告的请求。上级行政法院的判决依据的是这样一种解释：《营业法》第33a条第2款第1项旨在就具有"社会关联性"的行为举止规范人们的共同生活，它并不把伦理性保障作为其目的。对此，联邦行政法院指出，"良俗"是"服从于历史变迁的社会伦理价值观念"，[12]并基于如下的理由撤销了原判决：

《基本法》的价值秩序形成良俗的部分内容，因此，违反《基本法》价值观念的行为将违反良俗。尊重和保护人的尊严是《基本法》的构成原理之一，因此，侵害人的尊严的营业行为也将违反（sittenwidrig）良俗。此时，官方的拒绝许可意味着官方履行《基本法》第1条第1款第2项赋予的保护义务。[13]《基本

---

[7] BVerwGE 64, 274; 84, 314.
[8] BVerfG, NJW 1987, 180.
[9] BVerfGE 59, 275.
[10] BVerfGE 90, 145.
[11] 关于其他案例，参照 Chr. Hillgruber（前注3）S. 63 ff.
[12] BVerfGE 64, 274 (276).
[13] BVerfGE 64, 274 (277).

法》第 1 条第 1 款保护的是人们的人格价值。"当人们仅仅被客体贬损时，人的尊严就会受到侵害。有时侵害人的尊严是由私人发起的（本案就属于此类）。国家应当基于宪法上的保护义务，在法律的适用上用尽宪法赋予的防御这种攻击的可能性。"〔14〕这种人的尊严的侵害"并不因女性自发地出演透视秀这一事实而得以排除或正当化"。

（2）考虑到学术界对第一次透视秀判决的批评，联邦行政法院在第二次透视秀判决中没有采用人的尊严的保护义务这一理论结构，但仍维持了原结论。该判决称："透视秀违反良俗，但无关于《基本法》的价值决定。"〔15〕另外，关于女性自愿上台表演，第二次透视秀判决也指出："不同于控诉审的见解，透视秀是否符合良俗无关于女性自愿上台表演、对自己的行为并不感到耻辱等事实。"〔16〕

（3）联邦宪法法院在 1982 年 1 月 26 日的判决中判定以罚金刑作为担保的戴头盔义务为合宪。该规定是否"不允许对市民实施监护"（Bevormundung）？对此，法院作出如下回应。〔17〕"因没戴头盔而骑摩托导致头部受重伤者并不仅仅伤害自己。"不戴头盔的骑行与其他危险行为的区别是"它发生在公道，而公道因其对社会的重要性由国家承担特别责任"。"很显然，重大的头部损伤也对社会带来广泛的影响（如急救、医生的补贴、康复、残障资助等）。"

在本案中受到关注的是社会国家意义上的负担成为将限制

279

---

〔14〕　BVerfGE 64, 274 (278).

〔15〕　BVerfGE 84, 314 (317).

〔16〕　BVerfGE 84, 314 (318).

〔17〕　BVerfGE 59, 275 (279).另外，关于这一问题，参照中村直美：《安全带的强制与家长主义》，《法学与政治学的诸相》（熊本大学法学部创设十周年纪念论文集）第 533 页以下（1990）。

予以正当化的根据之一。

（4）法院在大麻决定〔18〕中判定禁止使用大麻类药物为合宪，但没有说明具体理由。①遵循已确立的判例，联邦宪法法院首先指出，《基本法》第2条第1款旨在"保护人们的所有形式行为，而不论其活动对于人格发展具有何种意义"。但法院又指出，②即使是为了自我麻醉而使用麻药，因其具有各种社会作用和相互作用，"也不属于受绝对保护、禁止公权力干预的私生活的核心领域"。③一般性行为自由处在宪法秩序（在形式和实质上符合宪法的法秩序总称）的保留之下。基于这种法律规定限制一般行为自由不违反《基本法》第2条第1款。④"不存在免于这一限制的'麻醉权'。"

（5）卡尔斯鲁厄（Karlsruhe）行政法院援引联邦宪法法院的第一次堕胎判决，确认禁止帮助自杀为合宪。〔19〕法院指出，"国家对人的生命的概括性保护义务并不依赖于……成为保护对象的人们是否期待其保护。……即便是对自己的生命，《基本法》也没有赋予处分权。……不把《基本法》第2条第1款用于自我发展，而试图把它用于自我人格破坏者不能援引人格自由发展之基本权利。"

280　（6）其中，尤其备受关注的是联邦行政法院的第一次透视秀判决和卡尔斯鲁厄行政法院的判决。

因为联邦宪法法院的两个判例是以他害或社会负担为由禁止该行为，而两个透视秀判决则是完全忽略出演者的自发性质，以保护被称为"良俗"的客观物为由禁止该行为。尤其在第一

---

〔18〕　BVerfGE 90, 145（171 ff.）. 另外，关于本项研究，参照工藤达郎：《哈希什（hashish）决定——"（药物）酩酊的权利?"》，《自治研究》第71卷第11号第126页以下（1996）。

〔19〕　VG Karlsruhe, Urt. Vom 11. 12. 1987, JZ 1988, 208 ff.

次透视秀判决中成为判决理由的是基本权利（人的尊严）保护义务，法院以压制出演者的自我决定方式援引了保护义务论。另外，卡尔斯鲁厄行政法院也指出，基本权利保护义务无关当事人的意志。

2. 限制危险行为违宪论

在学术界，有人强烈反对旨在保护行为人免受危险行为的限制。

（1）希尔格鲁贝尔以《基本法》第 2 条第 1 款的一般行为自由[20]为例主张如下：在《基本法》之下不存在先天不值得保护的作为自由行使的人的活动。人们依据主观上的价值判断设定目标并依自我责任作出的决定属于《基本法》第 2 条第 1 款所保护的自然的行为自由行使。人们基于自我决定做出的行为，即便具有自我威胁性或自我加害性，仍属于基本权利保护的自由的发现。因此，违反本人意志的免受自我侵犯的保护属于自由的限制，需要从宪法上得到正当化。[21]

希尔格鲁贝尔主张，作为对表达自由的限制，《基本法》第 5 条第 2 款列举的"一般法律"的保留是所有法律保留的"不成文前提"。它同样适用于一般行为自由的限制。[22]限制和禁止行为自由在一般法律保留意义上应具有一般性质是指，限制和自由对于行使行为自由应当是中立的。因此，"我们无法仅仅依据某种行为的无价值性或'有害性'正当化对人们特定活动的

281

---

〔20〕 关于德国的这一基本权利判例、学说，参照小山刚：《围绕一般行为自由说的诸问题》，《法与正义》（田上穣治追悼论文集）第 673 页以下（1993）；户波江二：《自我决定权的意义与射程》，《现代立宪主义的展开（上）》（芦部信喜古稀论文集）第 325 页以下（1993）。

〔21〕 Chr. Hillgruber（前注 3）S. 115 f.

〔22〕 Chr. Hillgruber（前注 3）S. 117 ff.

禁止。"[23]"如果法律的客观目的在于保护人们免受自我侵害，即违反自我意志而保护人们免受自己行使基本权利的结果，该法律违反宪法。"[24]我们承认此种保护限于青少年保护和精神病患者的保护等例外情况。[25]

（2）希尔格鲁贝尔在肯定所谓的"弱势的家长主义"的同时，否定"强势的家长主义"。[26]基于这一观点，希尔格鲁贝尔批评判定禁止积极安乐死为合宪的卡尔斯鲁厄行政法院的判决、[27]联邦宪法法院的摩托车头盔着装义务合宪判决、[28]联邦行政法院的透视秀判决[29]，他称这些判决为对危险行为的禁止。

如果考虑甚至是承认自杀的权利[30]这一点，很难说希尔格鲁贝尔的观点是德国的一般见解。但有不少学者肯定做出危险行为的自由。[31]如同后述，很多学者对透视秀判决持否定

---

〔23〕 Chr. Hillgruber（前注 3）S. 119.

〔24〕 Chr. Hillgruber（前注 3）S. 120.

〔25〕 Chr. Hillgruber（前注 3）S. 121 ff.

〔26〕 关于"弱势的家长主义""强势的家长主义"，参照阪本昌成：《隐私与自我决定自由》，《讲座宪法学 3 权利保障（1）》（樋口阳一编）第 248 页以下（1995）；竹中勋（前注 4）第 42 页；竹中勋：《"安乐死"与宪法上的自我决定权》，《法学教室》第 199 号第 81 页以下（1997）。另外，有关把前者排除在家长主义问题之外的论文，参照井上达夫：《家长主义与人权》，《法学家》第 945 号第 74 页（1989）。

〔27〕 Chr. Hillgruber（前注 3）S. 78 ff.

〔28〕 Chr. Hillgruber（前注 3）S. 95 ff.

〔29〕 Chr. Hillgruber（前注 3）S. 104 ff.

〔30〕 Chr. Hillgruber（前注 3）S. 84. 另外，笔者认为德国的通说是否定自杀自由。关于学术界的情况，具体参照 aaO, S. 78 ff.

〔31〕 I. v. Münch, Grundrechtsschutz gegen sich selbst?, in: Festschrift für H. P. Ipsen zum 70. Geburtstag, 1977, S. 113 ff.; J. Isensee, Das Grundrecht auf Sicherheit, 1983, S. 48 f.; G. Hermes, Das Grundrecht auf Schutz von Leben und Gesundheit, 1987, S. 229 f.; J. Dietlein, Die Lehre von den grundrechtlichen Schutzpflichten, 1992, S. 227 ff.

态度（尤其对于其理论结构）。关于戴头盔、使用安全带义务，人们则强烈批评了把社会国家负担作为禁止理由的做法。[32]

（二）危险行为与保护义务

关于危险行为的禁止，我们可否承认基本权利保护义务？这个问题不同于上面的讨论——保护行为人免受危险行为侵害可否成为正当立法目的，两者分属于不同层面的问题。问题在于，如同联邦行政法院在第一次透视秀判决中所阐述的，如同卡尔斯鲁厄行政法院将禁止自杀帮助予以正当化，保护义务是否可成为禁止危险行为的根据？国家是否应承担基本权利保护义务这一宪法义务？

1. 肯定说

282

因为这个问题还关系到所谓法的三极关系[33]是基本权利保护义务的本质性指标还是仅为典型案例的描写？几乎所有主要文献都有所涉猎。

萨克斯解释称："从基本权利的视角而言，原理上我们可以把保护人们免受自我危险的侵害与保护人们免受其他危险的侵害同等看待。"[34]

虽然罗贝斯也主张违反当事人意志的保护不可能存在，[35]但他解释称："寻求安全的权利并不依赖于危险原因种类"，"从

---

[32]　J. Dietlein（前注 31）S. 229.

[33]　所谓法的三极关系是指，在基本权利保护义务案例中出现国家、要求保护者、侵害人等三个主体，且对于这些三个主体间相互关系的一边（国家与要求保护者的关系）适用基本权保护义务。对于这一法的关系，参照上述第 44、45 页。

[34]　M. Sachs, in: K. Stern, Das Staatsrecht der Bundesrepublik Deutschland, Bd. Ⅲ/1, 1988, S. 736.

[35]　G. Robbers, Sicherheit als Menschenrecht, 1987, S. 222.

原理上而言，我们可以承认对自我危险的保护请求权。"[36]他所称的保护人们免受危险行为侵害并不限于孩子或精神病患者，也包括"特别是因无法预见的生活状况而缺乏作出负责任决定的前提条件"的情形。[37]也就是说，潜在危险的不知情也可成为保护请求权的对象。

不过，罗贝斯解释称，我们无法从这一保护请求权中直接推导出禁止该行为的要求，而通常只会产生警告、启发、危险的缓和、救护手段的配备等要求。因此，一般认为，国家并不拥有禁止危险的体育活动、饮酒、吸烟等行为的权限，当然，也并不承担禁止义务。[38]

2. 否定说

（1）不过，有关基本权利保护义务的通说强调依据危险发生源的区别，反对就保护人们免受危险行为侵害适用保护义务。[39]

伊森泽解释称，基本权利性质的自由包含当事人是否向国家请求援助的决定自由。因此，在仅是私人的利益成为问题的情形之下，自由主义国家应当尊重当事人的意志。而违背权利主体意志的保护措施限于因公益而得到正当化的情形。[40]

另外，赫尔梅斯称，我们不能要求免受自身侵害的保护或对抗于自身的保护，而且不允许做出这种保护。因为《基本法》第2条第2款（他的著作关注对生命、健康的保护）保障关于身体、精神无伤害性的自我决定；我们可基于每个人的自律这

283

---

[36] G. Robbers（前注 35）S. 220 ff.

[37] G. Robbers（前注 35）S. 221 f.

[38] G. Robbers（前注 35）S. 222.

[39] 除了以下论者之外，参照 D. Murswiek, in: Sachs, Grundgesetz, 1996, Art. 2 Rdnr. 209.

[40] J. Isensee（前注 31）S. 48 f.

一基本权利功能建构基本权利保护义务的基础。[41]仅仅归结于当事人活动的危险或伤害无关于保护义务、保护请求权。因此，不允许我们基于基本权利保护义务论就这种危险建构国家的保护义务或权限之基础。[42]

希尔格鲁贝尔[43]反对适用基本权利保护义务。这也是否定国家的规制权限的当然结论。希尔格鲁贝尔指出，基本权利保护义务旨在向第三人扩张基于基本权利的国家权力义务，在不变更基本权利保护义务的情况下强化基本权利保护作用。基本权利赋予国家不作为义务与保护义务，保护每个人的法益免受他人的侵害，从而保障基本权利主体的自我决定。因此，如果自觉的危险行为、自残行为为基本权利行使，对此我们不应当适用基本权利保护义务（尤其是不应当以对抗于基本权利主体意志的形式适用基本权利保护义务）。

迪特莱因[44]也否定关于危险行为的保护义务。他认为，不能对于依自我责任做出的、仅对自己波及危险的行为强制实施国家保护。这一点也不会从宪法上得到正当化。如果考虑"国家的基本权利保护义务起源于基本权利客观法内容，其首要功能在于'强化'国家的基本权利作用"，反对强制实施监护性保护"并不是让人吃惊的事情"。[45]

（2）前述的联邦行政法院的第一次透视秀判决以国家对人的尊严所负有的保护义务为根据，对禁止透视秀予以正当化。

---

〔41〕　G. Hermes（前注31）S. 199.

〔42〕　G. Hermes（前注31）S. 228 ff.

〔43〕　Chr. Hillgruber（前注3）147 f.

〔44〕　J. Dietlein（前注31）S. 219 ff.

〔45〕　J. Dietlein（前注31）S. 230.

对此（尤其是对其理论结构），有人批评如下：[46]

例如，奥尔斯豪森（Olshausen）批评称，如果进一步分析联邦行政法院的论证，会引起若干个新的问题，并会导致与《基本法》的基本秩序自由主义性质相矛盾的各种结论。因为"对于什么是'符合人的尊严'，本应当由每个人依据自己的判断作出自我决定，但实际上由官方或法院等公权力作出决定。当人们违反自己的意志而被国家强制自己的'尊严'时，人们就会丧失财产处分权。"[47]

也就是说，他认为，第一次透视秀判决"体现了极权主义性质的价值绝对主义。这里不存在发表不同意见的空间。该判决把具有最高决定权的国家机关视为人的尊严的'真正的'实现者，而不是每个人的自由的决定"。[48]

（3）一般认为，人们无法依自我意志放弃或处置人的尊严。[49] 如果以此为前提，我们似乎可以就违反人的尊严行为承认国家的保护义务，而且即便违背当事人的意志，国家似乎也可以基于保护人的尊严干预违反人的尊严行为。不过，在这里，

---

[46] 关于反对违反人的尊严这一理论结构的评论，参照 H. v. Olshausen, Menschenwürde im Grundgesetz: Wertabsolutismus oder Selbstbestimmung?, NJW 1982, 2221 ff.; Chr. Gusy, Sittenwidrigkeit im Gewerberecht, DVBl. 1982, 984 ff.; W. Höfling, Menschenwürde und gute Sitten, NJW 1983, 1582 ff.; Chr. Kirchberg, Zur Sittenwidrigkeit von Verwaltungsakten, NVwZ 1983, 141（143）; N. Hoerster, Zur Bedeutung des Prinzips der Menschenwürde, JuS 1983, 93（95 f.）; W. Schatzschneider, Rechtsordnung und Prostitution, NJW 1985, 2793（2796 f.）. 另外，关于支持判决的评论，在这里仅举出 A. Gern, Menschenwürde und gute Sitten, NJW 1983, 1585 ff. 关于本文后述的人的尊严（适合性）的内容及判断主体，格恩（Gern）否定依据本人自觉决定的判断，而主张依据基督教伦理刻制的客观尊严概念。

[47] H. v. Olshausen（前注46）NJW 1982, 2221.

[48] H. v. Olshausen（前注46）NJW 1982, 2221（2224）.

[49] 相关讨论参照 T. Geddert-Steinacher, Menschenwürde als Verfassungsbegriff, 1990, S. 86 ff.

我们必须考量的问题是"由谁来判断人的尊严的适当性""判断是否符合自我尊严的自我决定权受何种限制"[50]。我们也可以从这一视角讨论第一次透视秀判决。

赫夫林（Höfling）从"国家界定基本权利的独占权之范围"[51]这一视角讨论第一次透视秀判决，从而避开了一边倒的基本权利主观主义，但同时又指出："尊严和自由是成就作为个别人格的自我表现（Selbstdarstellung）的根本条件。人们对自我尊严……首先应由自己承担责任，而这种责任就是尊严。……透视秀演出人员是在自我责任之下，依自发行为，就自我表达作出了决定。作出决定的只能是她自己，而就这一点《基本法》第1条第1款保护她不受国家侵害。在这个意义上，《基本法》第1条第1款建构'自我表现的基本权利'之基础，但没有界定自我表现的内容。因此，从法律上而言，并不存在'值得尊重的人的尊严'与'不值得尊重的人的尊严'的区别。"[52]

另外，赫夫林指出，联邦行政法院对基本权利的理解不同于自由主义、法治国意义上的基本权利理解，它近似于基本权利价值理论或制度基本权利理论。由于这种基本权利理解，《基本法》第1条第1款转化成要求人们做出符合人的尊严的行为的命令、禁止规范。[53]

（4）《基本法》第1条第1款是不是保障人的尊严的自我决

285

---

〔50〕 T. Geddert-Steinacher（前注49）S. 86 f. 认为，应当作为自我决定界限问题加以讨论，因为放弃基本权利这一问题设定容易导致误解。

〔51〕 W. Höfling（前注46）NJW 1983, 1582.

〔52〕 W. Höfling（前注46）NJW 1983, 1582（1583 f.）.

〔53〕 W. Höfling（前注46）NJW 1983, 1582（1584）. 另外，关于制度意义上的基本权利理论，参照小山刚：《制度意义上的基本权利理论及其后》，《法学家》第1089号第65页。关于制度意义上的基本权利理论与基本权利保护义务或者基本权利的客观法意义上的、价值决定性原则规范的关系，参照后述第288页以下。

定？所谓人的尊严是不是超越个人的自我决定的客观价值？对此，多数学者在一般体系书、注释书中支持前一种理解。作为一般原理，施特恩[54]首先强调：原则上人们可以自主决定究竟什么才符合自己的尊严。施特恩认为，自律才是个人尊严的核心。他提醒人们"用传统的家长式做法指导人们如何以合适的尊重面对自我尊严的危险性"，称"只有过分夸大（extreme Auswüchse）自律决定，才会为国家的制裁（sanction）赋予动机"。[55]

另外，明希解释称，即便保护义务对免受自身侵犯而采取的措施赋予动机，占据优越地位的仍然是基于尊重人的尊严要求的自律请求权。因此，是否允许国家介入"无尊严"的行为，将取决于是否拥有保护公共安全或第三人这一授权基础（联邦行政法院在第一次透视秀判决中不当援引了这一观点[56]）。[57]德赖尔（Dreier）指出，第一次透视秀判决是违背演出者本人的主观意志或自我理解的、基于人的尊严"客观解释"的判决。他强调"人的尊严包含如下含义：对于尊严的成就任何人都不受强迫，自己才是确定自我尊严的最终判断者（尽管严格的自发性往往成为其前提）。"[58]

286　　（三）评价

国家是否拥有违反基本权利主体意志而规制危险行为的权限？

---

　　[54] K. Stern, Das Staatsrecht der Bundesrepublik Deutschland, Bd. Ⅲ/1, 1988, S. 30 f.

　　[55] K. Stern（前注54）S. 31. 另外，同页的 FN 127 中批评了第一次透视秀判决。

　　[56] H. v. Olshausen（前注46）NJW 1982, 2221（2223）指出，不应当遵循明希的观点。

　　[57] I. v. Münch, in：v. Münch/P. Kunig, Grundgesetz-Kommentar, Bd. 1, 4. Aufl. 1992, Art. 1, Rdnr. 34.

　　[58] H. Dreier, in：H. Dreier（Hrsg.）, Grundgesetz – Kommentar, Bd. 1, 1996, Art. 1 Abs. 1 Rdnr. 91.

什么样的非自我性要素（第三人权利、利益侵害；社会国家负担；道德等）可以正当化危险行为规制？这些问题首先是防御权论的课题。另外，如上所述，学界对于保护义务论的课题——可否对危险行为承认基本权利保护义务——存在不同的意见。

否定说指出：①基本权利保护义务论的意义在于强化基本权利作用，而不是基本权利作用的逆转；②因此，基本权利保护义务保障自我决定免受非国家性侵害。它无法正当化对抗于自我决定的规制。笔者认为，大体上该否定说是正确的。

不过，有一点我们不能忽略，即虽然罗贝斯持肯定说，但他否认违背当事人意志的保护。也就是说，罗贝斯学说不同于第一次透视秀判决采取的手法——国家无视当事人的意志而强加保护。另外，罗贝斯学说首先考量的是警告、启发等缓和的手段，而不是禁止手段。在这个意义上，罗贝斯寻求的是自我决定的实质化，而不是对自我决定的干预。

如上所述，基本权利保护义务不是所谓"强势家长主义"的根据。在这个意义上，基本权利保护义务与自我决定权之间不是对立、紧张关系。

三、契约关系与基本权利保护

287

基本权利主体能否依据基本权利保护义务避开自我决定的后果？对于私人之间达成的契约适用基本权利保护义务论，修正其内容的情形就是典型例子。如同本章的开头所言，户波江二教授正是针对这种情形指出保护义务性干预与自我决定之间原理上的不协调。

下面从两个视角讨论合同关系中的保护义务性干预。第一，我们可否在不破坏作为自我决定的契约自由本质的前提下，推导出"契约自由基本权利要求法院的保护性干预"这一命题。第二，我们是否应当把法院的保护性干预解释为本书意义上的基本权利保护。

（一）合同的内容审查

在这里，合同的内容审查是指作为国家机关的法院审查私人之间合同的合理性，并修改其内容或宣布其为无效。

私人间基本权利保障不同于国家与国民之间基本权利保障，对峙的双方当事人为基本权利主体。在合同之外的关系上，私人人权侵犯的加害人可以援引基本权利意义上的自由。在合同关系中，他可以援引个人自律、契约自由。[59]

另外，就合同关系而言，要求修改合同或主张合同无效的当事人在之前的合同签订过程中实际上也行使了自己的契约自由。因此，在合同之外的关系中，国家的基本权利保护性干预只是与加害人的基本权利发生冲突。但就合同关系而言，我们不仅需要考量国家的基本权利保护性干预与加害人的契约自由之间的关系，而且还需要考量国家的基本权利保护性干预与被害人的契约自由之间的理论关系。

1. 联邦宪法法院的连带保证决定

（1）过去，宪法学界就契约自由只指出了作为基本权利私人间效力的对抗原理这一层面。[60]从这一常识而言，德国联邦

[59] 以下把个人自律、契约自由视为同属一个层面但扩展内容不同的概念。因此，在不需要区分两者的文章脉络中将不具体区分契约自由与个人自律。

[60] 三菱树脂事件判决（最大判昭和48·12·12民集第27卷第11号第1536页）指出，作为经济活动的一环，企业经营者拥有缔结合同的自由，有权决定在经营过程中以何种条件雇佣何种人。本案关注的是"通过合理运用对私立自治的一般限制规定（《日本民法典》第1条、第90条，有关侵害行为的各种规定），一方面尊重个人自律原则，另一方面针对超出社会容许限度的侵害，保护基本自由和平等利益，并合理调整两者间关系"的问题。

宪法法院的 1993 年 10 月 19 日决定[61]（以下称之为"连带保证
决定"）给人一种奇特的印象。

　　该案的事实如下：某人从银行贷款 10 万马克。贷款当时他
提供的连带保证人为他的女儿，而当时她仅为 21 岁，且没有收
入，也没有偿还能力。后来银行向其女儿追偿该贷款。双方围
绕该连带保证合同的效力产生争执。联邦普通法院以"成年归
成年""合同归合同"为由判定该合同有效。但联邦宪法法院认
为，民事法院就本案负有合同内容审查义务。联邦宪法法院指
出，民事法院（联邦普通法院）并没有审查"合同双方当事人
是否能够自由决定合同的缔结及内容？合同双方当事人在何种
程度上能够自由决定该合同的缔结及内容？""忽略了基本权利
意义上得到保障的个人自律。"

　　决定理由[62]如下：

　　第一，"根据联邦宪法法院确立的判例，人们依照自我意志
建构法律关系属于一般行为自由。《基本法》第 2 条第 1 款保障
个人自律，将其作为'法律生活中的个人的自我决定'。"（以
下称之为"理由一"）

　　第二，"私立自治必然受到限制，并且它要有法的内容。私
法秩序……由被分化的系统构成，而该系统又由相互调整的规
定及内容形成手段构成。不过，这并不意味着个人自律受到立
法机关的任意处理，从而无法从基本权利意义上得到保障。立
法机关在进行必要的内容形成时受制于基本权利的客观法基准

289

　　〔61〕　BVerfGE 89, 214. 包括德国的评论，参照儿玉宽：《围绕无财产能力近亲
属的共同责任的判例》，《大阪市立大学法学会杂志》第 41 卷第 4 号第 673 页（1995）；
国分典子：《对保证契约内容的民事法院的统制与基本权利规定的私人间效力》，
《自治研究》第 70 卷第 8 号第 137 页（1995）。
　　〔62〕　BVerfGE 89, 214（231 f.）。

（Vorgabe）。立法机关要为法律生活中的个人的自我决定设定适当的活动领域。"（以下称之为"理由二"）

第三，"……私法秩序应可以处置和修正合同一方当事人处于结构上的劣势且承担超常负担的案件，这一要求源自于个人自律的基本权意义上的保障（《基本法》第 2 条第 1 款）与社会国家原理（《基本法》第 20 条、第 28 条）。"（以下称之为"理由三"）

（2）综上，法院在决定理由中赋予个人自律三重含义。一是作为自我决定的个人自律；二是作为法的体系（即法制度）的个人自律；三是作为国家干预要求的个人自律。对于最后一点，法院在决定要旨中概括得更为明确："（尤其是在《德国民法典》第 138 条、第 242 条的一般条款的具体化及适用中）民事法院应当考虑《基本法》第 2 条第 1 款在基本权利意义上保障个人自律这一点（尤其是在具体化和适用《德国民法典》第 138 条、第 242 条的一般条款时考虑这一点）。从这里（Daraus ergibt sich...）产生民事法院的合同内容审查义务，即法院应当审查课予一方当事人过分负担的、作为交涉能力结构性不对等结果的契约内容。"

2. 连带保证决定提出的问题

理由一即契约自由为自我决定，这首先意味着每个人可以自我决定与谁签订契约、签订什么内容的契约，对此国家不得干预。但联邦宪法法院又指出，个人自律并不仅仅限于自我决定的不可侵犯性。

尽管我们需要关注理由二中指出的依据法律的内容形成这一概念的内涵及这一概念与自我决定的关系，[63]但更需关注的

---

[63]　本书不讨论这个问题。关于笔者的观点，参照小山刚：《契约自由与基本权利》，《名城法学》第 45 卷第 2 号第 57 页、第 66 页以下（1995）；小山刚（前注 53）《法学家》第 1089 号第 65 页以下（1996）。

是理由三。理由三中提出的正因为个人自律所以要求内容审查这一论述与自我决定之间产生紧张关系。笔者并不想评价本案判决的结论部分（宪法法院判定民事法院没有审查合同内容为合宪）。[64] 笔者关注的是"作为基本权利（个人自律）要求的内容审查"这一命题所依据的基本权利论及它与自我决定之间的关系。

（二）内容审查的宪法根据

是契约自由还是契约正义？理论上该如何说明法院的内容审查？这些问题原本就属于私法学的重要课题之一。对此，日本学界[65]和德国学界[66]都有广泛的讨论，但本书无法做出有意义的概观和评价。下面将限于基本权利保护与自我决定的相互关系，只讨论"契约自由要求法院的内容审查"这一命题的背景。

1. 社会国家意义上的契约正义

（1）在德国也有不少学说主张个人自律要求合同内容的适当性。有人认为，只要把当事人经济、社会上的对等作为前提，契约自由实为一种理想。契约法的实体性功能原理是契约正义，

---

[64] 关于不作为违宪这一结论，可能存在如下两种情形：一是采用内容审查义务产生于个人自律这一理论构成的情形；二是采用内容审查义务从限制个人自律意义上产生于其他基本权利、宪法原理这一理论结构的情形。另外，无论采用何种理论结构，如果要获得具体结论，还需做出衡量或评价这一层面的操作。本书的讨论限于：我们是否应当承认"因个人自律而生成的内容审查义务"这一理论结构？其内涵是什么？

[65] 星野英一：《意思自治原则、个人自律原则》，《民法讲座（第一卷）》第 335 页（1984）；大村敦志：《公序良俗与契约正义》（1995）。

[66] 从自由还是正义这一视角，卡纳里斯把德国有关个人自律的私法学说分类为如下三种：①在"stat proratione voluntas"中寻求个人自律、契约自由的基础的 hurme 说；②与此相对立的、把正义置于优先地位的 Zweigert/Kötz 说；③主张契约机制包含法律效果正确性的一定保障的施密特—林普勒说，该学说立足于程序正义论。参照 C. -W. Canaris, Verfassungs-und europarechtliche Aspekte der Vertragsfreiheit in der Privatrechtsgesellschaft, in: Festschrift für Lerche, 1993, S. 873 ff. 卡纳里斯本人赞成第一种学说。另外，有关德国私法学说中的争论概述，参照 L. Fastrich, Richterliche Inhaltskontrolle im Privatrecht, 1992, S. 44 ff.

而不是契约自由。[67]从这个意义上，我们可以把法院对不平等合同的干预视为个人自律的要求。

我们可以从私法内部寻求契约正义所依据的"正义"，也可以从自然法中寻求该正义。不过，如果寻求于宪法，可能出现如下两种结构：

第一，将基本权利或其他的宪法法益、宪法原理作为正义的内容，并以此来限制契约自由的理论结构。不过，在这种情形下，契约自由与正义处于对抗关系，无法从契约自由中推导出法院的内容审查要求。

第二，用社会国家原理重构契约自由、个人自律，把契约自由视为以社会国家正义为内容的契约秩序。在这种情形下，社会国家正义是个人自律的构成要素，而非对个人自律的外在限制。问题在于，联邦宪法法院是否基于这种趣旨阐述"个人自律的基本权利保障和社会国家原理"要求（法院的）内容审查。

（2）一直以来，联邦宪法法院通过引入社会国家原理解释自由权意义的基本权利，赋予基本权利新的内涵。例如，在大学名额制判决中，联邦宪法法院从自由选择教育地点的权利（《基本法》第12条第1款）中推导出扩大国立大学医学部名额的请求权［泰鲁哈贝勒希特（Teilhaberecht）］。[68]不过，从恣

---

[67] K. Zweigert, "Rechtsgeschäft" und "Vertrag" heute, in: Festschrift für Rheinstein, Bd. Ⅱ, 1969, S. 493 (503 f.).

[68] BVerfGE 33, 303. 有关该判决的研究，参照寺田友子：《职业教育设施的选择自由权与分配请求权——Numerus clausus 判决》，《大阪市立大学法学杂志》第23卷第1号第145页（1976）；德国宪法判例研究会编：《德国的宪法判例》第234页（户波江二执笔，1996）。关于理论层面，参照栗城寿夫：《西德公法理论的变迁》，《公法研究》第38号第76页（1976）；户波江二：《西德基本权利解释的新动向（一～五）》，《自治研究》第54卷第7号第82页、第8号第91页、第9号第67页、第10号第71页、第11号第111页（1978）；青柳幸一：《基本权利的多元功能》，《个人的尊重与人的尊严》（青柳幸一）第76页以下（1996、初版1982）。

意性自由向以社会正义为内涵的契约自由的解释转换不同于泰鲁哈贝勒希特的社会国家意义上的基础建构。两者不在同一个层面上。

首先，从形式上而言，如果法院采用的是个人自律的社会国家意义上的重构，联邦宪法法院本应阐述如下："有关社会国家原理的《基本法》第2条第1款"中产生（法院的）内容审查要求。其次，即使不谈这种形式论，社会国家意义上的契约正义也不同于联邦宪法法院一直采用的社会国家意义上的自由权解释。因为泰鲁哈贝勒希特案只是从自由权意义上的基本权利规定中推导出积极权利而已。我们无法从该案中权利内在性地获得优越于自我决定的某种客观之物。

（3）伯肯弗尔德解读社会国家基本权利理论如下：[69] 社会国家基本权利理论理解自由为现实自由。现实自由包含实现法律上自由的社会前提条件。因此，基本权利包含给付请求权。此外，社会国家基本权利理论并没有界定"自由"概念。社会国家基本权利理论只是寻求由其他基本权利理论（这些理论包括自由主义、法治国家基本权利理论；制度基本权利理论；民主主义的、功能上的基本权利理论；基本权利价值理论）界定的自由成为现实的自由。

学界对宪法上的社会国家原理可能有不同的理解，因此，这种理解并不是绝对的。不过，前述的契约正义意义上的契约自由这一重构也区别于社会国家基本权利理论。

[69]　E.－W. Böckenförde, Grundrechtstheorie und Grundrechtsinterpretation, in: ders. , Staat, Verfassung, Demokratie, 1992, S. 115 ff. （136 ff.）. 日文译文伯肯弗尔德：《基本权利理论与基本权利解释》，森英树译，《名古屋大学法政论集》第129号第367页以下（1990）。

2. 制度意义上的法理论

制度意义上的法理论认为，可以从实体观点说明国家对契约的干预，而未必将社会国家原理作为前提。在宪法学上精心阐述制度意义上法理论的是黑贝勒。他将它作为制度基本权利理论予以阐述。作为制度层面的例子，他列举了婚姻家庭秩序、财产秩序、继承秩序、自由契约秩序。[70]

制度基本权利理论类似于私法学上的制度意义上的权利滥用论。依照该理论，[71] 个人自律不仅存在于个人权利层面，还存在于制度层面。这一制度层面包含独立于个人意志的制度目的（telos）或理念。权利滥用不仅产生于个人权利层面，也可以产生于个人自律的制度目的、制度理念层面。

综上，如果我们承认在个人自律中存在不同于个人的自我决定的层面，我们也可以理解为：国家对合同内容的干预（这一点在连带保证决定中成为问题）是个人自律所要求的。

关于制度基本权利理论，包括其内容与评价，我们在后面予以详述。不过，德国宪法学界并没有采用制度基本权利理论，制度意义上的权利滥用论也没有得到德国私法学界的支持。[72]

3. 机制无法有效运行的替代——内容审查

（1）上述两个学说阐述的是实体正义，但法斯特里希（Fastrich）从程序正义视角建构了法院的内容审查之基础。[73] 他把内容审查看作契约机制无法有效运作的替代措施，即因当事人之间的力量显著不均衡而导致契约机制无法有效运作，契约机制无法发挥"保障正确"功能时的替代措施。在考量契约

---

〔70〕 P. Häberle, Die Wesensgehaltsgarantie des Art. 19 Abs. 2 Grundgesetz, 3. Aufl. 1983, S. 70 f.

〔71〕 关于该理论，参照 L. Fastrich（前注 66）S. 47 ff.

〔72〕 L. Fastrich（前注 66）S. 48 ff.

〔73〕 L. Fastrich（前注 66）S. 55 ff.

时他首先立足于每个人的自我决定和主观评价。但契约机制内含"一定程度上的客观正确性的保障"，即它不仅包含合同当事人的主观任意，也包括客观秩序要素。他继承施密特－林普勒（Schmidt-Rimpler）的程序正义论并提出了"作为自律体系的契约体系"这一概念。

（2）这一见解是关于契约自由的一种双重性质论。它明显区别于制度意义上权利滥用论的是并不要求具体合同的内容符合客观正义观念，而把每个人的主观评价置于明显优越地位。[74]契约自由包括自我决定与一定的秩序建构功能。通常，人们通过遵循法律行为论、契约论的各种规则实现秩序建构功能。只要这一功能发挥作用，以"正义"为理由的内容审查会妨碍立足于自我决定的契约模式之机制。另外，契约机制因欠缺前提条件无法发挥"保障正确"功能时，内容审查就会替代"保障正确的欠缺"。

联邦宪法法院在连带保证决定中指出："……当今只有当事人的力量关系大致均衡时，契约自由才作为合理调整利益的手段而有用。民事法院的重要任务是调整被破坏的契约均衡。对此，人们已达成广泛的共识。"联邦宪法法院引用的是法斯特里希的观点。[75]从这里我们可以看出联邦宪法法院的意见与"正确的保障"论之间的相似性。另外，法斯特里希主张，本案之前的代理商决定[76]采用"保障正确"论。[77]

（3）不过，问题在于，联邦宪法法院是不是把阻碍合同均衡作为民事法院内容审查义务的宪法根据且在"保障正确"论

---

〔74〕　L. Fastrich（前注66）S. 53.

〔75〕　BVerfGE 89, 214（233）.

〔76〕　BVerfGE 81, 242. 关于本判例参照本书第六章第215页。

〔77〕　L. Fastrich（前注66）S. 60.

意义上提及的？是不是仅在说明要求内容审查的时间点？以营业自由为例，按照前一种解释，保障营业自由意味着保障自由竞争达到经济上的最合理化。因此，当遵循自由竞争规制的实现合理机制无法有效运行时，作为其替代，营业自由当然就要求规制个别企业的违反自由竞争经济活动。按照后一种解释，个别企业的垄断行为只是意味着必须对其进行规制，至于规制根据则需要其他宪法说明。

（4）"保障正确"论并不必然相克于后述的基本权利保护义务理论。因为当 Y 用经济压力手段应对 X 的意见表达时，民事法院作出干预并制止 Y 的行为旨在从 Y 的侵害中保护 X 的意见表达自由（基本权利保护义务）。言论的自由市场是达到"正确"的条件，是民主制度的构成原理，而采用经济压力手段的 Y 的行为破坏了言论的自由市场机制。

我们也可以主张两者的区别在于聚焦层面上的区别，但此时的前提是表达意见的自由具有双重价值。联邦宪法法院对于表达意见的自由一贯实行"双重的基础建构"。[78] 从这个意义上而言，"保障正确"论就是具有两种价值（个人的自我决定价值和系统本身得以维系的价值）的基本权利，基于后一种价值，建构要求国家干预（法院的内容审查）之根据的理论。除了表达意见的自由之外，我们对于营业自由、契约自由也比较容易适用这种双重的基础建构。但并非对所有的基本权利，我们都能够承认这种双重的基础建构。在这个意义上，我们应明确区分系统本身的保障这一宏观视角与自我决定意义上的契约自由之保障这一微观视角。

---

〔78〕 D. Grimm, Die Meinungsfreiheit in der Rechtsprechung des Bundesverfassungs-gerichts, NJW 1995, 1697（1703）.

4. 基本权利保护义务

（1）从契约自由的自我决定权层面推导出内容审查这一理论构成的另一个解释理由是国家的基本权利保护义务论。基本权利保护义务要求国家承担保护每个人的基本权利法益免受他人的违法侵害之义务。法院在前述的代理商决定中判定代理商合同中的过分的竞争业务规避条款侵害代理商的职业自由。如果从保护义务意义上重构连带保证决定案，首先，与没有财力的女儿签订的连带保证合同侵害了她的个人自律、契约自由；其次，民事法院有义务从银行的侵害中保护、救济女儿的个人自律、契约自由。

（2）另外，我们应区分保护义务意义上的结构与所谓的规范说，尽管两者都以自我决定为指标。关于格式条款，有人会主张如下的非契约性结构：自我决定仅适用于每个人能够依自我判断规范自己生活关系的情形，当自己的生活关系受他人支配时，无自我决定可言。如果正视这一现实，就一定类型的合同（比如格式条款）而言，事实上排除了这种自我决定。为此，有人提出所谓的规范说（Normtheorie），即把格式条款定格为"规范"，并置于个人自律之外的见解。[79]

一般认为，在这种情形下，对格式条款的内容审查与个人自律并非处于对抗关系，而相反，正是因为个人自律，才会要求对处在个人自律支配之外的格式条款进行内容审查。德国私法学的通说对于个人自律范围的这种收缩似乎是消极的。其理由包括普通格式条款规制法把格式条款视为合同；不能把社会学上的认识转换为当然命题；在私法范畴中不承认"事实上的规范"等。[80] 从宪法上而言，规范说意味着对个人自律、契约

---

[79]　讨论的具体内容参照 L. Fastrich（前注 66）S. 29 ff.

[80]　L. Fastrich（前注 66）S. 33 ff.

自由这一基本权利保护领域本身的修剪。

如何从宪法上正当化国家对私人行为的干预？对此存在如下两种讨论方式：第一种方式是以该行为受某一基本权利的保障为前提，阐明国家采取限制措施的必要性和合理性。第二种方式是阐明该行为原本就处在基本权利的保障范围之外。无论采取哪种方式，结论都不会发生变化。我们应对每个基本权利"划定保护领域"，并以此来决定说明方式。不过，一般而言，尤其德国的判例、通说的倾向是：宽泛地把握基本权利的保护领域本身，并依据比例原则、法益衡量等进行正当化，从而得出最终结论。[81]因此，既然格式条款从形式上也是依当事人的合意而成立，我们不应把它排除在契约自由的基本权利保护领域之外。

（3）如前一章所述，保护义务意义上的理论结构是德国私人间效力论的通说，其特征如下：该理论构成并不修补自我决定这一个人自律的本质。社会国家意义上的契约正义、制度意义上的基本权利理论尝试重构个人自律的内涵。但保护义务意义上的理论结构是以自我决定作为前提，要求"尊重"自我决定，并命令国家"保护"自我决定成为真正的自我决定。从"尊重"到"保护"的推进意味着从"侵害不作为义务"到"行为义务"的转变。从自由权的法作用这一视角来看，这是一种决定性的跨越；但从自我决定这一视角而言，它并没有增加任何新的内容。

（三）合同内容审查与基本权利保护

1. 伊森泽的问题的提出

不过，对于基本权利保护义务意义上的理论结构，伊森泽

---

〔81〕 关于最近的判例，参照有关通信秘密的 BVerfGE 85, 386. 另外，相关学说参照 R. Alexy, Theorie der Grundrechte, 2. Aufl. 1994, S. 278 ff. , 290 ff.

批评称，对合同关系不应适用保护义务。[82]伊森泽认为在私法
领域中援引保护义务论应限于侵权行为法。因为在合同关系中
并不存在基本权利保护义务的前提条件——"个人的侵害"。根
据伊森泽的观点，合同关系并非属于第三人侵害，合同关系中
的保护旨在保护合同当事人自身免受危险行为。因此，即便合
同当事人要求改变合同关系中当事人之间力量不均衡的情况而
使用"保护"这一用语，也不应从基本权利保护义务的意义上
理解，而应当将其作为"社会国家意义上的保护"来理解。

鉴于这种问题意识，[83]应当重新审视如下问题：我们可否
把基本权利保护义务这一法理看作对合同关系的基本权利照射
效力之基础？是否如同伊森泽所主张，基本权利保护义务无关
于合同关系？或者，正好相反，如同诺伊曼[84]所主张，基本权
利保护义务中包含"社会国家意义上的保护义务"？

2. 基本权利保护义务的适用范围

的确，基本权利保护义务更适合于基本权利私人间效力中
的非契约性侵害。[85]不过，笔者认为，无论是伊森泽的观点
（把侵权行为法匹配于保护义务，而把合同法匹配于社会国家），
还是诺伊曼的观点（把基本权利保护义务扩充至社会国家意义

---

[82] J. Isensee, Das Grundrecht als Abwehrrecht und Staatliche Schutzpflicht, in：Isensee/Kirchhof, HdBStR Bd. V，§ 111 Rdnr. 128 ff.

[83] 另外，Chr. Starck, Grundrechtliche Schutzpflichten, in：ders., Praxis der Verfassungsauslegung, 1994, S. 78 f. 批评联邦宪法法院的 1993 年 5 月 26 日判决
[BVerfGE 89, 1 (5). 基于《基本法》第 14 条第 1 款，法院确认承租人拥有对抗出
租人的保护请求权。] 指出，保护承租人实际属于社会性调整，是根基于《基本法》
第 14 条第 2 款、第 20 条第 1 款的立法任务，应当由议会在保护所有权框架内自由决
定。尽管其讨论对象是《基本法》第 14 条，但仍适用于契约自由。

[84] V. Neumann, Sozialstaatsprinzip und Grundrechtsdogmatik, DVBl. 1997, 92 ff.
(97). 另外，关于问题的一般性论述，参照本书第四章。

[85] 本书第 249 页。

上的保护），都不是合理的。就后一种观点而言，尽管社会国家原理与保护义务的边界并不很明确，但如前所述，[86]我们可以从原理上区分两者。连带保证决定案可成为无法区分两者的例证，但无法否定两者的原理上的区分。[87]另外，就前一种观点而言，如同后述，我们无法就合同关系完全否认第三人的侵害因素。

（1）希尔格鲁贝尔尽管完全否认免受危险行为的保护，但他却承认了合同关系中的第三人的侵害。当然，他的承认是附条件的承认。希尔格鲁贝尔认为，合同具有自我决定、自我约束性质，而契约自由领域中的基本权利保护意味着法院确认和执行基于合同的请求权。[88]但与此同时，他还指出，在合同关系中可以忽略基本权利侵害的是限于"合同双方当事人实际行使各自的契约自由，即自由决定合同的签订及内容的情形"[89]。因此，当"合同一方占据垄断地位，或者合同一方向另一方宣告合同条件时"，我们可根据《德国民法典》第138条或《普通格式条款规制法》第9~11条实施内容控制。[90]

我们可以在使用借贷法、劳动法、限于银行与私人顾客之间关系的信用法等领域中确认双方当事人的不均衡。[91]但问题

---

〔86〕　本书第128页以下。

〔87〕　主要是区分社会国家与保护义务的观点和区分程度问题。尽管德国宪法学者们一致认为应区分基本权利保护义务与社会国家意义上的保护，但围绕具体基于什么基准、如何区分，不同学者之间存在微妙的差异。［具体参照上述第255页、桑原勇进（前注1）《自治研究》第71卷第7号第87页、第105页以下］笔者认为，我们无法区分基本权利保护义务与社会国家意义上的措施，不得不承认两者之间存在重复领域。不过，存在区分困难领域并不等于放弃两种概念的原理性区别。

〔88〕　Chr. Hillgruber（前注3）S. 153.

〔89〕　Chr. Hillgruber（前注3）S. 154.

〔90〕　Chr. Hillgruber（前注3）S. 154.

〔91〕　在 R. Singer, Vertragsfreiheit, Grundrechte und der Schutz des Menschen vor sich selbst, JZ 1995, 1133 ff.（1138）中列举了这些。

在于，我们可否就此类情形之外的、双方当事人为普通自由私人的个别合同（Einzelvertrag）以不均衡为理由适用基本权利保护？

对于此类个别合同，希尔格鲁贝尔否认法院（国家）的干预，并主张极端的竞争业务规避、限制离婚自由、以搬到市外为条件的离婚合意、采取避孕措施的合意等均为有效。[92]

（2）此外，辛格（Singer）认为，从解释学上而言，用基本权利保护义务建构基本权利意义上的控制之根据"合乎逻辑"。[93]因此，他与希尔格鲁贝尔一样，也采用保护义务意义上的理论结构，但主张对合同内容进行更为广泛的基本权利控制。辛格强调，如果没有自我责任，自我决定就无法发挥功能。但同时他又指出："《德国民法典》的形式上的合同模式原则上并没有考量合同当事人是否实际具备充分防御自我利益、预见自我行为的风险的能力。从这一点中产生基本权利保护义务的必要性。"[94]根据他的观点，援引基本权利保护义务的控制"将提供包括保护弱者的立法措施、典型的不均衡情形下的内容控制在内的可修正个人自律的形式自由概念之缺陷的更多手段"。也就是说，即便是不属于可类型化的不均衡情形，也可承认基本权利保护义务。[95]"至少我们可以指出，正是自由与自我责任概念的潜在脆弱性，引起了在明显误用或产生无法容忍结果时的保护必要性和保护义务。"[96]

不过，辛格主张，就可类型化的不均衡之外的情形而言，应对基本权利保护意义上的干预适用更为严格的基准，并根据   299

---

〔92〕 Chr. Hillgruber（前注 3）S. 149 ff.，158 ff.，162 ff.，165 ff.

〔93〕 R. Singer（前注 91）JZ 1995，1133（1138）.

〔94〕 R. Singer（前注 91）JZ 1995，1133（1139）.

〔95〕 R. Singer（前注 91）JZ 1995，1133（1139）.

〔96〕 R. Singer（前注 91）JZ 1995，1133（1139）.

受威胁的基本权利种类与地位、受威胁的程度来判断保护性干预的必要性。[97]

辛格还讨论了希尔格鲁贝尔否定基本权利保护的限制离婚自由、制约避孕措施、转出市外的合意等问题，并做出了如下的结论：[98]"越是要求放弃这些自由的强制触及人格内部的核心部分，'契约即契约'这一命题越是无法正当化约定的约束。当我们同意这种根本的法律行为义务时，自然会怀疑是否存在过实际的决定自由与自我责任能力。"

（3）辛格本人把自己的观点看作部分肯定"保护自我"的见解。[99]但笔者认为，辛格的观点与希尔格鲁贝尔的观点在理论上的区别仅在于认定自我决定之妨碍的要件。把自我决定之妨碍限定于典型的不均衡状态的观点与从合同内容的显著不合理逆向推理出自我决定之妨碍的观点在个案的判断上时常会得出相反的结论。[100]不过，当我们聚焦于自我决定之妨碍，并把它看作启动基本权利保护的要件时，两个学说之间的差异并不是根本的。

四、基本权利的双重性质论与自我决定

本章要讨论的最后一个问题是基本权利的客观法层面（伯肯弗尔德称之为"作为客观原则规范的基本权利"）与自我决定的关系。基本权利保护义务是否妨碍自我决定最终取决于基

300

---

〔97〕 R. Singer（前注 91）JZ 1995, 1133（1139）.

〔98〕 R. Singer（前注 91）JZ 1995, 1133（1139）.

〔99〕 R. Singer（前注 91）JZ 1995, 1133（1141）.

〔100〕 如本文所指出，辛格把希尔格鲁贝尔拒绝的一系列判决称之为可推理出自我决定妨碍的判决，并支持了这些判例。R. Singer（前注 91）JZ 1995, 1133（1134 f., 1139）.

本权利的客观法层面是否妨碍自我决定，而基本权利的客观法层面存在于基本权利保护义务的背后，在解释论上，基本权利保护义务出自基本权利的客观法层面。如上所述，芦部信喜教授批评德国的判例、通说指出："作为价值秩序、客观原理的基本权利这一层面在德国的判例、通说中已经变成优越于作为个人权利的基本权利这一层面的所谓基本权利核心。"于是，"不考虑国家的实际情况，只是基于作为客观原理的基本权利这一想法"阐述了基本权利保护义务论。[101] 也就是说，通过分析德国学术界在基本权利理解上存在的问题指出了保护义务论的问题。

根据伯肯弗尔德的分析，下面讨论德国的基本权利双重性质论，尤其重点讨论基本权利的客观法层面（作为客观原则规范的基本权利）与自我决定的关系。

（一）伯肯弗尔德的"基本权利理论"

在 1974 年的论文《基本权利理论与基本权利解释》中，伯肯弗尔德整理了当时在德国占据权威地位的五种基本权利理论，并把自由主义、法治国意义上的基本权利理论定格为合宪（《基本法》）的基本权利理论。[102] 同时，伯肯弗尔德批评"基本权利价值理论""制度意义上的基本权利理论""民主、功能意义上的基本权利理论"为不符合《基本法》的基本权利理论。其中的"基本权利价值理论"与"制度意义上的基本权利理论"为基本权利的双重性质论，且伯肯弗尔德否定这些理论的主要理由在于这些理论否定自我决定。

---

〔101〕　芦部信喜：《回顾人权论 50 年》，《公法研究》第 59 号第 1 页、第 12 页以下（1997）。另外，关于芦部信喜教授的批评，在本书的序论中已予以介绍。

〔102〕　E.‐W. Böckenförde（前注 69）Grundrechtstheorie und Grundrechtsinterpretation, S. 142 ff. 另外，关于社会国家意义上的基本权利理论，在这里不进行阐述。

（1）什么是基本权利理论？伯肯弗尔德将其界定为："系统
阐述基本权利一般性质、规范目的方向、内容适用范围的见
301 解。"[103]他指出[104]：①"依自由主义、法治国意义上的基本权
利理论，自由存在于国家的建构及干涉之外。也就是说，自由
并非为特定目标或目的而存在，自由因自由本身而存在。"②"制
度意义上的基本权利理论把自由看作客观意义上的财（Gut），
即所谓的'制度'。制度允许（且需要）我们按照特定的秩序
理念建构其具体内容。"另外，③"对于基本权利价值理论而
言，自由关联于价值，自由服务于实现法益体系、文化体系意
义上的根本性共同价值。基于这一点，我们可以确定自由的具
体内容及范围。"

关于基本权利理论，伯肯弗尔德的主要关注点在于：筛选
出符合《基本法》的基本权利理论，换言之，排除不符合《基
本法》的、违宪的基本权利理论。[105]如上所述，有人对此提出
了批评。[106]但不管其评价如何，他准确地分析和整理了基本权
利理论。在这个分析过程中，伯肯弗尔德选择的考察视角是：
基本权利意义上的自由是"自由本身"？还是"为了某种目的的
自由"？制度意义上的基本权利理论保障的是实现客观制度理念
的自由，而非自由本身；而基本权利价值理论保障的是作为价值
实现的自由。一般认为，这种自由不同于自我决定意义上的自由。

（2）如果考虑到这一点，我们自然会产生这样一种疑问：

[103] E. -W. Böckenförde（前注 69）S. 116.

[104] E. -W. Böckenförde（前注 69）S. 119 ff., 124 ff., 129 ff. 另外，本文中的
各自的基本权利理论要点是伯肯弗尔德本人所做的概括。参照恩斯特-沃尔夫冈·伯
肯弗尔德：《围绕基本权利规范性内容的诸问题》，小山刚译，（近刊）。

[105] E. -W. Böckenförde（前注 69）S. 140 ff., 142 ff.

[106] 参照小山刚：《基本权利功能扩充的可能性》，《庆应大学大学院法学研究
科论文集》第 25 号第 217 页以下（1987）。

基本权利的双重性质（继而是基本权利保护义务）是不是无法与作为自我决定的自由概念相容？为此，下面以黑贝勒的制度意义上的基本权利理论为例，分析伯肯弗尔德的问题意识。

（二）"制度意义上的基本权利理论"中的双重性质与自我决定

我们无法将现在的德国基本权利解释论的特征——基本权利的双重性质还原于某一特定学说。不过，有一点是明确的，即黑贝勒的制度意义上的基本权利理论[107]是基本权利双重性质论的代表性观点之一。另外，自 1970 年代末起，该理论在日本受到广泛关注。这一点至今仍记忆犹新。[108]

（1）黑贝勒以婚姻家庭秩序、财产秩序、继承秩序、自由契约秩序为例批评了"侵害限制性思考"（Eingriffs-und Schran-kendenken）。他指出：仅仅依靠宪法在观念上也无法保障自由，而只有依据法律建构实际行使自由的环境，才可实现现实的自由（reale Freiheit）。宪法保障的是现实意义上的自由，而不是形式意义上的免受国家侵犯的自由。制度意义上的基本权利理论认为，基本权利的首要内涵在于保障以固有理念为核心、可依据法律建构的特定生活领域中的客观秩序，而不是对人们恣意自由的不干涉。法律首先要实现的是区别于人们恣意自由这一层面的基本权利的制度、客观意义，而不是限制基本权利意义上的自由。

302

---

〔107〕　P. Häberle（前注 70）Wesensgehaltsgarantie.

〔108〕　关于主要文献，参照户波江二（前注 68）《自治研究》第 54 卷第 8 号第 91 页；青柳幸一（前注 68）；赤坂正浩：《两种制度意义上的保障论——C. 施密特与佩塔·黑贝勒》，《东北大学法学》第 49 卷第 1 号第 82 页（1985）；中岛茂树：《德国的"制度意义上的"基本权利理论与"制度意义上的"法律思考》，《现代行政法的理论》（室井力还历论文集）第 203 页（1991）；佩塔·黑贝勒：《基本权利论》，井上典之编译（1993）。有关制度意义上的基本权利理论的笔者的观点，参照小山刚（前注 63）《法学家》第 1089 号第 65 页。

（2）这种基本权利理解显然会淡化自我决定意义上的自由。依制度意义上的基本权利理论，人们的自我决定并不会仅仅因为自我决定这一理由而受到尊重。自我决定无法摆脱基本权利客观理念的评价。在这个意义上，基本权利可成为干预、修正自我决定的原理。

当然，自我决定受制于符合宪法的法秩序。不过，这种限制旨在保护和实现第三人的基本权利、其他的宪法法益、立法机关设定的公益。因此，它必须在形式上、实质上、程序上是适当的。[109]如果我们采用制度意义上的基本权利理论，基本权利就会具有区别于人们主观观念的客观理念。这一理念不仅成为应然制度的尺度，而且是评价人们的自我决定的尺度。依制度意义上的基本权利理论，基本权利的双重性质可成为干预人们自我决定意义上行使该基本权利的根据。[110]因此，伯肯弗尔德把制度意义上的基本权利理论看作是"把自由转换成任务的理论""自由的义务化"。[111]

制度意义上的基本权利理论中的制度所界定的是基本权利自由及行使基本权利的方式，而这里存在着与人们的自我决定之间的紧张关系。

（三）基本权利的双重性质与自我决定

制度意义上的基本权利理论与基本权利的客观法层面（作

---

〔109〕 关于基本权利的保护领域的划定、侵害、侵害的实质性形式性正当化等审查防御权的程序，参照松本和彦：《基本权利保障与论证方法（一）（二）》，《阪大法学》第 45 卷第 1 号第 45 页、第 45 卷第 2 号第 95 页（1995）；松本和彦：《保障与制约基本权利的一种考察（一）（二）》，《民商法杂志》第 111 卷第 1 号第 41 页、第 111 卷第 2 号第 223 页（1994）。

〔110〕 上面已阐述私法学上制度意义之法理论。

〔111〕 E. -W. Böckenförde （前注 69）S. 127，129；H. Steiger，Institutionalisierung der Freiheit?，in：H. Schelsky（Hrsg.），Zur Theorie der Institution，1970，S. 91 ff.

为客观原则规范的基本权利）是否就自我决定关注相同的问题？

（1）如上所述，基本权利的客观法层面是把很难建构为"国家的侵害及其防御"的案件转化成基本权利问题并予以救济的工具。无论是制度意义上的基本权利理论，还是基本权利的客观法层面都承认我们无法仅仅依靠国家的不作为即防御权实现现实自由，并都主张把保障现实自由纳入基本权利内涵里。即便如此，我们也不应把基本权利的客观法层面（作为客观原则规范的基本权利）与制度意义上的基本权利理论混为一谈。

（2）下面仍依据伯肯弗尔德的分析展开讨论。

伯肯弗尔德并没有把基本权利理论这一视角适用于作为客观法原则规范的基本权利之分析。对其理由，他指出：

"从文本上而言，我于 1974 年提出的基本权利理论概念中还包含着基本权利的详细内容，依其内容可确定针对国家的自由权及作为客观原则规范的基本权利之规范结构。"不过，"从当时我考察的文章来看，基本权利理论概念的功能仅仅在于更为详细地解释作为针对国家的自由权的基本权利。人们把基本权利的这种规范结构（一般性质）作为一种基础置于其前提。"[112] 因此，"我们不应把基本权利的客观原则规范/价值决定这一理解看作决定保障自由（即针对国家的基本权利意义上的自由）之详细内容的另一种基本权利理论。客观原则规范/价值决定这一理解反倒是建构基本权利的新的性质之基础。按照这种理解，基本权利具有双重属性：基本权利一方面是针对国家的自由权，另一方面又是客观原则规范/价值决定。"[113]

（3）应当如何理解这一说明？

伯肯弗尔德把作为客观原则规范的基本权利排除在基本权

---

〔112〕 伯肯弗尔德（前注 104）命题 2。
〔113〕 伯肯弗尔德（前注 104）命题 6。

利理论的分类对象之外，并不是因为他主张作为客观原则规范
的基本权利无关于制度意义上的基本权利理论或基本权利价值
理论。相反，伯肯弗尔德主张，"如果承认赋予基本权利客观原
则规范性质，详细确定作为针对国家的自由权的基本权利内容
的基本权利理论与赋予基本权利客观原则规范性质之间存在一
定的关联性。无论是基本权利价值理论还是制度意义上的基本
权利理论都承认这种性质赋予中包含着可描绘出新发展的论据，
而不把它看作新生事物或他物。"[114] "在适用基本权利的客观原
则规范性质的过程中会产生类似于制度意义上的基本权利理论
之处。因为基本权利的自由领域将作为法益或客观自由原理而
出现。"[115]

应当指出，实际上伯肯弗尔德把作为客观原则规范的基本
权利排除在基本权利理论分析对象之外的理由在于基本权利理
论的分类立足于作为针对国家的权利之"自由"的定义。[116]

（4）如上所述，伯肯弗尔德就"基本权利理论与基本权利
解释"所关心的是：批评赋予基本权利意义的自由某种任务、
课题或开启自由的义务化道路的基本权利论。

作为客观原则规范的基本权利这一理解并不妨碍国家对个
人的防御权这种防御权内容之理解。所谓基本权利双重性质论
中存在各种各样的类型。其中有的是妨碍作为防御权的基本权
利意义上的自由这一定义，比如黑贝勒的制度意义上的基本权
利理论就属于此类。不过，最近的双重性质论的特征是：将讨

305

---

[114] 伯肯弗尔德（前注 104）命题 10。

[115] 伯肯弗尔德（前注 104）命题 11。

[116] 伯肯弗尔德指出"在我当时考察的文章脉络中，基本权利理论概念只是
关联于基本权利（针对国家的自由权）的更为具体的解释，基本权利的这种规范性
结构（一般性质）成为其基础"，从而明确了其考察的观点。伯肯弗尔德（前注
104）命题 2。

论重点放在如何使推导出超越防御权的基本权利之法作用成为可能，而不再妨碍作为防御权的基本权利。

也就是说，在界定"自由"的定义问题上，最近的双重性质论与自由主义、法治国意义上的基本权利理论并不必然发生冲突。关于作为防御权的基本权利，作为客观原则规范的基本权利把自由看作"自由本身"，保障其不受国家之侵犯。依基本权利保护义务、基本权利的照射效力，基本权利在私人之间的横向关系上也具有意义，但这只是扩张了基本权利意义上的自由之方向而已，并不妨碍自由本身的定义。[117]作为客观原则规范的基本权利即基本权利保护义务与自由主义、法治国意义上的基本权利理论在"自由"定义上是一致的。两者的区别只是在于：在界定自由定义时并不限定于对国家的关系，而扩张至对第三人的关系。人们并没有把作为客观原则规范的基本权利看作区别于制度意义上的基本权利理论的，对立于自由主义、法治国意义上的基本权利理论的一种基本权利理论的理由在于：在作为客观原则规范的基本权利这一理解中并不包含妨碍自我决定之性质。

五、小结

（1）我们可以批评基本权利保护义务论为"基本权利作用的逆转"，但它指的是"从不作为向作为的逆转"，[118]而不是"从尊重自我决定向侵害自我决定的逆转"。因为基本权利保护义务是以自我决定为前提，只在赋予国家"尊重"自我决定义

306

---

〔117〕 J. Dietlein（前注 31）S. 87 也强调基本权利保护义务无关于价值序列秩序。迪特莱因认为宪法是框架秩序。可见，把两者（基本权利保护义务与基本权价值理论）混为一谈显然是断章取义。

〔118〕 我们可否批评从不作为向作为的逆转，这一点暂且不予讨论。

务的同时"保护"自我决定成为真正的自我决定之义务。也就
是说，基本权利保护义务论的目的并不是国家的监护性干预的
正当化，它所关注的是干预的内容。如上所述，尽管作为自由
权的法作用，基本权利保护义务论是决定性飞跃，但就是否为
自我决定性自由这一点并没有添加任何新的内容。

（2）从基本权利保护义务的宪法根据——基本权利的客观
法层面（作为客观原则规范的基本权利）的分析中也能够确认
上述内容。制度意义上的基本权利理论强调区别于人们的恣意
自我决定的、基本权利的客观制度理念。而作为客观原则规范
的基本权利是以保护自我决定或状态为出发点，从自由权意义
上的基本权利规定中推导出回复或实际行使自我决定所必要的
国家的作为义务。

如果考虑到制度意义上的基本权利理论受到广泛关注这一点，
或许日本学界的权威观点也是在连续层面上把握制度意义上的基
本权利理论与基本权利的客观法层面。[119] 不过，伯肯弗尔德基于
作为自我决定的基本权利意义上的自由这一视角明确区分了两种
基本权利理论，尽管他也承认两者之间的学说史意义上的关联性。

（3）关于法，康德曾做出如下界定："所谓法是可按照自由的
一般法则整合特定人的恣意与他者恣意的各种条件之总合体。"[120]
"不受国家的侵害的自由"只涵盖这一传统定义的一部分，[121] 而

[119] 户波江二（前注1）《法律时报》第68卷第6号第131页脚注29。

[120] I. Kant, Die Metaphysik der Sitten, in: Kants Werke, Akademie-Textausgabe Bd. Ⅵ, 1968, Walter de Gruyter, S. 230.

[121] E. - W. Böckenförde, Grundrechte als Grundsatznorm. Zur gegenwärtigen Lage des Grundrechtsdogmatik, in: ders. , Staat, Verfassung, Demokratie, 1992, S. 159 ff. （189）. 依照本文的观点，针对国家的、作为自由权的基本权利是"依照自由的一般法则，调和了某人的自由与国家的自由（而非某人的自由与他人的一般自由）"。本论文的译文有，伯肯弗尔德：《制定基本法40周年后的基本权利解释（一）（二）》，铃木秀美译，《北陆法学》第2卷第1号第81页、第2号第51页（1994）。

基本权利保护义务则补充康德定义的另一半。[122]当然，关于基本权利是否也应涵盖后一部分，存在商榷的余地。[123]不过，不管对这一问题的结论如何，我们可以确认本章的结论：基本权利保护义务（及作为客观原则规范的基本权利）并不妨碍自我决定。

---

〔122〕　J. Isensee（前注 31）S. 46 f.；E.-W. Böckenförde（前注 121）S. 189.

〔123〕　当然，E.-W. Böckenförde（前注 121）S. 189 做出了批评性论述。

终 章

I

（1）如果把以前的线索排除在外，人们在 1975 年的第一次堕胎判决中首次概括性地使用了保护义务这一法理。私人相互间的基本权利法益侵犯与救济是一个传统课题。此外，环境问题与科技发展带给社会共同生活新的危险并使其规模化。在这一背景下，保护义务这一用语与思考方式很快被确立为判例、通说。另外，我们从《孕妇及家庭扶助法》的制定过程中也可确认：立法机关自觉采纳了这一基本权利作用。

（2）根据判例和通说，基本权利保护义务不仅适用于公法、刑法领域，而且适用于私人的基本权利法益侵害成为问题的所有领域；不仅适用于立法阶段，而且适用于法的解释、适用阶段。另外，一般认为，基本权利保护义务的适用并不限于有明文规定的人的尊严、与此密切相关的生命等法益，而是原则上适用于所有的自由权意义上的基本权利。因此，基本权利保护义务对于基本权利的私人间效力这一已有问题也具有重要意义。

II

（3）国家的基本权利保护义务是国家的宪法上的作为义务，其目的在于保护生命、健康及其他基本权利法益不受第三人的侵害。因此，基本权利保护义务的结构特征是由国家、要求保护者、侵害人等三者构成的法的三极关系。国家的角色由基本权利的"敌人"转向基本权利的"敌人"和"保护者"。

（4）在国家的作为义务这一点上，基本权利保护义务区别于要求国家不作为的消极权利即防御权。另外，一般认为，保护义务也区别于社会权。因为从法的三极关系及防御已有法益这些特征而言，不仅两者应处置问题的结构不同，而且两者的理念史意义上的渊源也不同。

（5）防御权保障受制于禁止过度侵害原则（比例原则），即国家不能超出必要限度而限制人们的权利、自由，而就基本权利保护义务的统制，学说和判例所提出的是"禁止保护不足"原则。有时人们把禁止保护不足称为禁止过分侵害的"镜像"，但镜像这一术语并不意味着统制内容（部分原则）的相似性，对其内容仍存在着争论。

基本权利保护义务依据要求保护者的基本权利压缩国家机关拥有的裁量空间。不过，宪法只是设定"保护"这一目标，而把实现手段的选择委任于国家机关。因此，相应的职权机关就会拥有宽泛的裁量空间。尽管如此，宪法仍要求国家做出必要且最小限度的保护措施。

联邦宪法法院在审查立法机关履行保护义务情况时，也是根据立法机关拥有的判断、评价、裁量之空间，分别适用明显性审查、主张可能性审查、严格的内容审查等三种审查基准。

III

（6）我们应当以基本权利理论作为其核心建构基本权利保护义务的宪法基础。国家目的论只能作为补充论据，不应把基本权利论及基本权利保护义务论归入国家论中。决定保护义务性质与范围的是基本权利，而不是基本权利之外的要素。我们应当依据基本权利论（基本权利的客观法内容）与国家论，从

319

多元视角上建构基本权利保护义务的基础。

IV

（7）国家的基本权利保护义务可有效解释基本权利对私法关系的作用，而过去我们用私人间效力来阐述这一作用。基本权利保护义务论与间接适用说不仅具有共同的问题结构即私人的人权侵犯，而且具有共同的理论前提。保护义务论的出发点是：基本权利法益不能被第三人侵害，但私人不是基本权利的相对人（基本权利法益的全方向性与基本权利的对国家性）。把私人的人权侵犯问题建构为宪法问题的关键并不在于基本权利相对人的扩张，也不在于把私人行为归责于国家。其关键在于保障基本权利法益免受第三人侵害的国家义务。除了在国家与私人之间设定基本权利尊重关系之外，还设定基本权利保护关系，保护义务论把基本权利救济对象扩张至私人侵犯。保护义务论意义上建构私人间效力论是德国的判例、通说。

（8）从方法论上而言，基本权利的私人间效力无非就是私法规定的基本权利符合性解释。因此，不能把私人间效力问题过分特殊化，也不能把私人间效力对象限定于特定私法规定（如公序良俗条款）。私人间效力的特殊性是：它并不要求符合于作为防御权的基本权利之解释。但这并不是私人间效力所固有的现象。因为在解释第三人保护性行政法规时，也要求符合基本权利的非防御权性层面。

V

（9）如果考虑到用基本权利的客观法层面（其内容是保障自我决定或自律）建构基本权利保护义务的基础这一点，违背当事人意志的保护，既不是保护义务论所要求的，也不是保护义务论所允许的。保护义务论既否定强加国家监护性保护，也否定强制理性的自我决定。

（10）当我们将基本权利保护义务适用于基本权利的私人间效力问题时，基本权利保护义务的上述性质也不会发生变化。也就是说，这一理论构成并不会触及自我决定这一个人自律的本质。依据基本权利干预私人相互间的私法关系旨在以自我决定作为前提，"尊重"自我决定的同时"保护"自我决定。从这个角度上，它会得到基本权保护义务的支撑。

（11）基本权利保护义务所依据的作为客观原则规范的基本权利只是扩大保障基本权利意义上的自由之方向，并不改变自由定义。

日本学界经常参考的伯肯弗尔德的"基本权利理论"关注
的是各种基本权利理论如何界定"自由"概念。在把自由理解为"自由本身"这一点上，作为客观原则规范的基本权利区别于制度意义上的基本权利理论或基本权利价值理论，继承了自由主义、法治国意义上的基本权利理论。关于"自由"，基本权利保护义务、作为客观原则规范的基本权利与自由主义、法治国意义上的基本权利理论对"自由"的理解是一致的。基本权利保护义务（作为客观原则规范的基本权利）与传统基本权利论的区别只是在于：对于自由的保障并不限定于与国家的关系，而扩大至与第三人的关系层面。

（12）国家的基本权利保护义务旨在排除对基本权利意义上的自由之自我决定性行使或保障生命、健康的第三人侵犯。从"尊重"向"保护"的过渡意味着从"侵害不作为"向"作为义务"的转变。从自由权的法作用而言，这是决定性飞跃。但从自我决定视角而言，其并没有增加任何新的内容。基本权利保护义务并没有改变自我决定这一基本权利的保护目的。

VI

（13）科学技术的发展，尤其是基因工程学、计算机网络、多媒体的发展已对人的生存与尊严带来新的危险。对此我们已无法通过单方面地尊重学术研究自由、营业自由、通信秘密、表达自由等予以应对。这是现代社会面对的人权问题。不同于传统宪法论所设置的默认前提，国家的最低限度的规制与维护秩序并不能自动得到实现。

当然，国家的基本权利保护义务是一把双刃剑。基本权利保护是一种"通过侵害的保护"。因此，如果我们不经意地强调"保护"这一视角，有可能带来国家的过度干预之后果。不过，基本权利保护义务只是在自我决定的实质性保障这一目的之下划定干预必要性之下限而已，它并不意味着扩大干预的上限或放弃干预的形式要件。基本权利保护义务并不允许国家超出与防御权的关系所允许的限度而实施侵害，它也不能成为国家脱离侵害的形式要件即法律的保留而实施侵害的名分。

（14）基本权利保护义务理论从基本权利保护义务的视角概括国家机关在各种法领域中实施的各种防御危险性干预，使过去被切断的各种问题得以恢复其关联性，并促进了立法权、行政权、裁判权所实施的规制与救济活动。不仅如此，如果考虑到在基本权利保护名目之下国家干预逐渐日常化的现实情况，为了确实保障免受国家侵害的自由这一基本权利的首要内涵，我们也有必要把基本权利保护作为宪法论进行讨论。

基本权利保护义务不仅是保护基本权利的理论，同时也是保障防御权的理论。

索 引

海因（Hain）
帕累托（Pareto）
黑塞（Hesse）
施塔希（Starch）
莱尔歇（Lerche）

第四章
明希（Münch）
霍夫曼（Hofmann）
泽瓦尔特（Seewalt）
肖尔茨（Scholz）
洛舍尔德（Loschelder）
洛伦茨（Lorenz）
诺伊曼（Neumann）
霍布斯（Hobbes）
H. P. 布尔（Bull）
施泰格尔（Steiger）
耶利内克（Jellinek）

第五章
J. 博丁（Bodin）
普芬多夫（Pufendorf）
洛克（Locke）
卢梭（Rousseau）
康德（Kant）
施亚雷斯（Suárez）
布伦奇利（Bluntschli）
塑伊纳（Scheuner）
斯门德（Smend）

H. 胡贝尔（Huber）（瑞士）
E. R. 胡贝尔（Huber）（德国）
扎拉丁（Saladin）
J. P. 米勒（Müller）
埃尔费斯（Elfes）判决

第六章
尼佩代（Nipperdey）
赖斯纳（Reissner）
德林（Doehring）
巴杜拉（Badura）
赫德根（Herdegen）
诺瓦克（Novak）
维德曼（Wiedemann）
希尔格鲁贝尔（Hillgruber）
科普（Kopp）
施泰因拜–温克尔曼（Steinbeiß–Winkel-
　　mann）
布林克富尔（Blinkfüer）案

第七章
卡尔斯鲁厄（Karlsruhe）行政法院
奥尔斯豪森（Olshausen）
赫夫林（Höfling）
德赖尔（Dreier）
泰鲁哈贝勒希特（Teilhaberecht）
法斯特里希（Fastrich）
施密特–林普勒（Schmidt–Rimpler）
辛格（Singer）

译后记

　　2011 年初，中国人民大学法学院的王贵松教授策划"日本公法译丛"，选择八本在日本具有影响力的公法专著，其中就包括了这本由庆应义塾大学法学部小山刚教授撰写的《基本权利保护的法理》。因为王老师知道我是日本庆应义塾大学毕业生，认为由我来翻译小山老师的书比较合适，就找到了我。于是，我联系小山老师，并办理了一些前期手续。

　　我正式开始投入翻译工作是 2011 年 4 月。不过，糟糕的是，2012—2015 年我担任了学院的教学院长，结果，我根本无法静下心来专心做翻译。实际上，回过头来一想，对我来讲，翻译这本书也具有很大的挑战性。因为这本书的大部分内容参考了德国的宪法判例和理论，其内容抽象概括，论述方式逻辑性很强，再加上三年的行政工作使我很难找出充裕的学习时间。但幸运的是，我又有了安下心来进行翻译的机会。我于 2017 年 9 月以访问学者的身份来到美国爱荷华大学法学院。这是个专心做翻译的难得的机会。我每天便可以安排时间做翻译，也没有人和杂务打扰我。这一年来，我有充分时间做完剩下的翻译和修改。

　　我认识小山教授是在日本留学期间。那时，我在庆应义塾大学法学研究科攻读博士学位。我记得，在博士课程第三年时上了他的课，那门课是我的导师小林节教授和小山教授共同组织的一周一次的讨论课。那时，小山教授刚从名城大学调入庆应义塾大学，加上是博士课程最后一个学期，我忙于自己的毕业论文，没有与小山老师进行过个别交流。我真正与小山老师有密切交往是在 2011 年。那时，我作为日本国际交流基金的访问学者在庆应义塾大学访学。有一次，小山老师请我和我的博士课程同学冈田顺太（现日本白鸥大学法学院教授）吃饭。饭店位于东京市中心的传统名街——浅草的一个鳗鱼料理名店。当天我们聊了很多话题。后来，经小山老师的引荐，我参加过在早稻田大学举行的国际会议，在那里又认识了早稻田大学法学院的户波江二教授。第二年我邀请小山教授访问延边大学参加"图们江论坛"。此后，我们一直保持联系。如果我到东京开会，就会联系小山老师，一起吃饭、聊天。小山老师到中国参加会议，我基本上都参加。

　　小山教授在本书中提出的"国家的基本权利保护义务论"是不同于传统基本权利理论的新的宪法理论。因为传统学说认为，保障基本权利方面的宪法作用应局限于如下两个方面：一方面从实体上、程序上、形式上限制国家权力（如国家刑罚权、国家警察权、国家行政权）对人们生活的干预；另一方面最大限度地尊重民事法律秩序的自律性和独立性。而"国家的基本权利保护义务论"则认为，当同样作为基本权利主体的个人之间围绕着基本权利发生冲突时，国家应当积极干预并救济基本权利遭受侵犯的个人。如同德国法学家基希霍夫指出，一个国家高调宣布不再干预和侵犯个人自由和权利只是实现个人的自由的一个方面而已，要真正实现个人的自由，国家还要积极作为，担当个人之间基本权利冲突的"调解人"。当某个个人的基本权利遭受他人侵犯时，国家应当勇敢地站出来，保护基本权利遭受侵犯的个人。显然，这是一种打破传统学说的新学说。因此，这一新的观点一提出，即刻在日本宪法学界引起了广泛的讨论。

在本书中，小山老师详细阐述国家的基本权利保护义务论在德国联邦法院的判例中出现并得以确立的过程，分别讨论了基本权利保护义务理论的法律结构、德国联邦宪法法院规制基本权利保护义务的基准、基本权利保护义务理论与传统法理之间的区别、基本权利保护义务论与国家目的论之间的关联性、基本权利保护义务与"自我决定"之间的冲突等问题，并从基本权利保护义务的视角重新审视和建构"基本权利的私人间效力问题"。

本书的翻译，从着手到提交给出版社历经9年时间。其间，有一段时间因各种繁杂的行政事务使我不得不把翻译工作完全停止，也有一段时间出现过想放弃的念头，但我最终还是坚持下来了。通过本书的翻译，我真切地体会到：翻译一部学术专著是一个多么艰难的过程。这个过程不仅耗费译者大量的时间，而且会因时间漫长而消磨译者的意志力。过去，我一直对自己的日语能力充满自信，但在面对那些逻辑严密、抽象难懂的语句时，我不得不承认在不同语言之间转换过程的艰辛。

在本书的翻译过程中，我得到了王贵松老师和中国政法大学出版社的大力支持。如果没有"日本公法译丛"这一策划，如果没有王老师的耐心等待和鼓励，我恐怕没能坚持到底，恐怕没能认识小山老师，也没有机会深入接触"国家的基本权利保护义务论"。在后期的修改过程中，王老师的细心指导和帮助使我的修改得以顺利完成。在此向王老师表示由衷的感谢。另外，我还感谢我的家人和我的同事们，如果没有他们的支持，我可能无法获得访学机会并拥有安心完成翻译的环境。同时，还要感谢中国政法大学出版社的所有编审人员为本书的出版所付出的辛勤劳动。

当结束本书的翻译时，我一方面感到无比欣慰，但另一方面也因自己语言功底的不足而忐忑不安。限于我的学识和专业能力，或许我没能准确表达作者的观点，或许错误地表述了某些语句。这些都只能交给亲爱的读者们批评指正了。

2019 年 12 月 20 日

吴东镐

图书在版编目（ＣＩＰ）数据

　　基本权利保护的法理/（日）小山刚著；吴东镐, 崔东日译. —北京：中国政法大学出版社，2021. 1
　　ISBN 978-7-5620-9813-3

　　Ⅰ.①基… Ⅱ.①小… ②吴… ③崔… Ⅲ.①公民权－权益保护－研究－日本 Ⅳ.①D931.31

　　中国版本图书馆CIP数据核字(2021)第001231号

出 版 者　　中国政法大学出版社
地　　址　　北京市海淀区西土城路 25 号
邮寄地址　　北京 100088 信箱 8034 分箱　邮编 100088
网　　址　　http://www.cuplpress.com (网络实名：中国政法大学出版社)
电　　话　　010-58908289(编辑部) 58908334(邮购部)
承　　印　　固安华明印业有限公司
开　　本　　880mm×1230mm　1/32
印　　张　　9.75
字　　数　　240 千字
版　　次　　2021 年 1 月第 1 版
印　　次　　2021 年 1 月第 1 次印刷
定　　价　　56.00 元